3분 고전

합본 뉴에디션

3분 고전 합본 뉴에디션

1판 1쇄 발행 2023. 5. 3.
1판 3쇄 발행 2023. 6. 8.

지은이 박재희

발행인 고세규
편집 박익비 | 디자인 정윤수 | 마케팅 박인지 | 홍보 이한솔 · 장예림
발행처 김영사
등록 1979년 5월 17일(제406-2003-036호)
주소 경기도 파주시 문발로 197(문발동) 우편번호 10881
전화 마케팅부 031)955-3100, 편집부 031)955-3200 | 팩스 031)955-3111

값은 뒤표지에 있습니다.
ISBN 978-89-349-6599-2 03190

홈페이지 www.gimmyoung.com   블로그 blog.naver.com/gybook
인스타그램 instagram.com/gimmyoung   이메일 bestbook@gimmyoung.com

좋은 독자가 좋은 책을 만듭니다.
김영사는 독자 여러분의 의견에 항상 귀 기울이고 있습니다.

박재희 지음

인생의 내공이 쌓이는 시간

3분 고전

합본 뉴에디션

三分古典

김영사

'오래된 미래', 고전에서 미래의 새로운 길을 찾다

고전古典을 '오래된 미래'라고 정의해봅니다. 로컬 경제 운동가 헬레나 노르베리-호지는 히말라야 서부 라다크 지역의 오래된 전통 속에서 우리가 맞이해야 할 미래의 모습을 발견하며《오래된 미래Ancient Futures》를 출간했습니다. 과거의 오래된 문화가 불확실한 미래의 대안을 찾는 나침반이 될 수 있다는 것입니다.

공자 역시 14년간의 유랑의 길에서 '오래된 미래'를 발견했습니다. '온고이지신溫故而知新', 오래된故 것에서 미래의 새로운新 길을 찾을 수 있다는 발견이었습니다. 인생의 긴 여정에서 답이 없다고 생각될 때 고전을 펼쳐 나의 문제를 고민해보면 새로운 길을 찾을 수 있습니다. 기본으로 돌아가 나를 성찰하는 과정에서 생각지 못한 좋은 답을 만나기 때문이지요.

인류는 막다른 길에서 고전을 다시 펼쳐 새로운 길을 모색했습니다. 종교 암흑시대의 벽을 넘어 이성의 시대를 연 르네상스는 그리스 로마 문화를 기반했습니다. 신의 벽에 갇힌 인간의 합리성과 이성이 '오래된 미래', 고전을 재해석함으로써 탈출의 실마리를 찾은 것이지요. 동양의 르네상스 역시 고전을 통해 일어났습니다. 내세가 현세를 삼키고 사원寺院이 가정보다 위에 있는 전도된 현실을 해결하기 위해 학자들은 오래된 고전을 꺼내 먼지를 털었습니다.《대학》

과 《중용》을 《예기》에서 분리해 독립된 고전으로 승격했고, 《논어》와 《맹자》를 더해 '사서四書'라는 새로운 시대의 길잡이를 만들었습니다. 주자와 같은 생각을 가진 학자들이 '오래된 미래', 고전에서 인간과 사회의 새로운 세상을 발견했던 것입니다.

《3분 고전》은 필자가 KBS 제1라디오에서 7년간 1,577회 방송한 내용 중에서 선별해 재해석한 책입니다. 1·2권으로 발간되었을 당시 많은 독자에게 사랑을 받아 30만 부를 인쇄했고, 국방부 '진중문고'에 선정되어 부대마다 비치되며 장병들이 애독하는 영광을 누렸습니다. 유교의 사서삼경四書三經뿐만 아니라 노장老莊과 병법兵法, 제자백가諸子百家의 고전을 망라해 어느 한 사상에 기울지 않는 균형을 고려했습니다. 이번에 새롭게 출간하며 1권과 2권을 한 권의 책으로 합본했고, 시대에 부응하지 못한 부분은 산정해 현실감을 더했습니다.

르네상스의 어원은 '재re 탄생naissance'입니다. 창조는 지나간 것에 대한 새로운 시각에서 출발합니다. 《3분 고전》(합본 뉴에디션)을 다시 출간하며 새로운 시대에 부응하는 고전의 힘을 기대해봅니다. 3분은 비록 짧은 시간이지만, 관점을 바꿔 창조의 길로 들어서는 데 충분한 시간입니다. 3분의 힘이 독자 여러분에게 선한 영향력을 미칠 수 있기를 기도합니다.

2023년 5월
석천학당石泉學堂 승물재乘物齋에서
박재희

목차

1부
내 인생을 바꾸는 모멘텀

1장 역발상의 미학

2장 마음 경영

3장 변화와 혁신

4장 역경이 경쟁력이다

5장 전략으로 승부한다

2부

내 인생을 돌아보는 모멘텀

1장 인생의 맛

2장 지혜롭게 생각하는 법

3장 긍정의 힘

4장 욕심을 줄일수록 행복은 커진다

인생의 내공이 쌓이는 시간

3분 고전 三分古典

내 인생을 바꾸는 모멘텀

역발상의 미학

물처럼 사는 인생이 아름답다

상 선 약 수
上善若水
《도덕경》

'물처럼 살다가 물처럼 가는 것이 인생'이라는 말을 들으면 상선 약수上善若水가 떠오릅니다. 가장 아름다운 인생은上善 물처럼 사는 것若水이란 뜻입니다. 노자《도덕경》8장에 나오는 이 구절은 한 편의 시와 같아서 많은 사람이 좋아하지요.

노자는 세상을 물처럼 살아야 한다고 하면서 두 가지 원칙을 제시합니다.

첫째, 남과 다투거나 경쟁하지 않는다는 부쟁不爭의 철학입니다. 언뜻 보면 소극적인 삶의 방식인 것 같지만 자세히 보면 특별한 의미가 있습니다. '물은 만물을 길러주고 키워주나 자신의 공을 남과 다투려 하지 않는다.' 물은 그저 길러줄 뿐, 자신의 공을 생색내거나 남과 다투지 않습니다. 자식을 키워놓고, 남에게 좋은 일을 해놓고, 그 행위에 대해 나를 알아달라고 집착하지 않는 것과 같습니다.

둘째, 낮은 곳으로 흐른다는 겸손의 철학입니다. 물은 낮은 곳으로 임하기에 강이 되고 마침내 바다가 됩니다. 노자는 물처럼 다투지 말고 겸손하게 살라고 하면서 물의 정신을 시처럼 읊고 있습니다. "물은 낮은 곳으로 임한다居善地(거선지). 물은 연못처럼 깊은 마음을 가지고 있다心善淵(심선연). 물은 아낌없이 누구에게나 베푼다與善仁(여선인). 물은 신뢰를 잃지 않는다言善信(언선신). 물은 세상을 바르게

해준다正善治(정선치). 물은 능력을 발휘한다事善能(사선능). 물은 얼 때
와 녹을 때를 안다動善時(동선시)."

물처럼 산다는 것, 어쩌면 세상의 변화와 한 호흡으로 사는 자연
스러운 인생의 방법인 듯합니다.

수 선 리 만 물 이 부 쟁 , 처 중 인 지 소 오
水善利萬物而不爭, 處衆人之所惡

물은 만물을 이롭게 해주지만 공을 다투지 않는다.
모든 사람이 싫어하는 낮은 곳으로 흐른다.

물처럼 산다는 것은 쉬운 일이 아닙니다. 공을 세워서 자랑하려
하고, 남들 위에 군림하려 하는 일이 상식처럼 되어버린 세상입니다.
하지만 군림하려 하면 넘어질 것이고, 자랑하려 하면 그 공이 오래
가지 못한다는 사실을 결국 깨닫게 될 것입니다.

남들이 싫어하는 낮은 곳이 가장 높은 곳일 수 있습니다.

上　　善　　若　　水
위 상　　좋을 선　　같을 약　　물 수

맛있는 음식은 입을 상하게 한다

오 미 구 상
五味口爽
《도덕경》

　　현대사회는 인간의 끝없는 욕망을 어떻게 만족시킬 것인가에 주
목합니다. 더 화려한 색으로 사람의 눈을 유혹하고, 더 세밀한 소리
로 사람의 귀를 사로잡고, 더 맛있는 음식으로 사람의 입을 유혹합
니다. 그러나 화려하고 세련된 욕망에 기초한 삶을 좇다 보면 잃어
버리는 것도 그만큼 있기 마련이지요. 그 끝없는 욕망을 충족시키고
자 인간은 자신의 몸과 정신을 망치고 시간을 허비하게 됩니다. 문
명의 화려함 속에 숨은 인간성 파괴에 대하여 노자는 《도덕경》에서
이렇게 경고합니다.

오 색 영 인 목 맹 , 오 음 영 인 이 롱 ,
五色令人目盲, 五音令人耳聾,

오 미 영 인 구 상 , 치 빙 전 렵 영 인 심 발 광 ,
五味令人口爽, 馳騁畋獵令人心發狂,

난 득 지 화 영 인 행 방
難得之貨令人行妨

화려한 색을 추구할수록 인간의 눈은 멀게 된다.
세밀한 소리를 추구할수록 인간의 귀는 먹게 된다.
맛있는 음식을 추구할수록 사람의 입은 썩게 된다.
말달리고 사냥하는 것은 인간의 마음을 미치게 한다.
얻기 힘든 물건에 마음을 빼앗기면 사람의 행동은 무자비하게 된다.

화려한 색, 세밀한 소리, 맛있는 음식, 광란의 취미, 귀한 물건이 결국 인간의 순수한 본성을 망가뜨리게 된다는 이야기입니다. 노자가 살던 시대와 오늘날 우리의 시대는 너무나 닮았습니다. 버려야할 것은 가지려 하고 가져야 할 것은 버리는, 본말이 전도된 시대이지요.

　　노자는 절제되지 않고 무자비한 문명의 폐해를 경고하며, 성인은 배를 위하고 살아야지 눈을 위해서 살면 안 된다고 결론을 맺습니다. 순간적인 감각과 욕망에 사로잡혀 눈에 의존하는 것이 아니라 순수한 영혼을 가진 배를 채우는 것이 현명한 사람들이 살아가는 방식입니다.

　　맛있는 것만 찾는 욕망이 입맛의 순수함을 잊게 만듭니다.

五　　味　　口　　爽
다섯 오　　맛 미　　입 구　　망가질 상

도와주는 것이 해가 될 수 있다

발 묘 조 장
拔苗助長
《맹자》

발묘조장拔苗助長이라는 말이 있습니다. 글자 그대로 해석하면 '억지로 싹苗을 뽑아서拔 성장長을 도와준다助'라는 뜻입니다. 군주가 자기 생각을 너무 고집해 간섭과 규제만으로 통치하면 결국 백성들의 마음이 떠나게 된다는 경고의 뜻으로,《맹자》에 나오는 이야기입니다.

송宋나라에 한 농부가 있었습니다. 그는 자기 논에 심은 벼의 모가 빨리 자라지 않는 것이 안타까워 매일 논에 나가 모를 바라보았습니다. 매일같이 나가서 지켜봐도 모가 자랄 기미를 보이지 않자 농부는 초조하게 논 주위를 왔다 갔다 하다가 억지로라도 모가 자랄 수 있도록 도와주기로 결심합니다. 그는 논으로 달려가 모를 하나하나 뽑아올렸습니다. 금세 키가 자란 모를 보고 뿌듯해진 농부는 해가 동쪽 산 위로 뜰 때부터 서쪽 산 아래로 떨어질 때까지 온 힘을 다하여 모를 뽑아올렸습니다. 그리고 저녁에 집에 돌아가 온 집안 식구들을 모아놓고 자신이 한 일을 자랑했습니다. 그 말을 들은 아들이 황급히 논으로 달려가 보니, 아니나 다를까 모가 모두 뽑혀 말라 죽어 있었습니다.

이 이야기는 모든 일에는 순리가 있는데, 그 순리를 거슬러 조급하게 억지로 일을 처리하면 모든 일을 망치게 된다고 경고합니다.

조 묘 장 ,   묘 즉 고
助苗長, 苗則槁

모를 억지로 자라게 하면 모는 말라버리고 만다.

　도울 조助에 기를 장長, 조장助長은 자라는 것을 억지로 도와준다
는 뜻입니다. 부모가 자식을, 사장이 직원을 돕겠다는 마음이 '조장'
은 아닌지 경계해야 합니다. 마음이 급한 나머지 억지로 싹을 키우
려다 결국 농사를 망친 농부의 이야기를 잊어서는 안 되겠지요.

　　때로는 스스로 일어날 수 있도록
　　지켜봐주는 것도 아름답습니다.

拔	苗	助	長
뽑을 발	싹 묘	도울 조	기를 장

거꾸로 가는 것이 정답이다

반 자 도 지 동
反者道之動
〈도덕경〉

'오마하의 현인'으로 불리는 억만장자 투자가 워런 버핏은 〈뉴욕타임스〉 기고문에서 이렇게 말했습니다. "다른 투자자들이 탐욕을 내고 덤벼들 때는 두려워해야 하고, 그들이 두려워할 때는 탐욕을 가져야 한다." 그의 유명한 역발상 투자 지론입니다. 널뛰는 환율과 주가, 불안한 부동산 시장으로 안개 속에 갇힌 세계 경제의 현실을 바라보면, 워런 버핏의 말대로 세상 모든 사람이 옳다는 길에는 해답이 없을지도 모르겠다는 생각이 듭니다.

노자 《도덕경》은 거꾸로 가는 것이야말로 진정 도道의 운동성이라고 말합니다. 《도덕경》 40장에 나오는 일명 '반자도지동反者道之動'의 화두입니다. 반反은 '거꾸로', '역으로'라는 의미입니다. 그러니까 '거꾸로 가는 것이 도의 운동성이다!'라고 해석되는데요, 오늘날에 적용한다면 '남들과 반대로 가라! 거꾸로 가는 것이 성공의 열쇠다!'가 됩니다. 그렇다면 지금의 위기를 즐기고 있는 사람들은 어쩌면 그동안 부동산이나 주식으로 몰려가지 않고 거꾸로 기본에 충실했던 사람들이라고 추측해볼 수 있겠지요.

반자도지동의 철학에는 '모든 사람이 옳다고 보는 것에는 반드시 함정이 있게 마련이고, 안전하고 옳은 길은 오히려 위태롭고 그른 길처럼 보인다'는 역설逆說이 담겨 있습니다. 다수의 결정이 반드시 옳거나 결과가 좋은 것만은 아니라는 뜻이지요.

반 자 도 지 동 , 약 자 도 지 용
反者道之動, 弱者道之用

거꾸로 가는 것이 도의 운동성이다.
약한 것이 도의 유용함이다.

세상은 이성적이거나 논리적으로 돌아가는 것 같지 않습니다. 어쩌면 우리가 안심할 때 위기가, 위기를 느낄 때 기회가 찾아올 수도 있습니다. 이처럼 행복과 불행은 순환고리로 이어져 있음을 노자의 철학을 통해 깨달을 수 있습니다. "아! 지금 나에게 찾아온 재앙이여, 그 속에 행운이 기다리고 있구나! 아! 나에게 찾아온 행복이여, 그 속에 재앙이 엎드려 있구나! 세상의 그 끝을 누가 알겠는가? 세상은 정답이 없도다!" 노자가 들려주는 행복과 불행의 순환고리입니다.

모든 사람이 가는 길이 반드시 옳은 길은 아닙니다.

反	者	道	之	動
거꾸로 반	놈 자	길 도	갈 지	움직일 동

계곡은 가뭄에 마르지 않는다

곡 신 불 사
谷神不死
《도덕경》

　가뭄이 들어 세상이 모두 타들어가더라도 마르지 않는 곳이 있습니다. 바로 계곡입니다. 가장 낮은 곳에 있기 때문이지요. 낮은 곳으로 임하는 계곡의 정신이야말로 가장 강하게 살아남을 수 있는 경쟁력의 원천입니다. 이 계곡의 정신을 노자《도덕경》에서는 곡신谷神이라고 합니다. 곡신은 강하고 딱딱하고 위협적인 남성성보다는 부드럽고 유연한 여성성을, 나이 들고 경직되기보다는 어리고 순진함을 의미합니다. 노자는《도덕경》에서 연약함, 부드러움, 겸손함이 강함과 교만함을 이긴다고 강조하면서 이렇게 말합니다.

곡 신 불 사 , 시 위 현 빈 , 현 빈 지 문 , 시 위 천 지 근
谷神不死, 是謂玄牝, 玄牝之門, 是謂天地根

계곡의 정신은 마르지 않는다. 이것을 여성의 힘이라고 한다.
여성의 포용력, 이것을 하늘과 땅의 뿌리라고 한다.

　노자가 꿈꾸었던 위대함은 근엄하고, 군림하고, 강압적인 존재가 아니라 부드럽고, 낮추고, 따뜻한 계곡의 정신이었습니다. 우뚝 선 산의 모습도 멋지지만 가장 낮게 자리 잡은 계곡의 아름다움도 결코 간과할 수 없습니다. 곡신불사谷神不死! 계곡의 정신은 죽지 않는

다! 치열한 경쟁 사회인 오늘날, 부드러움과 겸손함의 계곡 정신이 더욱 돋보입니다. 진정한 승자는 세월이 지나야 비로소 드러나는 법입니다.

낮춤과 포용이 가장 위대한 힘을 발휘하는 시대입니다.

谷	神	不	死
골 곡	정신 신	아니 불	죽을 사

똑똑한 사람이 어리석게 보이기란 어렵다

난 득 호 도
難得糊塗
정판교

"어려운 세상에 자신의 빛을 감추고 어리석은 사람처럼 살아간다는 것은 정말 어려운 일이다." 청나라 8대 기인 중 한 사람이자 시인인 정판교鄭板橋가 말한 '난득호도難得糊塗'의 뜻입니다.

《손자병법》에서는 이렇게 말합니다. "상대방의 의도와 모습은 환하게 보고, 나의 의도와 모습은 밖으로 드러나지 않게 한다." 상대방의 의도는 거울을 보듯이 빤히 알고 나의 의도는 상대방이 전혀 모를 때 생존력은 높아질 수밖에 없고, 결국 자신의 의도와 실체를 드러내지 않는 사람이 이긴다는 것입니다. 이것이 손자가 말하는 시형법示形法입니다. 시형법이란 상대방에게 내 모습을 자유자재로 보이게 만드는 전략이지요. 상대방에게 나를 유능한 사람으로 보이게 할수도 있고 어떨 때는 바보 같은 사람으로 보이게 할 수도 있어야 한다는 것입니다. 즉, 상황에 따라 내 의도대로 내 모습을 감추는 것이 시형법의 내용이지요.

바보가 되기는 어렵다는 뜻의 청나라 시인 정판교의 시 '난득호도'는 이렇습니다.

총 명 난 호 도 도 난, 유 총 명 이 전 입 호 도 경 난,
聰明難糊塗難, 由聰明而轉入糊塗更難,

방 일 착 퇴 일 보 , 당 하 심 안 , 비 도 후 래 복 보 야
放一着退一步, 當下心安, 非圖後來福報也

똑똑해 보이는 것도 어렵지만 바보처럼 보이기도 어려운 일이다.

총명하면서 바보처럼 보이기는 더욱 어렵다.

총명함을 내려놓고 한발 뒤로 물러나라!

하는 일마다 마음이 편할 것이다.

의도하지 않아도 나중에 복이 올 것이다.

난세를 만나면 어떻게 살아가야 할까요? 자신의 모습과 의도를 드러내고 사는 방법도 있고, 초야에 묻혀 자신의 능력과 광채를 감추며 사는 방법도 있습니다. 어느 하나 쉽지 않은 선택입니다. 그러나 난세에는 잠시 자신의 광채를 내려놓는 것도 아름다운 삶의 한 방식이 아닌가 싶습니다. 똑똑함이 시대를 잘못 만나면 인생이 힘들어지기도 합니다.

정말 아름다운 광채는 겉으로 빛이 드러나지 않습니다.

難	得	糊	塗
어려울 난	얻을 득	풀 호	진흙 도

편안함을 추구하면 몸이 나빠진다

섭 생
攝生
《도덕경》

내 몸은 누구보다도 잘 대접받아야 할 이유가 있다고 생각하십니까? 좋은 것 먹이고, 좋은 옷 입히고, 좋은 차 타게 하고, 좋은 곳에서 자게 하는 것이 진정 나를 위한 일일까요? 혹시 이렇게 자신의 몸을 애지중지 귀하게 여기는 분이 계신다면 한 번쯤 생각해보십시오. 어쩌면 그 귀한 몸 대접, 귀생貴生이 오히려 나의 몸을 망치고 병들게 할 수도 있다는 생각 말입니다.

대추나무에 대추가 많이 열리게 하려면 염소를 묶어놓아 괴롭히거나 나무를 자꾸 두들겨주라고 합니다. 그러면 대추나무가 긴장해 본능적으로 자손을 번식시키려고 노력해서 대추가 많이 열린다는 거지요. 또한 전나무는 힘들고 어려운 환경 속에서 가장 화려한 꽃을 피운다고 합니다. 불안을 극복하는 방법으로 후손을 남기기 위한 꽃을 피우는 것이지요.

노자《도덕경》은 어려운 환경에 처했음에도 많은 열매를 맺고 화려한 꽃을 피우는 대추나무와 전나무의 예를 인간의 삶에 적용해 귀생貴生과 섭생攝生의 논리를 소개합니다. 귀생, 자신의 생을 너무 귀하게 여기면 오히려 삶이 위태롭게 될 수 있고 섭생, 자신의 생을 억누르면 삶이 오히려 더 아름다워질 수 있다는 논리입니다.

"태어나서 죽음의 세계로 가는 이유는 자신의 생에 대한 집착이 두텁기 때문이다." "섭생을 잘하는 자는 죽음의 땅에 들어가지 않는다." 섭생의 이로움에 대한 노자《도덕경》의 말입니다. 섭생의 섭攝은 억제한다는 뜻으로, 내 생에 대한 집착을 줄이고 억제할 때 그 삶은 오히려 더욱 건강할 수 있다는 것입니다. 거친 음식 먹고 조금은 춥고 힘들 때, 오히려 인간의 생명은 최적화될 수 있습니다.

선 섭 생 자 , 이 기 무 사 지
善攝生者, 以其無死地

섭생을 잘하는 사람은, 죽음의 땅에 들어가지 않는다.

물질의 풍요와 편리함이 화두가 되어버린 이 시대에 내 몸을 귀하게 대접하는 귀생이 오히려 병이 될 수 있고, 내 몸을 적당히 고생시키는 섭생이 삶에 이롭다는 역설이 눈에 들어옵니다. 내 몸을 귀하게 여기는 귀생貴生, 그보다 더 아름다운 섭생攝生이 있다는 것을 잊지 않았으면 합니다. 편안하고 따뜻하고 배부른 곳은 죽음의 땅일 수 있습니다.

몸은 귀하게 여길수록 더욱 나빠집니다.

攝　　生
잡아맬 섭　　살 생

당신 마음이 내 마음입니다

성 인 무 상 심
聖人無常心
《도덕경》

　고집과 편견이 가득한 사람은 마음을 다스리지 못하는 사람입니다. 타인의 생각이 자신과 다르면 모두 부정하고 욕하는 사람은 상처를 입기도 하지만 주변에 상처를 주기도 합니다.

　《도덕경》49장에 '성인무상심聖人無常心'이라는 구절이 나옵니다. 성인聖人은 항상 변하지 않는 절대적인 마음, 즉 상심常心이 없어야 한다는 뜻입니다. 상심은 고정된 마음입니다. 변하지 않는 자신만의 아집입니다. 제 생각은 고정해두고 그것과 조금만 달라도 배척한다면, 자신과 다른 생각을 하는 사람들은 견딜 수 없어 떠나가고, 주위에는 오로지 자신에게 복종하는 '예스맨'만 남겠지요.

　성인은 리더입니다. 리더가 고정되고 절대적인 마음을 가지면 다른 마음을 가진 사람들을 용서할 수 없게 됩니다. 특정한 사람만 좋아하고 나와 생각이 다른 사람은 배척한다면 그 조직에는 갈등과 반목만 가득할 것입니다. 리더의 마음은 어느 한곳으로만 가서는 안 됩니다. 모든 방향으로 열려 있어야 진정한 리더입니다.

선 자 오 선 지, 불 선 자 오 역 선 지
善者吾善之, 不善者吾亦善之
신 자 오 신 지, 불 신 자 오 역 신 지
信者吾信之, 不信者吾亦信之

나에게 잘하는 사람에게 잘하라! 나에게 잘못하는 사람에게도 잘하라!
나를 신뢰하는 사람을 신뢰하라! 나를 신뢰하지 않는 사람도 신뢰하라!

　지도자는 고집이 없는 사람입니다. 오직 사람들의 마음으로 자신의 마음을 삼는 사람입니다. 언제나 마음을 바꿀 수 있는 유연성과 여론을 받아들이는 겸손함을 가진 리더가 필요합니다. 나의 뜻을 따르는 자와 그렇지 못한 자, 나를 믿는 자와 그렇지 못한 자. 어느 시대에도 다양한 사람이 있기 마련입니다. 그들을 이해하고 모두 감싸안을 때 그 조직의 미래는 밝습니다. '성인聖人은 상심常心이 없다.' 제 생각만 옳다고 주장하는 리더에게 던지는 노자의 쓴소리입니다.

　<u>내 고집과 아집을 버리면 모두를 얻을 수 있습니다.</u>

聖	人	無	常	心
성인 성	사람 인	없을 무	항상 상	마음 심

말이 많으면 자주 궁지에 몰린다

다 언 삭 궁
多言數窮
《도덕경》

말이 너무 많으면 자주 궁지에 몰릴 수 있습니다. '다언삭궁多言數窮'은 지도자가 시시콜콜 너무 말이 많으면 결국 궁지에 몰릴 수밖에 없다는 노자의 생각을 담고 있습니다. 상대방을 설득할 때 말이 많다고 설득시킬 수 있는 것은 아닙니다. 어쩌면 말을 적게 하는 것이 상대방을 설득하는 데 효과적일 수 있습니다. 세상에 누구도 말로 설득되지 못합니다.

요즘 조직의 장長들이 말을 너무 많이 하는 것 같습니다. 말을 많이 함으로써 조직원이나 국민과 소통한다고 하지만 그 말 때문에 오히려 갈등이 빚어지고 없던 감정의 골이 생길 수도 있습니다. 말하는 사람의 의도는 그렇지 않더라도 받아들이는 입장에서 오해하고 곡해할 수 있기 때문입니다. 오히려 말 없는 가르침이 사람들을 더 효과적으로 설득하고 자발적으로 리더의 비전을 따르게 만듭니다.

바야흐로 말의 홍수 시대입니다. 지도자여! 당신의 생각과 의도를 너무 환하게 드러내면 사람들은 당신의 생각을 읽으려고 할 것입니다. 당신의 생각과 의도가 그들에게 읽히면 그들은 오로지 그 의도에 맞추려고 하겠지요. 당신이 말을 많이 할수록 그 말에 꼬투리 잡혀 결국 자주 궁지에 몰릴 것입니다.

천 지 불 인, 이 만 물 위 추 구
天地不仁, 以萬物爲芻狗

성 인 불 인, 이 백 성 위 추 구
聖人不仁, 以百姓爲芻狗

다 언 삭 궁, 불 여 수 중
多言數窮, 不如守中

저 우주와 자연은 자신의 의도를 드러내지 않는다.

그저 만물을 풀강아지 정도로 생각하며 간섭하지 않는다.

지도자도 자신의 의도를 드러내서는 안 된다.

그저 백성들을 풀강아지 정도로 생각하며 간섭하지 말라.

말이 너무 많으면 자주 궁지에 몰린다.

그저 말없이 자신의 자리를 지키는 것만 못하다.

노자는 '다언삭궁'을 말하면서 다음과 같은 말로 끝을 맺습니다.
"그저 넘치지도 모자라지도 않는 중용의 도를 지키소서!"

백 마디 말보다 한 가지 실천이 더욱 소중합니다.

多　言　數　窮
많을 다　　말씀 언　　자주 삭　　궁할 궁

바람은 마음을 부러워한다

풍 련 심
風憐心
〈장자〉

《장자》〈추수〉에는 가장 아름다운 동물에 대한 이야기가 나옵니다. 전설상의 동물 중에 발이 하나밖에 없는 기夔라는 동물이 있었습니다. 기는 발이 하나밖에 없었기 때문에 발이 100개나 있는 지네를 몹시 부러워하였습니다. 그런데 그 지네에게도 부러운 동물이 있었으니, 바로 발이 없는 뱀이었습니다. 뱀은 거추장스러운 발 없이도 어디로든 쉽게 움직일 수 있기 때문이었지요. 지네가 부러워하는 뱀은 스스로 움직이지 않고도 멀리 갈 수 있는 바람이 부러웠고, 바람은 가만히 있어도 어디든 가는 눈目이 부러웠습니다. 눈은 보지 않고도 무엇이든 상상할 수 있는 마음이 부러웠고요. 눈이 마음에게 물었습니다. 당신은 세상에 부러운 것이 없냐고. 마음은 대답하였습니다. 자신이 가장 부러운 것은 발이 하나밖에 없는 전설상의 동물 기라고.

세상의 모든 존재는 어쩌면 서로를 부러워하는지 모르겠습니다. 자기가 갖지 못한 것을 가지고 있는 상대를 선망하는 것이지요. 자신이 가진 것이 가장 아름답다는 사실을 모른 채 말입니다.

기 련 현 , 현 련 사 , 사 련 풍 , 풍 련 목 , 목 련 심 , 심 련 기
夔憐蚿, 蚿憐蛇, 蛇憐風, 風憐目, 目憐心, 心憐夔

기는 지네를 부러워하고, 지네는 뱀을 부러워하고,
뱀은 바람을 부러워하고, 바람은 눈을 부러워하고,
눈은 마음을 부러워하고, 마음은 기를 부러워한다.

세상살이가 힘든 것은 부러움 때문이 아닐까 싶습니다. 상대방의 지위와 부, 권력을 부러워하면서 늘 자신을 자책하기에 불행이 시작되는 것이지요. 가난한 사람은 부자를 부러워하고, 부자는 권력자를 부러워하고, 권력자는 가난하지만 건강하고 화목한 사람을 부러워합니다.

자신 안의 아름다움을 발견하는 사람이 진정한 아름다움을 깨닫게 되지 않을까요? 세상에서 가장 아름다운 것은 결국 자신만이 가지고 있는 것일 수도 있습니다. '부러우면 지는 거야!' 정말 가슴에 와닿는 말입니다.

세상에서 가장 아름다운 것은 바로 나입니다.

風　　憐　　心
바람 풍　부러울 련　마음 심

똑똑한 상인은 좋은 물건을 내놓지 않는다

심 장 약 허
深藏若虛
《사기》

"똑똑한 상인은 좋은 물건을 깊이 감추어 남에게 절대로 보이지 않는다." 사마천《사기》의 한 구절입니다. 언뜻 이해가 되지 않지만 자세히 생각하면 그 답을 찾을 수 있습니다. 정말 아끼는 귀한 물건이라도 자주 남에게 자랑하고 보이면 더 이상 내 것이 아닐 수도 있다는 겁니다. 그래서 정말 소중한 것은 밖으로 내돌리지 않는 것이지요. 이 구절은 공자가 노자를 찾아가 예禮에 관해 물었을 때 노자의 대답 속에 나옵니다. 노자는 공자에게 이렇게 충고합니다.

"당신이 지금 주장하는 요순 같은 성현의 예를 말한 사람의 뼈는 모두 썩어 없어졌고 오직 그들의 말만 남아 있을 뿐이오. 진짜 훌륭한 상인은 자신이 가지고 있는 좋은 물건은 꼭꼭 감추고 남에게 보여주지 않는다고 들었소. 진짜 훌륭한 인격과 학식을 갖춘 지식인은 겉으로 보기에는 어수룩한 사람처럼 하며 자신의 능력을 함부로 보이지 않는다고 들었소."

이 말은 훌륭한 상인은 좋은 물건을 남에게 잘 안 보여주듯, 훌륭한 인격과 학식의 소유자는 함부로 자신을 드러내지 않는다는 노자의 역발상 철학입니다. 세상을 구제하겠다고 돌아다니는 공자에게 따끔한 일침을 가한 것이지요. 때로는 나서지 않고 조용히 물러나 세상을 피하는 것도 삶의 한 방법일 수 있다는 것입니다.

양 고 심 장 약 허
良賈深藏若虛

똑똑한 상인은 깊이 감추어 마치 없는 것처럼 한다.

　요즘은 '밝히는' 시대라고 합니다. 어느 학교 출신인지, 몇 평짜리 아파트에 사는지, 어떤 차를 타고 다니며 어떤 실세와 친한지, 정말 아낌없이 밝히는 사회 말입니다. 그러나 좋은 것을 너무 밝히면 오히려 그것 때문에 진정한 나를 잃어버릴 수 있다는 생각을 한 번쯤은 해보아야 합니다. 능력이든 지위든, 감추는 것이 오히려 내 인생에 도움이 된다는 노자의 철학 말입니다.

　　　때로는 감추는 것이 현명할 수 있습니다.

深	藏	若	虛
깊을 심	감출 장	같을 약	빌 허

작은 생선은 자주 뒤집으면 먹을 게 없다

약 팽 소 선
若烹小鮮
《도덕경》

최근 주목받고 있는 '조용한 리더십'을 노자는 수천 년 전부터 강조했습니다. 《도덕경》에서 다음과 같이 말했습니다. "말을 아껴야 한다. 말을 많이 할수록 그 말에 발목 잡혀 자주 궁지에 몰린다." 리더가 직접적으로 간섭하고 강요하면 사람들이 반발해 곧 스스로 궁지에 몰릴 수밖에 없다는 뜻입니다.

노자가 《도덕경》에서 말하는 조용한 리더십을 한마디로 정의하면 '무위의 리더십'입니다. 여기서 무위無爲는 '아무것도 하지 않는다'는 소극적인 의미가 아니라, '조직원들이 스스로 할 수 있도록 분위기를 만들라!'는 적극적인 의미입니다. 일하지 않는 직원에게 일하라고 소리 지르는 것보다 그 직원이 자신의 역량과 열정을 발휘할 수 있도록 조직의 분위기를 만들어내는 것이 리더가 해야 할 적극적인 무위의 행위라는 것이지요.

무위의 리더십을 가장 잘 표현해주는 개념이 《도덕경》 60장에 나오는 '약팽소선若烹小鮮'입니다. "큰 나라를 다스리는 지도자는 작은 생선을 굽는 것처럼 조직을 이끌어가야 한다." 조그만 생선을 굽는 최악의 방법은 센 불에 이리저리 뒤집는 것입니다. 조그만 생선은 스스로 익을 수 있는 여건을 만들어주었을 때 가장 완벽하게 익습니다. 무위가 오히려 생선을 제대로 익게 만드는 것이지요.

치 대 국 약 팽 소 선
治大國若烹小鮮

큰 나라를 다스리는 자는 마치 작은 생선을 굽듯이 한다.

　유능한 리더는 직원들의 업무를 시시콜콜 간섭하거나 그들의 무능을 탓하지 않습니다. 모든 직원이 최선의 능력을 발휘할 수 있도록 조직의 분위기를 만들어가지요. 강압적으로 군림하기보다는 그들의 열정을 끌어낼 수 있는 분위기를 만들라! 지도자는 조그만 생선을 굽듯이 조직을 이끌어가야 한다는 '약팽소선'의 원칙, 오늘날 조직의 리더들이 귀 기울여야 할 오래된 철학입니다.

　　사랑이란 이름으로 간섭하지 마세요.
　　때로는 내버려두는 것도 사랑입니다.

若	烹	小	鮮
같을 약	삶을 팽	작을 소	생선 선

날마다 비우는 것이 도를 닦는 방법이다

위 도 일 손
爲道日損
(도덕경)

채우는 것만큼 어려운 것이 비우는 일이라고 합니다. 어쩌면 비우고 버리는 것이 채우고 쌓는 것보다 더 어려울 수 있습니다. 노자 《도덕경》 48장에서는 배움과 도에 관해 이렇게 말합니다. "배움學의 목표는 날마다 새로운 것을 채우는 것이다. 도道의 목표는 날마다 이미 가지고 있는 것을 버리는 것이다."

노자가 살았던 시절도 오늘날 우리 모습과 크게 다르지 않았습니다. 지위를 높이고 권력을 강화하기 위해 무한 경쟁하며 '채움'에 집착했지요. 더 넓은 영토를 차지하려고 날카로운 무기를 만들고 더 좋은 땅을 차지하기 위해 서로 피 흘리는 전쟁을 일삼던 시절, 노자는 날마다 버리는 것日損이 진정 도를 행하는 방법이라고 역설했습니다. 이는 채움이 미덕이던 기존의 가치관에 대한 새로운 도전이었습니다.

노자는 '비움'의 결과를 다음과 같이 말합니다. "버리고 또 버리다 보면 끝내는 무위의 지경에 이르게 될 것이다." 무위無爲의 푸른 바다! 이것이야말로 노자가 항해하며 꿈꾸던 위대한 바다, 블루 오션이었습니다.

강요하고, 명령하고, 간섭해서 조직을 이끄는 것이 가장 위대한 리더십이라고 생각할 때 노자는 무위의 리더십이야말로 남들이 전혀

경험하지 못한 최고의 효과를 낼 수 있는 가치의 혁신이라고 생각한
것입니다.

위 학 일 익 , 위 도 일 손
爲學日益, 爲道日損

배움은 날마다 채우는 것이다.
도를 닦는 것은 날마다 비우는 것이다.

내가 가진 고집과 편견을 비우고, 내가 이룬 부와 명예를 나누고,
내가 쌓은 성공에서 한 발짝 물러나는 것이 채우고 쌓는 일보다 위
대할 수 있다는 화두가 가슴에 와닿습니다. 비움은 정말 쉽지 않은
일입니다. 그러나 채운 사람만이 비울 자격도 있다는 것을 잊어서는
안 됩니다. 배우지 않고서는 버릴 수 있는 지식도 없습니다.

열심히 채운 사람만이 날마다 비울 수 있는 자격이 있습니다.

爲　道　日　損
할 위　길 도　날 일　덜 손

잘 쓰고 가는 것이 인생이다

이 용
利用
〈도덕경〉

우리가 자주 사용하는 말 중에 이용利用이라는 단어가 있습니다. 이로울 이利 자와 쓸 용用 자가 합쳐진 말이지요. 여기서 '이利'는 이익입니다. 기업이나 투자자가 추구하는 이익을 말하지요. 돈을 많이 버는 것은 이利를 얻는 것이라 할 수 있습니다. '용用'은 사용한다는 뜻입니다. 벌어들인 돈을 얼마나 잘 쓰느냐가 용이지요. 용도에 맞게 행복하게 돈을 쓰면 용을 잘하는 것입니다. 잘 벌고 잘 쓰는 것, 이것이 '이용'의 뜻입니다.

이용을 철학적으로 가장 먼저 정의한 사람은 노자입니다. 노자는 이와 용에 대해 이렇게 말합니다. "유有, 소유하는 것은 이利가 된다. 무無, 소유를 없애는 것이 용用이다." 유와 무, 있음과 없음, 이익과 그 이익의 사용이 짝이 되어 하나의 완성된 형태로 존재한다는 생각입니다. 젊은 시절 열심히 번 돈을 나이 들어 사회를 위해 제대로 쓸 수 있다면 진정 이용利用의 미학을 실천한 인생일 겁니다.

이利만 추구한다고 해서 행복하지 않습니다. 은행에 돈을 아무리 많이 넣어놔도 쓰지 않으면 그 돈은 의미가 없습니다. 용用이 있을 때 비로소 그 이의 의미가 아름다워지는 것입니다.

유 지 이 위 리, 무 지 이 위 용
有之以爲利, 無之以爲用

소유하는 것은 이다. 써서 없애는 것이 용이다.

　웰빙well-being보다 더 중요한 것이 웰다잉well-dying이라고 합니
다. 젊은 시절 멋지게 인생을 가꾸어 큰 부를 이루고 성공했다면, 나
이 들어서는 그 부를 사회를 위해 잘 쓰고 가는 것이 위대한 인생이
아닐까 싶습니다. 자식에게 그 부를 불법적으로 세습시켜 명예를 깎
아먹는 것보다 사회를 위해 아낌없이 쓸 수 있는 그런 인생 말입니
다. 돈을 잘 번 사람도 아름답지만 평생 번 돈을 사회에 남기고 가는
사람은 더욱 아름답습니다.

　　잘 벌어서 잘 쓰는 것이 돈을 잘 이용하는 것입니다.

利　　用
이로울 이　　쓸 용

뒤로 가는 것이 앞으로 가는 것이다

천 장 지 구
天長地久
《도덕경》

〈천장지구〉라는 영화가 있습니다. 홍콩 스타 류더화劉德華와 우첸
렌吳倩蓮 주연으로 한국에서도 꽤 인기가 있었지요. 우리말로 번역
하면 '하늘은 길고 땅은 오래다'라는 뜻인데요, 이 '천장지구'는《도
덕경》의 한 구절입니다. "하늘과 땅은 장구하다. 하늘과 땅이 저토록
장구할 수 있는 이유는 억지로 하려 하지 않기 때문이다." 해석만 보
면 영화의 내용과는 별로 상관없어 보입니다. 그러나 사랑 역시도
억지로 가지려 한다고 해서 가질 수 있는 것이 아니라는 생각에 이
르면 비슷한 의미로 받아들일 수 있습니다.

하늘과 땅은 의지와 목적을 가지고 간섭하는 주체가 아닙니다.
세상의 만물이 스스로 자랄 수 있도록 도울 뿐이지요. 억지로 살리
려고 하지도, 만물을 키우고도 그 키운 공에 대하여 과시하지도 않
습니다. 그런 불간섭의 원리가 하늘과 땅이 장구할 수 있는 이유입
니다.

인간 세계의 리더 역시 그런 천지天地의 마음을 가져야 합니다. 인
위적으로 강요하지 않는 '무위無爲'의 리더십으로 백성들이 스스로
그렇게 되도록 만들라는 것입니다. 노자는 뒤이어 이렇게 말합니다.
"한 발짝 뒤로 물러서라. 그러면 오히려 앞에 서게 될 것이다後其身
而身先(후기신이신선). 한 발짝 밖으로 비켜서라. 그러면 오히려 안에 있

게 될 것이다外其身而身存(외기신이신존)." 내가 남보다 나아 그들을 다
스린다는 생각을 가지고 억지로 지도하려고 할 때 오히려 그 자리를
보존하지 못하게 된다는 역설적인 철학입니다. 억지로 간섭하지 않
기에 오히려 장구할 수 있고, 군림하려 하지 않기에 위에 있을 수 있
습니다.

천 장 지 구 , 기 부 자 생 , 고 능 장 생
天長地久, 其不自生, 故能長生

하늘과 땅은 장구하다.
스스로 살려고 하지 않기에 오히려 장생할 수 있는 것이다.

섬김의 리더십이 절실한 때입니다. 군림하고 강압하고 강제하는
것보다 모시고 받드는 섬김의 리더십이 결국 장구할 수 있다는 생각
이 바로 노자의 '천장지구'입니다.

섬기는 사람이 오래갑니다.

天	長	地	久
하늘 천	길 장	땅 지	오랠 구

사랑이란 이름으로 간섭하지 말라!

천 지 불 인
天地不仁
《도덕경》

사랑한다는 이유만으로 상대방을 간섭하고 자신의 의도를 강요하는 경우가 종종 있습니다. 상대방에 대한 나의 간섭과 강요가 사랑이라는 이름으로 포장되면서 아무런 거리낌 없이 행동으로 나타나는 것이지요.

《도덕경》은 사랑이란 이름으로 간섭하지 말라고 하면서 '천지불인天地不仁'이라는 개념을 제시합니다. '하늘天과 땅地은 어질지仁 않다不'는 말로, 하늘과 땅은 그 안에 존재하는 모든 만물에 대해 사랑이란 이름으로 간섭하지 않는다는 뜻입니다. 하늘이 비를 내리고, 계절을 바꾸는 것이 어떤 목적을 가진 행위가 아니라는 것이지요. 그러나 이런 자연이야말로 인간을 절대적으로 신뢰하고 사랑하는 모습이라는 것입니다. 사랑이 의도되는 순간, 사랑에 대한 반응을 요구하게 됩니다. 내가 당신을 사랑하니까 당신도 나를 사랑하라는 것은 구속일 뿐 진정한 사랑이 아닙니다. 노자는 이런 자연의 원리를 인간이 배워야 한다고 강조합니다.

한편 '천지불인'은 지도자가 인仁을 잘못 사용하면 속박과 간섭이 될 수 있다는 경고이기도 합니다. 지도자는 사랑하고 배려하기 때문이라고 하지만 그것이 지나쳐 규칙 속에 속박시키고, 개인의 의지는 무시한 채 오로지 지도자 자신이 믿는 가치만 강요할 수 있기 때문이지요. 부모와 자식 간에서도 마찬가지입니다. 사랑과 배려가 왜곡된 강요와 간섭은 인간의 존엄을 짓밟을 수도 있습니다.

성 인 불 인 , 이 백 성 위 추 구
聖人不仁, 以百姓爲芻狗

성인은 의도를 드러내지 않는다.
백성들을 풀강아지 정도로 생각한다.

하늘과 땅이 그저 만물을 있는 그대로 볼 뿐 간섭하지 않는 것처럼, 때로는 있는 그대로 놔두는 것도 사랑입니다. 노자의 이 구절은 사랑과 강요가 불분명하게 혼재된 이 시대에 한 번쯤 생각해보아야 할 이야기입니다.

가만히 지켜만 보는 것도 사랑입니다.

天　　地　　不　　仁
하늘 천　　땅 지　　아니 불　　어질 인

칭찬받는 사람이 위험하다!

태 상 유 지

太上有之

《도덕경》

'높아지려면 낮추고, 앞으로 가려면 뒤로 물러나라.' 노자 《도덕경》에서 늘 말하는 발상의 전환입니다. 이런 역발상의 관점에서, 아랫사람에게 칭송받고 환호받는 리더는 최상의 리더가 아니라고 《도덕경》은 말합니다.

노자는 리더를 다음의 네 가지 등급으로 나눕니다. 가장 높은 단계는 유지有之의 리더입니다. 부하들이 지도자가 '있다'는 정도만 느끼게 하는 리더입니다. 부하들은 지도자가 있다는 것은 알지만 그의 무게감을 느끼지는 못합니다. 그 아래 단계는 예지譽之의 리더입니다. 부하들이 늘 칭찬하는 리더지요. 그러나 그 칭찬은 언제든 비난으로 바뀔 수 있다는 가능성도 가지고 있습니다. 세 번째 등급은 외지畏之의 리더입니다. 부하들을 두렵게 만드는 리더입니다. 나타나면 모두 벌벌 떨고 어찌할 바를 몰라 하며 두려워하게 만들지요. 마지막 최하 등급은 모지侮之의 리더입니다. 모侮는 모욕하다, 깔본다는 뜻이지요. 리더 같지도 않은 사람이 높은 자리에 있으면 깔보고 무시할 수밖에 없다는 것입니다.

지도자의 네 가지 등급 속에는 춘추전국시대라는 난세에 수많은 지도자의 말로를 목격한 노자의 생각이 반영되어 있습니다. 그토록 칭찬받던 군주가 하루아침에 버림받고, 그토록 무섭게 느껴지던 군

주가 죽임을 당하고, 무능한 군주가 끝내는 나라를 잃고 헤매는 그
난세의 현실 말입니다.

태 상 하 지 유 지, 기 차 친 이 예 지, 기 차 외 지, 기 차 모 지
太上下知有之, 其次親而譽之, 其次畏之, 其次侮之

최고의 지도자는 있다는 존재만 느끼게 한다.
그다음은 존경받고 칭찬받는 지도자다.
그다음은 그 앞에 서면 두렵게 만드는 지도자다.
그다음은 뒤돌아서 욕하게 하는 지도자다.

한때는 칭찬과 환호를 받다가 마지막에 비난과 치욕으로 끝나는
지도자들이 천하에 가득한 요즘, 현직에서 칭찬받고 산다는 것이 얼
마나 덧없는 일인지 생각하게 됩니다.

산소는 자신을 드러내지 않고 아낌없이 베풉니다.

太	上	有	之
클 태	위 상	있을 유	갈 지

큰일은 작은 것에서부터 시작된다

필 작 어 세
必作於細
《도덕경》

세상에 어떤 일도 갑자기 일어나지 않습니다. 큰 병에 걸리기 전 반드시 몸에 수많은 조짐이 있듯이, 큰일이 발생하기 전에는 꼭 조그만 일이 몇 번이고 일어나는 것 같습니다. 경제 위기도 몇 번의 조짐과 전문가들의 경고가 선행합니다. 그러나 사람들은 일이 터지고 난 뒤에야 이유를 찾는 데 익숙해져 있나 봅니다.

일이 벌어지기 전에 미리 아는 것, 이것을 사리事理를 안다고 합니다.《도덕경》은 어떤 큰일이든 반드시 조그만 것에서 시작된다고 말합니다.《도덕경》63장에 나오는 구절의 정확한 원문은 이렇습니다. "천하의 어려운 일은 반드시 쉬운 것에서 시작된다. 천하의 큰일은 반드시 미세한 것에서 시작된다."

세상의 모든 큰일은 결국 사소한 것에서 시작된다는 이 철학은 《한비자》에서도 찾아볼 수 있습니다. "천 길 높은 둑은 千丈之堤(천장지제) 개미나 땅강아지의 구멍으로 인해 무너지고 以蟻螻之穴潰(이의루지혈궤), 백 척 높이의 으리으리한 집은 百尺之室(백척지실) 아궁이 틈에서 나온 조그만 불씨 때문에 타버린다 以突隙之烟焚(이돌극지연분)." 천 길 둑이 무너지고 백 척 높이의 건물이 불타는 큰 사건도 결국 사소한 것 때문에 일어난다는 이야기입니다.

천 하 난 사 , 필 작 어 이 , 천 하 대 사 , 필 작 어 세
天下難事, 必作於易, 天下大事, 必作於細

천하의 어려운 일은 반드시 쉬운 것에서 시작된다.
천하의 큰일은 반드시 미세한 것에서 시작된다.

    지혜로운 사람들은 작은 조짐에 주목하라고 말합니다. 건강한 사람이 갑자기 쓰러지는 것도, 성공이 한순간 무너지는 것도 작은 발단에서 시작됩니다. 큰 것만 보려 하면 문제점을 정확히 찾을 수가 없습니다. 호랑이의 눈으로 세상을 보되 소걸음으로 신중하게 나아가야 합니다. 우리가 조그만 것에 주목해야 하는 이유입니다. '세상의 모든 큰일은 반드시 조그만 것에서 시작된다.' 어려운 세상을 살아가는 지혜입니다.

    조그만 것을 놓치지 않아야 큰일이 안 생깁니다.

必　　作　　於　　細
반드시 필　　만들 작　　어조사 어　　가늘 세

하류가 정답이다

대 국 자 하 류
大國者下流
《도덕경》

우리는 늘 상류사회에 편입되기를 꿈꿉니다. 강물로 치면 하류보다는 상류에 있기를 바라는 것이 인간의 욕망입니다. 더 좋은 것 먹고, 더 좋은 차 타고, 더 좋은 곳에서 사는 것이 곧 성공인 세상입니다. 상류사회에 입성하려고 해서는 안 될 일을 저지르기도 합니다.

그런데 노자 《도덕경》에서는 우리가 늘 꿈꾸는 상류上流는 인간의 헛된 욕망이 빚어낸 신기루 같은 것일 수 있다면서 오히려 아래로 흐르는 하류下流가 되어야 한다고 강조합니다. "정말 큰 나라는 하류여야 한다. 그래야 천하의 모든 사람이 모여들기 때문이다. 마치 천하의 어머니와 같다. 어머니는 항상 고요함으로써 수컷을 이긴다."

우리는 상류가 되기보다는 하류가 되어야 합니다. 어깨를 으스대는 남성성보다는 낮춤의 여성성이 더 위대한 삶의 모습입니다. 군림하려고만 들고, 상대방에게 강요하는 데 익숙하다면 한 번쯤 생각해보아야 할 화두입니다. 노자는 이 '낮춤'이라는 화두를 통해 새로운 성찰을 말합니다.

"강물과 바다가 백곡의 왕이 될 수 있는 이유는 아래로 흐르기 때문이다. 남보다 위에 있으려고 한다면 반드시 상대방보다 낮추어야 한다. 상대방보다 먼저 있으려고 한다면 반드시 몸은 뒤에 있어야 한다. 그렇기 때문에 위에 있어도 사람들이 무거워하지 않고, 앞에 있어도 사람들이 해롭다고 여기지 않는다. 그래서 천하의 모든 사람이 즐겁게 그를 앞세우고도 싫어하지 않는다."

대국자하류, 천하지교
大國者下流, 天下之交

큰 나라는 하류여야 한다.
그래야 천하의 모든 사람이 모여든다.

낮추어야 결국 살아남을 수 있다는 하류의 철학은 난세에 더욱 가슴 깊이 다가오는 화두 같습니다. '군림하려 하지 말라! 그것이 진정한 경쟁력이 될 것이다!' 상류보다 하류가 한 수 위라는 노자의 성찰입니다. 요즘은 참 좋은 세상입니다. 하류가 되는 것에 아무도 관심을 두지 않기 때문이지요. 모두가 상류가 되려고 광분해 있을 때, 일부러 하류가 되는 것은 남모르는 즐거움일 수 있습니다.

상류가 하류처럼 살기는 참으로 어렵습니다.

大	國	者	下	流
큰 대	나라 국	놈 자	아래 하	흐를 류

용의 눈물

항 룡 유 회
亢龍有悔
《주역》

항룡유회亢龍有悔, '높이 올라간 용이 눈물을 흘리며 후회한다'는 뜻으로 《주역》에 나오는 건괘乾卦의 내용입니다. 왜 높이 올라간 용이 눈물을 흘릴까요? 높이 올라간 만큼 깊이 내려와야 하기 때문입니다. 《주역》의 건괘는 용의 변화를 통해 세상의 이치를 설명합니다. 잠룡潛龍은 물속에 잠겨서 힘을 기르고 있는 용입니다. 현룡見龍은 세상으로 나와서 자신의 능력을 발휘하려는 용입니다. 약룡躍龍은 자신의 능력을 발휘하며 바쁘게 뛰어다니는 용입니다. 비룡飛龍은 자신의 능력을 인정받아 하늘 높이 날아가는 용입니다. 마지막 항룡亢龍은 끝까지 올라간 용입니다. 이제 더는 올라갈 곳이 없기에 후회의 눈물을 흘립니다.

용은 하늘로 올라가는 것이 목표지만 끝까지 다 올라간 용은 더 이상 갈 곳이 없습니다. 다음 단계는 내려오는 일뿐이지요. 이게 어찌 비단 용만의 이야기이겠습니까? 바로 우리 인간들의 이야기지요. 인간들은 목표를 세우고 그 목표를 향해 부지런히 달려갑니다. 때로는 수단과 방법을 가리지 않고 목표를 달성하려고 애쓰기도 합니다. 그러나 결국 그 자리에 도달하면 그것이 얼마나 허망한지 깨닫게 되지요. 그 자리에 가기 위해 해서는 안 될 말과 행동을 한 것에 대해 후회의 눈물을 흘리게 됩니다.

항 룡 유 회
亢龍有悔

끝까지 올라간 용이 후회를 한다.

  끝까지 올라간 항룡은 결국 눈물을 흘리게 되는데, 우리는 왜 그렇게 높은 곳에 올라가려고 하는 걸까요? 오늘날 힘 있는 자리를 두고 아귀다툼을 벌이는 것을 보면서 결국에는 모두 눈물을 흘릴 것이라는 생각을 합니다. 지금은 무서울 것 없이 권력과 힘을 휘두르겠지만, 끝까지 올라간 용은 결국 눈물을 흘리게 되어 있습니다. '돈이 많고 지위가 높다고 교만하면 그것은 허물이 될 것이다. 어떤 일을 해서 성공하면 자신은 뒤로 빠져 그 공을 자랑하지 말아야 한다.' 노자가 늘 강조하는 겸손의 미학입니다. 명심해야 합니다. 가장 높이 올라간 용이 겸손하지 않으면 반드시 후회의 눈물을 흘린다는 것을.

  오름과 내림은 성공의 두 날개입니다.

亢	龍	有	悔
오를 항	용 룡	있을 유	후회할 회

혼돈이 질서보다 아름다운 이유

혼 돈
混沌
〈장자〉

우리는 혼돈混沌, chaos의 시대에 살고 있습니다. 일반적으로 무질서disorder, 불확실성uncertainty이라고 표현되는 '혼돈'은 논리적으로 설명할 수 없는 어떤 것을 가리킬 때 쓰이지요.《장자》〈응제왕〉마지막 부분에 이 혼돈이라는 개념이 나옵니다. "남해의 왕 숙儵, 북해의 왕 홀忽, 그리고 중앙의 왕 혼돈混沌이 있었다. 남해의 왕인 숙과 북해의 왕인 홀은 자주 중앙 혼돈의 땅에 가서 서로 만났는데, 혼돈은 그들을 매우 잘 대접해주었다. 숙과 홀은 혼돈의 대접에 보답하려고 의논을 했다. 사람들은 모두 일곱 개의 구멍이 있어 보고, 듣고, 먹고, 숨을 쉰다고 하는데 혼돈은 구멍이 없으니 구멍을 뚫어 보답하기로 하고 날마다 한 개씩 구멍을 뚫어주었다. 그렇게 7일째 되는 날 혼돈의 몸에 일곱 개의 구멍이 뚫리며 죽어버렸다." 혼돈은 원래 구멍이 없었는데, 주변에서 좋은 의도로 뚫은 구멍 때문에 결국 죽어버렸다는 이야기입니다. 질서와 합리성보다 어쩌면 무질서와 혼돈의 모호성에 더 큰 생명력이 있을 수 있다는 역설을 담은 장자의 철학입니다.

혼돈이 질서보다 경쟁력을 발휘할 때가 있습니다. 질서는 언제나 아름답고 안정적인지, 혼돈은 늘 추하고 불안하고 제거의 대상인지 의문을 제기해보아야 합니다. 질서와 법을 강조하여 세상의 모든 것을 그 틀 안에 넣고 줄을 세우는 것만이 정답은 아니라는 의미지요.

인 개 유 칠 규 이 시 청 식 식 , 차 독 무 유 ,
人皆有七竅以視聽食息, 此獨無有,

일 착 일 규 , 칠 일 이 혼 돈 사
日鑿一竅, 七日而混沌死

사람들은 일곱 개의 구멍이 있어 보고, 듣고, 먹고, 숨 쉰다.

그런데 혼돈은 이 구멍이 없다.

그래서 혼돈에게 날마다,

한 개씩 구멍을 뚫어주었고 7일 만에 혼돈은 죽어버렸다.

어쩌면 질서보다는 무질서 속에서 더욱 예쁜 꽃이 피고, 순종보다는 잡종이 훨씬 건강하고, 확실함보다는 혼돈 속에서 더욱 다양한 답이 나올 수 있습니다. 혼돈의 역설, 질서와 줄서기만을 강요하는 작금의 시대에 한 번쯤 생각해보아야 할 주제입니다.

혼돈의 인생을 두려워할 필요가 없습니다.

混　　沌
섞일 혼　　어두울 돈

광채를 줄이고 세상의 눈높이에 맞춰라!

화 광 동 진
和光同塵
〈도덕경〉

많이 배우고 지위가 높은 사람들의 가장 큰 문제는 자기 생각과 결정만이 옳다고 믿는 것입니다. 다른 사람들의 수준은 낮고 오로지 자신만이 올바른 판단과 결정을 내릴 수 있다고 생각하기 때문에 도무지 자신의 주장과 고집을 거두려고 하지 않지요. 하지만 때로는 자신의 그 똑똑한 광채를 줄이고 세속의 눈높이에 맞추는 것이 더 아름다울 수 있습니다.

노자 《도덕경》에서는 똑똑한 사람들에게 '화광동진和光同塵'의 자세를 권합니다. "똑똑한 사람들이여! 당신의 그 날카로운 지혜를 꺾으라! 그리고 그 복잡하게 얽힌 꼼수에서 풀려나라. 당신의 그 잘난 빛光을 누그러뜨리고和, 이 세속塵과 함께同하라." 화和는 조화harmony입니다. 광光은 빛남brightness입니다. 내가 가지고 있는 광채를 줄여서 주변의 빛과 조화를 맞추라는 것이지요. 동同은 함께together입니다. 진塵은 세속이고요. 잘남을 숨기고 세속과 함께하라는 것입니다.

모든 사람은 자신이 더욱 빛나기를 바랍니다. 그러나 자신이 빛나면 빛날수록 주변 사람들은 점점 멀어집니다. 잘난 이가 자기 생각을 너무 확신하고 밀어붙이면 주변 사람들이 겁나서 접근하기 어려워합니다. 훌륭한 지도자가 되기 위해서는 우뚝 서서 잘났다고 과시하기보다는 자신의 빛을 누그러뜨리고 세상 사람들의 눈높이로 내려가 민중과 함께하는 자세가 필요합니다.

화 기 광 ，동 기 진
和其光, 同其塵

자신의 광채를 줄이라! 저 세속과 눈높이를 맞추라!

영웅이 필요한 시대가 있었습니다. 유능하고, 똑똑하고, 명석한 사람이 우매한 사람들을 인도하던 시대 말입니다. 그러나 이제 시대가 변했습니다. 누군가 앞장서서 밀어붙여야 일이 되는 시대는 지나갔습니다. 이제 평범한 사람들의 교육 수준도 예전과 다르게 상당히 높아졌습니다. 그들을 믿어야 합니다. 그들의 눈높이에 맞추지 않으면 가정도, 기업도, 나라도 온전치 못할 것입니다.

자신이 가진 빛을 줄이는 사람이 좋은 사람입니다.

和　光　同　塵
화할 화　빛 광　같을 동　세속 진

최고의 싸움닭은 목계

목 계 지 덕
木鷄之德
〈장자〉

자신의 감정을 완전히 통제할 줄 알고, 상대방에게 자신의 빛나는 광채나 매서운 눈초리를 보여주지 않더라도 무언가 근접할 수 없는 카리스마를 내뿜는 사람이 있습니다. 이런 사람을 일컬어 장자는 '목계지덕木鷄之德'을 가졌다고 했습니다. '목계木鷄'란 '나무로 만든 닭'이라는 뜻으로, 목계지덕은 나무로 만든 닭처럼 완전히 감정을 제어할 줄 아는 사람의 능력을 의미합니다.

《장자》〈달생〉에 나오는 이야기입니다. 투계를 아주 좋아하는 왕이 있었습니다. 왕은 당시 최고의 투계 사육사였던 기성자에게 최고의 싸움닭을 최고의 투계로 키우는 훈련을 맡겼습니다. 맡긴 지 열흘이 지나고 나서 왕이 기성자에게 "닭이 싸우기에 충분한가?"라고 물었습니다. 기성자가 대답했습니다. "아닙니다, 아직 멀었습니다. 닭이 강하긴 하나 교만하여 아직 자신이 최고인 줄 알고 있습니다. 그 교만을 떨치지 않는 한 최고의 투계라고 할 수 없습니다." 열흘이 지나 왕이 또 물었을 때 기성자는 이렇게 대답했습니다. "아직 멀었습니다. 교만함은 버렸으나 상대방의 소리와 그림자에도 너무 쉽게 반응합니다. 대산처럼 움직이지 않는 진중함이 있어야 최고라고 할 수 있습니다." 열흘이 지나 왕이 또 묻자 그는 대답했습니다. "아직 멀었습니다. 조급함은 버렸으나 상대방을 노려보는 눈초리가 너무

공격적입니다. 그 공격적인 눈초리를 버려야 합니다." 열흘이 지나
왕이 또 묻자 기성자는 대답했습니다. "다 된 것 같습니다. 이제 상
대방이 아무리 소리를 질러도 아무 반응을 하지 않습니다. 완전히
마음의 평정을 찾았습니다. 나무와 같은 목계가 되었습니다. 닭의 덕
이 완전해졌기에 어느 닭이라도 그 모습만 봐도 도망갈 것입니다."

망 지 사 목 계 , 기 덕 전
望之似木鷄, 其德全

보기에 흡사 나무로 만든 닭과 같으니, 그 덕이 완전하구나!

장자가 이 고사에서 말하고자 하는 최고의 투계는 목계입니다. 목
계가 되는 조건은 세 가지입니다. 첫째, 자신이 제일이라는 교만한
마음을 버려야 합니다. 둘째, 남의 소리와 위협에 민감하게 반응해서
는 안 됩니다. 셋째, 상대방에 대한 공격적인 눈초리를 버려야 합니
다. 교만과 조급, 그리고 공격적인 눈초리를 완전히 버릴 때 곧 목계
의 덕을 얻을 수 있습니다.

어깨에 힘을 빼면 진정 최고가 됩니다.

木 　 鷄 　 之 　 德
나무 목 　 닭 계 　 갈 지 　 어진 덕

마음 경영

좋은 이웃이 프리미엄

천 만 매 린
千 萬 買 隣
《남사》

어디에서 사느냐는 모든 사람의 고민이며 걱정거리입니다. 여기저기 분양 광고가 나오고 평당 수천만 원 하는 집들이 즐비합니다. 고가의 집을 보면 주로 멋진 풍경, 편리한 교통, 좋은 학군 등을 갖추고 있습니다. 경치가 멋지고 교통이 편하고 학군 좋은 곳이 최고의 주택지인가 봅니다. 그러나 옛날에는 좋은 이웃과 함께 사는 것이 집값의 가장 큰 프리미엄이었습니다. '좋은 이웃은 천만금을 주더라도 사야 한다.' 좋은 친구가 인생의 기쁨이라면 좋은 이웃은 나와 가족의 행복입니다. 좋은 친구, 좋은 동료, 좋은 이웃은 가치를 환산할 수 없는 보배입니다.

좋은 이웃과 함께하여 같이 산다면 천만금이라도 아까울 것이 없다는 생각을 실천한 사람이 있습니다. 중국 남북조시대의 남조南朝 역사서인 《남사》에 나옵니다. 송계아宋季雅라는 고위 관리가 퇴직을 대비하여 살 집을 보러 다녔습니다. 남들이 추천해준 몇 곳을 둘러봐도 송계아는 마음에 들지 않았습니다. 그러다가 천백만금을 주고 여승진呂僧珍이라는 사람의 이웃집을 사서 이사했지요. 백만금밖에 안 되는 집값을 천백만금이나 주고 샀다는 말에 여승진이 그 이유를 물었습니다. 송계아의 대답은 간단했습니다. "백만금은 집값으로 지불했고, 천만금은 당신과 이웃이 되기 위한 값으로 지불한 것이다!"

66 • 1부 | 내 인생을 바꾸는 모멘텀

송계아는 집을 고르는 가장 중요한 조건이 좋은 이웃이라고 생각한 것입니다.

백 만 매 택 , 천 만 매 린
百萬買宅, 千萬買隣

백만금으로 집을 사고, 천만금으로 이웃을 산다.

'거필택린居必擇隣!' 주거지를 정할 때는 반드시 이웃을 선택해서 정해야 한다는 말입니다. 천만금을 주더라도 좋은 사람과 이웃해 산다는 건 행복한 일입니다. 높은 지위와 많은 부를 소유한 사람들과 함께하고 싶어 하고, 부동산 투자를 위하여 이리저리 주거지를 옮기는 현실에 좋은 이웃은 어떤 사람인가 고민을 던져주는 이야기입니다.

함께하는 이웃이 좋으면 인생이 행복합니다.

千	萬	買	隣
일천 천	일만 만	살 매	이웃 린

우산은 원래 민둥산이 아니었다

우 산 지 목
牛山之木
《맹자》

세상이 살기 싫다고 건물에 불을 질러 무고한 생명을 죽이거나 불특정 다수에게 자신의 원한을 표출하는 사건이 꼬리에 꼬리를 물고 일어나고 있습니다. 인간은 정말 원래부터 악한 존재일까요, 아니면 세상이 그렇게 만든 걸까요?

전국시대 맹자의 논리는 간단합니다. '인간들은 원래 착하게 태어났다. 그런데 모진 풍파와 세월이 인간의 마음에 상처를 주고 악하게 만들었다. 우리는 절대로 이 끈을 놓아서는 안 된다.' 맹자는 당시 지도자들에게 자신의 논리를 설득하기 위해 우산지목牛山之木이라는 고사를 꺼냅니다. 내용은 이렇습니다. "우산牛山은 풀 한 포기 나지 않는 민둥산의 이름이다. 그러나 이 산이 원래부터 민둥산은 아니었다. 처음에는 나무가 울창했으나 대도시 주변에 있었기 때문에 수많은 사람이 오르내리면서 나무를 베어갔다. 나무를 잃은 우산은 사람들이 안 오는 밤에 이슬을 머금어 부지런히 싹을 틔워내고 풀을 키웠다. 그러나 이번엔 목동이 소와 양을 끌고 나타나 조금 자란 그 풀마저 모두 뜯어먹히고 말았다. 나무도 풀도 더 이상 자라지 못하게 된 우산. 그러나 그 산이 원래부터 민둥산은 아니었다."

맹자의 우산은 바로 우리의 이야기입니다. 우리 인간은 원래 따뜻한 사랑과 선한 마음을 가지고 있었습니다. 그런데 우산에 도끼가

들어와 나무를 마구 베었던 것처럼 세파의 도끼가 우리의 양심을 찍어댄 것이지요. 우리의 마음은 하루하루 황폐해졌습니다. 그래도 일과를 마치고 집으로 돌아와 가족과 함께하는 저녁이 되면 찍히고 상처 난 영혼을 다시 추스르곤 합니다. 그러나 다음 날 아침이면 또다시 세속의 험난한 파도에 부딪혀 그나마 살려낸 영혼도 다시 빛을 잃어갑니다.

우 산 지 목 상 미 의
牛山之木嘗美矣

우산의 나무는 일찍이 아름다웠다.

맹자의 이런 날카로운 외침 뒤에는 마지막까지 포기하지 않았던 인간을 향한 믿음과 확신이 있었습니다. 아무리 세상이 힘들고 끔찍한 일을 보고 겪더라도 포기해서는 안 됩니다. 인간은 선하다는 믿음과 신뢰 말입니다.

세상에 아름답게 태어나지 않은 사람은 없습니다.

牛	山	之	木
소 우	뫼 산	갈 지	나무 목

지극한 정성은 쉬지 않는다

지 성 무 식
至誠無息
〈중용〉

　현대사회에서 기업에 필요한 중요한 윤리를 하나 고르라면 단연코 정성을 다한다는 뜻의 '성誠'일 겁니다. 외국 학자들 사이에서도 동양의 비약적인 경제 발전에 이 '성실'이 있었다고 진단합니다. 부품 하나라도 성실하게 조이고 마무리하는 근로자들부터 조직의 리더로서 소명의식을 갖고 최선을 다하여 기업을 위해 몸을 바치는 관리자들까지, 성실함은 동양에서 매우 중요한 가치입니다.

　《중용》은 특별히 정성과 성실을 뜻하는 '성誠'에 관하여 많은 정의를 내리고 있습니다. 첫째, 성실함의 궁극적인 목표는 자신의 완성뿐만 아니라 자신이 행한 성실을 통하여 남도 완성해주는 것입니다. 리더가 성실하면 직원들도 성실 바이러스에 감염되어 성실해질 수밖에 없습니다. 둘째, 성실함은 억지스럽지 않고 자연스럽게 이루어져야 합니다. 어떤 의도나 목적을 가진 성실함은 끝까지 빛을 보기 힘듭니다. 이익만으로 성실함에 접근한 경우 이익이 없으면 성실함도 사라질 테니까요. 성실함이야말로 저 깊은 내면에서 우러나오는 자연스러운 윤리입니다. 기업이 오로지 물건만 많이 팔려는 목적으로 성실함을 강조한다면 신정한 성실이라고 할 수 없겠지요. 셋째, 최고의 성실함은 무식한 것입니다. 이때의 무식은 알지 못하는 무식無識이 아니라 쉬지 않는 무식無息입니다. 어제도 오늘도 내일도 변함없이 계속된다는 것입니다. 해는 매일 뜨고 사계절의 운행은 쉬지 않습니다. 이런 자연의 원리를 본받아 쉬지 않고 나아가는 것이 성실입니다. 성실, 현대사회에서 다시 한번 조명해보아야 할 가치입니다.

지 성 감 천 , 지 성 무 식
至誠感天, 至誠無息

지극한 정성은 하늘도 감동시킨다.
지극한 정성은 쉬지 않는 것이다.

난세에는 똑똑하고 유식한 것이 경쟁력입니다. 그러나 성실함을 당할 수는 없습니다. 묵묵히 쉬지 않고 자신의 길을 가는 무식無息한 성실이야말로 결국 최후의 승자가 되는 방법입니다.

하늘은 쉬지 않는 무식無息함에 감동합니다.

至	誠	無	息
지극할 지	정성 성	없을 무	쉴 식

입술이 없으면 이가 시리다

순 망 치 한
脣亡齒寒
《춘추좌전》

어느 기업체 부설 경제연구소가 CEO 413명을 대상으로 설문조사를 했습니다. '오늘의 내가 있기까지 가장 힘이 되어준 습관은 무엇인가?'라는 질문에 CEO의 19.7퍼센트가 '순망치한脣亡齒寒'을 뽑았다고 합니다.

'순망치한! 입술이 없으면 이가 시리다.'《춘추좌전》에 나오는 사자성어로, 이齒가 아무리 중요한 역할을 해도 입술脣이 없으면 이가 시려 그 기능을 상실할 수밖에 없는 것처럼, 세상에 필요하지 않은 존재는 없다는 것을 강조하는 말입니다. 이 고사는 춘추전국시대에 나왔습니다. 한 치 앞도 내다볼 수 없었던 불확실성의 시대에 생존을 위한 최선의 선택 가운데 하나는 주변과 우호적으로 지내고 상생의 관계를 맺는 일이었습니다. 이웃나라와의 상생, 백성과 통치자 간의 상생, 병사들과 장군과의 상생이 중요한 화두였지요. 난세일수록 결국 상생과 공존이 경쟁력입니다.

요즘 소통의 부재와 공멸의 문제를 많이 지적합니다. 노사 간의 소통이 단절되고, 국가마다 겉으로는 유화의 제스처를 보이지만 속으로는 대화의 창구를 닫고 있습니다. 기업이나 조직은 오로지 자신들의 안위만을 위해 주변을 벼랑 끝으로 내몰기도 하지요. 이런 난세에 순망치한이라는 고사를 떠올리며 어려울수록 끝까지 의리를 지키고 상생을 추구하는 조직이 살아남을 수밖에 없다는 생각을 해봅니다. 세상에 나 혼자 잘나서 되는 일은 없습니다. 누군가 옆에서 도와주기 때문에 내가 이렇게 잘할 수 있다고 생각하면 주변의 모든 사람에게 감사함을 느낄 수밖에 없습니다.

脣亡齒寒
순 망 치 한

입술이 없으면 이가 시리다.

술 먹고 형, 동생 하는 주식형제酒食兄弟들은 술과 먹을 것이 없으면 뒤돌아서지만 급하고 어려울 때 도와주는 급난지붕急難之朋은 어려울수록 서로의 손을 놓지 않습니다. 오늘 만나는 모든 이에게 이렇게 외쳐보십시오. "당신이 없으면 내 인생은 추울 것입니다!"

당신이 내 옆에 있기에 내 인생이 따뜻합니다.

脣	亡	齒	寒
입술 순	망할 망	이 치	추울 한

남의 불행을 차마 보지 못하는 마음

불 인 지 심
不忍之心
《맹자》

　인간에게는 남의 불행을 차마 눈 뜨고 보지 못하는 마음이 있다고 합니다. 굶주림으로 고통받는 저개발 국가 어린이의 사진을 보고 가슴이 찡해지는 것이나 위기에 처한 사람을 보고 그냥 지나치지 못하는 것은 바로 인간이 가진 착한 본성 때문이라는 것이지요. 맹자는 이런 인간의 마음을 불인지심不忍之心이라고 했습니다. '아니 불不'에 '참을 인忍', 그러니까 불인지심은 같은 인간으로서 남의 불행을 차마 보지 못하는 인간만이 가진 선한 마음입니다.

　맹자가 살았던 전국시대에는 백성들이 전쟁에서 죽거나 굶어죽는 것이 일상이었습니다. 그래서 맹자는 당시 지도자들에게 불인지심을 가지고 '백성들의 고통을 차마 두고 보지 못하는 정치'를 하라고 충고했습니다. "백성들의 굶주림이 어찌 내 잘못인가? 세월이 그렇게 만든 것이지!"라고 지도자들이 자신의 책임을 미루고 발뺌하자 맹자는 "살인자가 칼로 사람을 죽여놓고 내가 죽인 것이 아니라 칼이 죽였다고 한다면 당신은 그 말을 인정하겠는가?" 하고 되물었습니다. '당신은 저 힘들고 불쌍한 백성들을 보면 불인지심이 느껴지지 않는가? 그 마음을 확충하여 백성들을 위한 불인지정不忍之政을 펼쳐라!' 불인지정, 백성들의 불행을 차마 두고 보지 못하는 리더가 펼쳐야 할 이상적인 정치입니다.

인 개 유 불 인 인 지 심
人皆有不忍人之心

사람들은 모두 다른 사람의 불행을 차마 두고 보지 못하는 마음을 가지고 있다.

코로나19와 전쟁으로 인한 세계 경제의 침체로 자영업자들의 기반이 흔들리고 청년 실업자가 넘쳐나고 있습니다. 어쩔 수 없는 세계적인 경제 위기라고 하지만 지도자들은 남 탓으로 돌려서는 안 됩니다. 남의 불행을 차마 두고 보지 못하는 불인지심을 가지고 국민들의 아픔에 공감해야 합니다. 선거에 눈이 멀고 자리 보존에만 급급한 지도층 인사들이 이 암울한 현실을 하늘 탓이라고 한다면, 맹자의 표현을 빌려 그것은 사람을 찔러놓고 칼이 찔렀다고 발뺌하는 것과 같습니다. 남의 불행을 차마 두고 보지 못하는 마음, 우리에게 당장 필요한 마음입니다.

당신의 아픔은 나의 아픔입니다.

不　　忍　　之　　心
아니 불　참을 인　갈 지　마음 심

버럭쟁이가 되면 천하를 잃는다

폭 노 위 계
暴怒爲戒
《명심보감》

우리가 인생을 살면서 무엇보다도 경계해야 할 일은 바로 갑작스러운 분노입니다. 버럭 화를 내며 소리를 지르는 것은 예로부터 가장 경계해야 할 일로 여겼습니다. 갑자기 이성을 잃고 분노를 분출하면 도저히 수습할 수 없는 심각한 결과가 초래될 수도 있습니다.

인성교과서 《명심보감》에서는 지도자의 갑작스러운 분노에 대해 이렇게 경계하고 있습니다. "관직에 있는 자가 가장 경계해야 할 일은 갑작스러운 분노다當官者, 必以暴怒爲戒(당관자, 필이폭노위계). 만약 아랫사람의 일 처리에 못마땅한 것이 있다면事有不可(사유불가), 마땅히 자세히 살펴서 대처해야 한다當詳處之(당상처지). 그러면 어떤 일이든 사리에 적중하지 않음이 없을 것이다必無不中(필무부중). 만약 먼저 갑작스러운 분노를 표출한다면若先暴怒(약선폭노) 이것은 다만 자신에게 손해가 될 뿐이다只能自害(지능자해)."

여기서 폭노暴怒란 버럭 화를 내는 '갑작스러운 분노'입니다. 분노 자체가 문제라기보다는 갑작스러운 분노를 조심해야 한다는 것이지요. 사실 분노를 포함한 인간의 감정 그 자체에 문제가 있는 것은 아닙니다. 인간이기에 기쁘고 화나고 슬프고 즐거울 수 있습니다. 다만 그것이 때와 명분을 잃었을 때 중용의 원칙에서 벗어난다는 것입니다. 화를 내야 할 때 너무 참는 것도 문제고, 과도하게 화를 내는 것도 문제입니다. 감정의 적절한 표현과 발산, 중용을 지키며 사는 사람들의 인생철학입니다.

당 관 자 , 필 이 폭 노 위 계
當官者, 必以暴怒爲戒

관직에 있는 자는 반드시 갑작스러운 분노를 경계해야 한다.

병 중에 가장 큰 병이 화병火病이라고 합니다. 가슴속에서 불이 나고 화가 치미는 병으로, 어떤 약으로도 치료가 되지 않는 병이지요. 스스로 마음을 다스리는 방법밖에는 없습니다. 분노는 상대방 때문에 생겨나는 것이 아니라 내 안에서 일어나는 것입니다. 내 가슴속에서 폭발한 분노는 나와 타인에게 큰 상처를 입혀 회복하는 데 많은 시간이 걸릴 수밖에 없습니다. 자신을 다스리지 못하고 버럭 화내는 '폭노暴怒'는 무엇보다 주의해야 할 감정입니다.

분노가 지나쳐 말들에 찔리면 평생 아픕니다.

暴　　怒　　爲　　戒
사나울 폭　　성낼 노　　될 위　　경계 계

먹을 것이 있어야 윤리 도덕이 나온다

항 산 항 심
恒産恒心
《맹자》

《맹자》에서는 정치의 요체를 민생과 도덕이라고 보았습니다. 백성들의 배를 채우고 그들의 마음을 바로잡아 도덕이 바로 서는 사회를 만드는 것이 정치라는 것이지요. 그런데 민생과 도덕 중에 더 중요한 것이 있다면 바로 백성들의 배를 먼저 채우는 일이라고 강조합니다. 백성들의 배를 채우는 것을 항산恒産, 백성들이 도덕을 실천하는 것을 항심恒心이라고 맹자는 정의합니다.

맹자는 백성들을 사士와 민民, 즉 선비와 일반 백성 두 부류로 나누어 설명합니다. 사는 물질적 보상 없이도 도덕성을 유지할 수 있는 부류입니다. 민은 물질적 보상 없이는 도덕성을 기대하기 힘든 부류지요. 맹자는 이렇게 말합니다. "물질적 토대인 항산恒産 없이도 도덕적 항심恒心을 가질 수 있는 것은 선비만이 가능하다. 백성들은 물질적 보상이 없다면 항심, 즉 도덕심도 없다."

맹자는 더 나아가 물질적 보상 없이 그들에게 충성과 도덕을 요구하고, 그 충성심을 보여주지 않는 사람을 처벌하는 지도자는 그물을 쳐서 백성들을 가두는 최악의 지도자라고 지적합니다. 백성들이 먹고사는 문제를 해결해주는 것이야말로 왕도정치의 시작이며, 민본정치의 요체라는 것입니다. 윤리와 도덕은 사람들이 가져야 할 중요한 요소지만 민생의 안정 없이 도덕과 윤리를 강조한다면 백성들은 쉽게 따르지 않을 것이라는 의미지요.

무 항 산 , 무 항 심
無恒產, 無恒心

항상 하는 직업이 없으면 항상 하는 마음도 없게 된다.

배가 부르고 등이 따뜻해야 비로소 윤리와 도덕이 생깁니다. 항산, 즉 민생이 먼저고 항심, 의무와 규칙은 그다음이라는 이야기입니다. 먹고사는 것이 불안정하더라도 변치 않고 도덕과 윤리를 지킬 수 있는 사람은 아름답습니다. 그러나 일정한 물질적 토대 없이 윤리만 강요하는 것은 문제가 있습니다. '항산恒產 없이 항심恒心을 기대하지 말라!' 맹자의 엄중한 경고입니다.

항산 없이 항심을 가지고 살 수 있는 사람이 진정 군자입니다.

恒　産　恒　心
항상 항　　낳을 산　　항상 항　　마음 심

영웅은 울 때를 안다

영 웅 선 읍
英雄善泣
《열하일기》

남자는 쉽게 눈물을 흘려서는 안 된다고 합니다. 이런 사회 분위기 속에서 실컷 목 놓아 울어본 기억이 가물가물합니다. 특히 남자는 태어나서 세 번만 울어야 한다는 전통적인 금기에 세뇌당하여 눈물 보이기를 죽기보다 싫어하는 남성 분이 많습니다. 언제 한번 실컷 울어보는 것도 정신건강에 좋을 듯합니다.

연암 박지원의 《열하일기》에는 목 놓아 실컷 울고 싶은 장소가 한 곳 소개되어 있습니다. 청나라 건륭제의 칠순 잔치를 축하하러 가는 사절단을 따라 압록강을 건너 청나라로 들어갈 때 만주벌판을 처음 본 연암은 그 광활함에 입을 다물지 못했습니다. 그리고 그 소감을 이렇게 외쳤지요. "참으로 울기 좋은 장소로다! 한번 이곳에서 실컷 울어보고 싶구나 好哭場, 可以哭矣(호곡장, 가이곡의)!" 일명 울기 좋은 장소, '호곡장好哭場'이라는 단어가 나온 순간입니다. 같이 갔던 정鄭진사는 호곡장이라는 연암의 외침에, 이렇게 넓은 벌판을 보고 하필이면 '울음 울기 좋은 터'라는 표현을 쓰냐고 묻습니다. 이때 연암이 그의 '울음론'을 펼칩니다. "슬퍼서만 우는 것이 아니다. 인간의 감정인 칠정七情이 극에 이르면 모두 울음이 되어 나오는 것이다. 희로애락애오욕喜怒哀樂愛惡欲, 즉 기쁨과 분노, 슬픔과 즐거움, 사랑과 증오, 그리고 욕심, 이 모든 감정은 각각의 개별 상황에서 일어나지만 이런 감정들이 극에 다다르면 결국 울음으로 변하는 것이다. 영웅호걸은 잘 우는 사람이고, 미인은 눈물이 많다." 연암은 진정한 영웅과 천하의 미인은 모두 잘 우는 사람이라며 리더의 눈물을 긍정합니다.

영 웅 선 읍 , 미 인 다 루
英雄善泣, 美人多淚

영웅은 울 때를 알고, 미인은 눈물이 많다.

차가운 가슴과 냉철한 이성으로 사는 것도 멋있어 보이지만 눈물이 없다면 큰 사람이 될 수 없습니다. 눈물은 남자의 금기가 아니라 영웅이 갖추어야 할 당연한 감정입니다. 영웅은 제때 울 줄 알고, 미인은 눈물이 많습니다. 울고 싶을 때는 참지 말고 우십시오! 이 시대 진정한 영웅의 모습입니다.

기뻐서 울고, 슬퍼서 울고, 모든 감정의 으뜸은 울음입니다.

英	雄	善	泣
꽃부리 영	사내 웅	잘할 선	울 읍

옳음을 추구하면 호연지기가 생겨난다

호 연 지 기
浩然之氣
《맹자》

   '호연지기浩然之氣'는 《맹자》에 나오는 말로, 대장부가 가지고 사는 기운을 뜻합니다. 원래는 하늘과 땅에 가득 찬 신성한 기운이나, 맹자는 인간이 이 호연지기를 잘 기르면 한 치의 흔들림도 없는 부동심을 가지고 당당한 대장부로 이 세상을 살아갈 수 있다고 말합니다. 문제는 호연지기를 어떻게 기르느냐겠지요.

   맹자는 호연지기를 어떻게 길러야 하는지를 의義를 통해 정의합니다. "호연지기란 정의하기 힘든 기운이다浩然之氣難言也(호연지기난언야). 이 호연지기는 지극히 크고 지극히 강대하며其爲氣也至大至剛(기위기야지대지강) 의義와 짝하는 것이다其爲氣也配義(기위기야배의)." 호연지기는 지극히 강하고 센 기운입니다. 이 기운은 늘 옳음과 함께하지요. 그러니 올바르게 살아간다는 것은 바로 호연지기를 가지고 살아간다는 것입니다. 의로운 삶 속에 호연지기가 있습니다.

   모든 인간관계를 오로지 이익에 따라서 이합집산하고, 삶의 목표가 이익 추구뿐이라면 호연지기가 점점 쇠퇴해서 배는 부르나 정신적인 공황 상태에 빠져버리고 만다고 맹자는 경고합니다. "호연지기는 의義의 실천이 모여서 생겨나는 것이다. 이것이 없으면 인간은 굶주림에 이를 것이다." 여기서 굶주림은 정신적 굶주림입니다. 단순히 좋은 집과 맛있는 음식만으로는 해결할 수 없는 정신적 뇌사 상태를 말합니다. 의義가 없는 상태가 지속되다 보면 호연지기가 떨어져 정신적인 공황과 결핍을 초래한다는 의미입니다.

호 연 지 기 배 의
浩然之氣配義

호연지기는 의와 짝하는 것이다.

어려운 시절입니다. 집값이 오르내리고, 주식과 펀드가 반토막 나고, 고용이 불안정한 현실에서 정신적으로 피폐해질 수밖에 없습니다. 정신적인 풍요로움, 의로운 삶의 연습과 실천을 통해 호연지기를 길러야 합니다.

호연지기가 가득한 사람은 정신적 충만감이 가득합니다.

浩	然	之	氣
클 호	그럴 연	갈 지	기운 기

2장 | 마음 경영 • 83

마음을 재계하여 평형을 유지하라!

심 재
心齋
〈장자〉

상대방을 설득하는 일은 어렵습니다. 아무리 옳은 말이라도 상대방은 다르게 받아들일 수 있기 때문입니다. 장자는 공자와 그의 제자 안회의 대화를 통해 심재心齋의 설득 방법을 들려줍니다. 안회가 공자에게 공부를 마치고 위나라로 떠나면서 위나라 왕을 어떻게 설득하여 훌륭한 군주로 만들지 고민하자 공자는 심재의 방법을 제시합니다.

심재는 마음을 재계齋戒한다는 뜻입니다. 내 마음을 먼저 깨끗이 하고 상대방을 대하면 무리 없이 상대방을 설득할 수 있고, 또한 자신도 다치지 않는다는 것입니다. 심재는 자신의 뜻을 언어에 담아 귀로 전달하지 말고 마음으로, 나아가 기氣로 전달해야 한다는 의미입니다. 귀는 불완전한 청각에 의존하고, 마음은 자신이 좋아하는 것에만 반응하기 때문에 상대방을 설득하기엔 부족하다는 것이지요. 사람과 사람의 기의 소통, 이것이 장자가 꿈꾸던 소통의 방식이었습니다.

"마음을 비우고 상대방과 소통하라虛而待物(허이대물)! 비우는 것이 심재다虛者心齋(허사심재)! 상대방이 내 말을 받아들일 준비가 되어 있다면 마음껏 울라入則鳴(입즉명)! 그러나 상대방이 내 말을 받아들일 준비가 되어 있지 않다면 그 자리에서 그치라不入則止(불입즉지)!" 언어나 청각으로 소통하지 말고 마음과 기로 소통하라는 장자의 소통 방식 심재는 다소 신비롭기도 합니다. 그러나 의도와 목적을 버리고 자신을 비워서 상대방과 기로 접속하여 소통하고, 상대방을 받아들이면 결국 진정한 의미의 일체감이 형성될 수 있습니다.

심 재 허 이 대 물
心齋虛而待物

심재는 마음을 비우고 상대방을 기다리는 것이다.

심재! 오로지 말과 감정으로만 소통하려는 사람이 반드시 생각해 보아야 할 소통 방식입니다. 세상 누구도 강제로 설득할 수 없습니다. 마음을 비우고 상대방과 소통하려고 할 때 상대방도 나를 받아들이게 됩니다.

설득하려 하지 말고 스스로 설득하게 해야 합니다.

心   齋
마음 심   재계할 재

유교의 노블리스 오블리제

종 신 지 우
終身之憂
《맹자》

군자는 유교에서 꿈꾸는 가장 이상적인 사람의 모습입니다. 공자는 군자의 의무를 강조하면서 이웃과 타인을 위한 희생을 군자의 덕목에 포함했습니다. 공자가 그토록 갈망했던 군자의 이웃 사랑 덕목은 '우환憂患의식'입니다. 우환의식은 이웃과 사회를 걱정하며 내가 과연 무엇을 할 것인가 고민하는 마음으로, 2천 년 넘게 동양 지도자들이 가져야 할 사명감이었습니다. 우禹 임금이 치수사업을 벌이며 7년 동안 세 차례나 자신의 집 앞을 지나면서 한 번도 집에 들어가지 않았다는 이야기는 오랜 세월 공직자들에게 귀감이 되었습니다.

공자보다 130여 년 뒤에 등장한 맹자는 조직의 지도자가 숙명처럼 가져야 할 우환의식을 '종신지우終身之憂'라고 표현했습니다. 종신지우, 내 몸이 다할 때까지 종신토록 잊지 말아야 할 숙명 같은 지도자의 근심입니다. 그 근심은 개인의 근심이 아니라 지도자로서 백성들을 위해 혼신을 다해 봉사하는 마음입니다. 맹자는 종신지우와 대비되는 개념으로 '일조지환一朝之患'을 말합니다. 아침나절 정도 짧은 시간 동안 가슴속에 맺혔다가 사라지는 근심거리라는 뜻이지요. 돈과 명예, 지위는 아침나절에 파도처럼 밀려왔다 사라지는 근심거리로 지도자가 평생 가지고 갈 우환은 아니라는 겁니다.

맹자는 이렇게 결론을 맺습니다. "군자는 종신지우를 가지고 살지

언정 일조지환을 가지고 살아서는 안 된다." 평생 이웃과 함께 고민
하는 우환의식이 군자의 덕목이며, 내 안위와 출세만 생각하는 일조
지환은 소인의 근심이라는 것입니다.

군 자 유 종 신 지 우 , 무 일 조 지 환
君子有終身之憂, 無一朝之患

군자는 종신토록 세상에 대한 걱정은 있으나,
하루아침에 왔다가 사라지는 개인의 걱정은 없다.

나 혼자 잘 먹고 잘 살려는 사람은 절대로 지도자가 되어서는 안
됩니다. 내 직원과 주변 사람들을 위하여 평생을 멍에처럼 지고 가
야 할 종신의 근심을 가진 사람만이 진정 아름다운 군자의 칭호를
가질 수 있습니다.

우리는 무엇을 종신토록 고민하며 살고 있습니까?

終　　身　　之　　憂
마칠 종　　몸 신　　갈 지　　근심 우

신뢰가 없으면 존립도 없다

무 신 불 립
無信不立
《논어》

신뢰는 조직의 생존을 위해서 마지막까지 지켜야 할 덕목입니다. 회사는 고객의 신뢰, 직원의 신뢰, 사회의 신뢰, 주주의 신뢰, 협력업체의 신뢰가 있어야 합니다. 어느 한 방면이라도 신뢰가 없어지면 존립 기반이 흔들립니다.

《논어》를 보면 공자의 제자 자공이 공자에게 정치를 묻는 장면이 나옵니다. "나라를 다스리는 데 가장 중요한 것이 무엇입니까?" 공자는 정치에서 가장 중요한 것은 세 가지라고 대답합니다. "첫째는 먹는 것, 즉 경제다足食(족식). 둘째는 자위력, 즉 군대다足兵(족병). 셋째는 백성들의 신뢰다民信之(민신지)." 공자가 말한 경제, 국방, 사회적 신뢰는 요즘 정치에서도 빠질 수 없는 조건입니다. 자공이 다시 물었습니다. "그중에서 부득이 하나를 뺀다면 어떤 것을 먼저 빼야 합니까?" 공자는 군대를 먼저 빼라고 합니다去兵(거병). 자공이 다시 물었습니다. "또 하나를 부득이 뺀다면 어떤 것을 먼저 빼야 합니까?" 공자는 경제를 빼라고 합니다去食(거식). 그리고 그 이유를 이렇게 설명합니다. "옛날부터 사람은 어떤 방식으로든 죽어왔다. 그러나 백성들의 신뢰가 없으면 조직의 존립은 불가능하다."

인류 역사는 죽음으로 이어져왔습니다. 굶주려 죽고, 힘이 없어 죽고, 자연재해가 일어나서 죽었습니다. 이는 인류가 늘 당면한 문제였지요. 그런데도 한 조직이 마지막까지 존립할 수 있도록 만든 힘은 바로 신뢰였습니다. 국가에 대한 백성들의 신뢰, 리더에 대한 조직원들의 신뢰는 마지막까지 그 조직이 존립할 수 있는 기반입니다

민 무 신 불 립
民無信不立

백성들의 신뢰가 없다면 국가는 존립이 불가능하다.

한국 기업들이 저평가를 받는 이유는 신뢰 부족이라고 합니다. 사회적 신뢰를 받을수록 기업 가치는 올라갑니다. 국가 역시 마찬가지입니다. 신뢰를 잃은 국가는 국제사회에서 더 이상 인정받지 못합니다. 나아가 국민들에게도 더 이상 환영받지 못합니다. 개인도 마찬가지입니다. 비록 망해서 돈이 없고 힘이 없더라도 신뢰만 있다면 다시 재기할 수 있습니다. 신뢰는 존립의 가장 중요한 요소라는 공자의 말은 오늘날에도 여전히 유효한 것 같습니다.

우리의 믿음지수는 얼마입니까?

無	信	不	立
없을 무	믿을 신	아니 불	설 립

실크로드로 가는 술 익는 마을

주 천
酒泉
〈한서〉

《손자병법》을 보면 병사들은 사기가 일정하지 않다고 합니다. 하루에도 몇 번씩 사기가 바뀐다는 것이지요. "아침에는 정예병이 되었다가 朝氣銳(조기예), 낮에는 게을러지기 시작하고 畫氣惰(주기타), 밤의 기운이 내리면 집으로 돌아갈 생각만 한다 暮氣歸(모기귀)."《손자병법》에서 말하는 병사들 사기의 사이클입니다. 훌륭한 장군은 병사들의 사기가 떨어져 집으로 돌아갈 생각만 하고 있을 때 야단치고 옥박지르는 것이 아니라 그들의 기운을 아침으로 전환할 줄 압니다. 때로는 물질로 보상하고, 칭찬으로 격려하고, 적개심으로 무장하여 그들의 기운을 다시 일으키는 것이지요.

한나라 무제 때 곽거병이라는 장군은 병사들의 떨어진 사기를 독특한 방법으로 다시 일으킨 것으로 유명합니다. 3만 명의 병사를 이끌고 서역 정벌에 나섰던 곽 장군은 병사들의 사기가 떨어졌을 때 황제가 전장으로 보내온 술 한 병으로 그들의 사기를 끌어올립니다. 병사들을 오아시스에 모이게 하고 병사들이 보는 앞에서 술을 타며 이렇게 외칩니다. "이 물은 더 이상 물이 아니라 황제 폐하가 우리에게 내려준 술이다. 우리 이 술을 함께 마시고 황제의 은혜에 보답하자!"

비록 술 한 병 섞였을 뿐이었지만 그 물은 더 이상 단순한 물이 아니라 황제가 병사들에게 하사한 근사한 술이 되었습니다. 자기 혼자 마시지 않고 병사들과 함께하려는 장군의 따뜻함이 녹아 있는 술이었습니다. 병사들은 눈물을 흘리며 전의를 불태웠고, 결국 서역 정벌에 성공하여 돌아왔다고 합니다. 그 후 그 오아시스 이름을 주천酒泉이라고 부르게 되었고, 지금은 서역 실크로드로 들어가는, 인구 20만 명의 중요한 도시가 되었습니다.

인 자 지 향 , 주 천
仁者之鄕, 酒泉

사랑의 고향, 주천

마음을 위로해줄 지도자의 따뜻함이 그리운 시절입니다. 이 시대에 '주천'이라는 고을 이름이 하나 만들어졌으면 좋겠습니다. 훗날 우리 후손들이 우리가 어떻게 따뜻한 정을 나누며 난세를 지나왔는지 이야기해줄 수 있는 그런 지명地名 말입니다.

난세에 술보다 맛있는 것은 따뜻한 나눔입니다.

酒   泉
술 주   샘 천

아침에 도를 들으면?

"아침에 도를 깨달으면 저녁에 죽어도 여한이 없을 것이다." 어떤 목표를 이루었다면 당장 죽어도 여한이 없다는 뜻으로 자주 인용되는, 《논어》에 나오는 공자의 말입니다. 그런데 의문이 하나 남습니다. '그럼 낮엔 무엇을 할까요?' 도를 깨닫는 것이 그토록 원하던 인생의 목표였다면 아침에 바로 죽어도 괜찮다고 해야지, 왜 낮을 지나 밤까지 기다렸다가 죽어도 좋다는 걸까요?

여러분은 아침에 그토록 원하던 지위를 얻고, 부를 얻고, 명예를 얻었다면 낮에 무엇을 하시겠습니까? 낮에는 자신이 이룬 부와 명예를 즐기겠다는 분이 많을 겁니다. 내가 얻은 성공을 누려야 할 시간이 필요하다는 것이지요. 그러나 이렇게 대답하는 분도 있을 겁니다. "나눠야지요! 제가 가진 부와 명예를 다른 사람과 나누는 시간으로 삼겠습니다."

공자가 이 말을 들었다면 자신의 마음을 헤아렸다고 기뻐할 겁니다. 공자는 아침에 도를 깨닫고 낮에는 그 도를 전파하려고 했습니다. 그는 세상을 돌아다니며 자신의 꿈과 이상을 전하는 데 인생의 많은 시간을 사용했지요. 깨달음도 아름답지만 그 깨달음이 남에게 전파되었을 때 더욱 의미 있는 것입니다.

朝聞道夕死可矣

아침에 도를 깨달으면 저녁에 죽어도 괜찮다.

　부와 명예, 권력과 지위, 이런 목표를 달성하는 것보다 더 중요한 것이 있다면 그것을 나누는 일이 아닐까 싶습니다. 높은 성을 쌓은 채 혼자만 누릴 줄 아는 사람은 아무리 많은 부와 높은 권력을 가졌더라도 사회 속에선 아무런 의미도 없을 것입니다. 기업이 이윤을 냈다면 직원, 고객, 사회와 나누고 개인이 명예와 지위를 얻었다면 주변 사람들과 나누는 것이야말로 진정한 목표의 달성이라고 할 수 있겠지요. '아침에 꿈을 이루었다면 낮에는 나누라! 그러면 저녁에 죽어도 여한이 없을 것이다.' 늘 가슴에 안고 살아야 할 구절입니다.

성공보다 아름다운 것은 나눔입니다.

朝	聞	道	夕	死	可	矣
아침 조	들을 문	길 도	저녁 석	죽을 사	가할 가	어조사 의

뭉치면 산다

천 시 불 여 인 화
天時不如人和
《맹자》

어려운 경제 상황보다 더 걱정스러운 것은 막다른 길로 치닫는 소통의 단절이라고 지적하는 사람이 많습니다. 어려울수록 의지해야 할 가족 간에도 반목과 갈등이 심화되고, 남북 간에도 소통이 끊긴 채 갈등이 되풀이되고 있습니다.

조직 간의 소통, 사람들 간의 소통을 《맹자》에서는 인화人和로 설명합니다. 맹자는 적에게 포위당하여 위기에 빠진 성城을 지키는 중요한 요소로 세 가지를 제시합니다. 첫째는 천시天時입니다. 기상 조건을 비롯한 외부적 환경을 말하며, 운세가 중요하다는 뜻입니다. 둘째는 지리地利입니다. 지형적 이점을 말하며, 성의 높이와 군량미 등 내부적 역량을 의미합니다. 셋째는 인화人和입니다. 아무리 운이 따라주고 물질적 조건이 완비되어 있더라도 그 성을 지키고자 하는 병사들이 화합하지 않고 단결되어 있지 않다면 그 성은 쉽게 무너지고 만다는 뜻입니다. 요즘으로 말하면 경제가 악화되고 실적이 떨어져도 조직의 모든 구성원이 똘똘 뭉쳐 화합하면 어떤 상황에서도 살아남을 수 있는 희망이 있다는 것입니다. 배로 따지면 바람이 불어주지 않고 엔진 성능이 나빠도, 배에 단 사람들이 앞으로 나아가고자 하는 하나로 합의된 목표가 있다면 그 배는 반드시 앞으로 나아간다는 것이지요.

천 시 불 여 지 리 , 지 리 불 여 인 화
天時不如地利, 地利不如人和

천시가 지리만 못하고, 지리는 인화만 못하다.

　맹자는 이 논리를 더 구체적으로 풀어갑니다. "성이 높지 않은 것
도 아니고, 연못이 깊지 않은 것도 아니고, 병기와 갑옷이 견고하고
예리하지 않은 것도 아니고, 군량미가 적은 것도 아닌데, 이것을 버
리고 병사들이 도망가는 것은 결국 물질적 조건이 인화보다 못하다
는 증거다." 어려운 세상을 이겨내는 것은 물질적 요소만이 아니라
하나로 결집된 구성원들의 꿈과 의지에 달렸다는 맹자의 말에 동의
합니다.

　　　　모두의 꿈은 현실이 됩니다.

天	時	不	如	人	和
하늘 천	때 시	아니 불	같을 여	사람 인	화합할 화

내가 싫은 일은 남에게도 시키지 말라!

기 소 불 욕 물 시 어 인
己所不欲勿施於人
〈논어〉

'내가 하고 싶지 않은 일을 남에게 시키지 말라己所不欲勿施於人!'
《논어》에 두 번이나 반복해서 나오는 이 메시지는 간단하지만 평생
행하기 힘든 인仁에 대한 공자의 가르침입니다. 내가 하고 싶지 않
은 것은 남 역시 하기 싫을 것이니, 내가 하고 싶지 않은 일을 남에
게 강요하지 말라는 공자의 이 가르침은 어진 마음을 가진 사람의
따뜻한 배려가 느껴지는 구절입니다. 사회가 어려울수록 어려움과
고통을 솔선수범해서 짊어지기보다는 상대방에게 전가하려 합니다.
구조조정이나 임금 삭감의 대상은 내가 아닌 타인이 되어야만 합니
다. 상대방에 대해서는 아무런 배려도 없고 자신의 이익만 챙기려는
사람들의 이기주의가 난세에는 더욱 팽배해집니다.

공자는 지도자가 가져야 할 가장 중요한 덕목으로 인仁을 말합니
다.《논어》에는 인에 대한 언급이 100차례 이상 나오는데, 그중에서
도 이 구절은 인의 덕목을 가장 적절하게 설명합니다. 이 구절의 전
후 문맥을 살펴보면 이렇습니다. 공자의 제자 가운데 덕행으로 이름
이 높았던 중궁仲弓이 지도자가 가져야 할 인에 대해 질문했을 때
공자는 이렇게 대답합니다. "문밖에 나가면 만나는 모든 사람을 큰
손님 만나듯이 하라! 아랫사람을 부릴 때는 마치 큰 제사 받들듯이
신중히 하라! 내가 하고 싶지 않은 일을 남에게 시키지 말라! 그러면

나라에서든 가정에서든 누구도 그 지도자를 원망하지 못할 것이다."
내가 먼저 배려하면 상대방이 나를 원망하지 않을 것이라는 이야기
입니다.

기 소 불 욕 물 시 어 인
己所不欲勿施於人

내가 하고 싶지 않은 일을 남에게 시키지 말라!

인仁은 결국 배려입니다. 상대방 입장에서 생각하고 고민하는 것
은 배려심이 있는 사람만이 가능한 일입니다. 회사는 고객의 입장에
서 고민하고, 구직자는 회사의 입장에서 생각해보고, 가족은 서로의
입장에서 헤아릴 때 더욱 행복한 관계를 유지할 수 있습니다. 세상
을 움직이는 힘은 배려입니다. 내가 먼저 상대방을 알아줄 때 상대
방도 나를 알아줄 것입니다. 나에게 인을 베풀지 않는 사람에게 내
마음을 줄 사람은 아무도 없겠지요.

먼저 베풀면 상대방이 감동합니다.

己	所	不	欲	勿	施	於	人
몸 기	바 소	아니 불	하고자 할 욕	말 물	베풀 시	어조사 어	사람 인

맹자의 행복한 인생론

인 생 삼 락
人生三樂
《맹자》

행복이라는 것은 거창하거나 큰 것이 아니라 어쩌면 우리가 잊고 살았던 것일 수 있습니다. 아무리 생각해도 인생이 행복하지 않다면 맹자가 말하는 인생의 행복론을 들어보십시오. 전국시대 모든 제후가 신하로 삼고 싶어 했던 맹자의 행복론은 이렇습니다. "군자에게는 인생의 행복이 세 가지 있다. 천하에 왕 노릇 하는 즐거움도 이 세 가지 행복에 끼지 못한다. 첫째, 부모가 모두 살아 계시고 형제들이 아무런 일 없이 건강한 것이다. 둘째, 하늘을 우러러 한 점 부끄럽지 않고, 땅을 내려보아 남에게 창피하지 않게 사는 것이다. 셋째, 천하의 똑똑한 영재들을 모아 가르치는 것이다."

맹자의 인생 행복론, 너무 소박하지 않습니까? 세상 모든 사람이 알아주는 천하의 지도자가 되는 것도 인생의 이 세 가지 행복에 들지 못한다는 맹자의 말에 얼마나 동의하십니까? 맹자의 행복론은 정말 단순하고 평범하기까지 합니다. 가정의 평안, 삶의 당당함, 유능한 사람들을 길러내는 것! 어쩌면 우리가 놓치고 있는, 작지만 중요한 행복일 겁니다. 맹자는 이 세 가지 인생 행복을 말할 때 두 번씩이나 이 문장을 반복합니다. "천하의 왕 노릇 하는 즐거움도 이 세 가지 행복에 끼지 못한다."

모두가 높은 곳에 올라가려고 아우성입니다. 권력이 높아지면 행복할 수 있을 것이라는 기대 때문이겠지요. 그러나 높은 곳에 올라도 행복은 또 그만큼 멀어질 겁니다. 내 주변 사람들이 평안하고, 좋은 사람과 더불어 당당하게 인생을 살아가는 것이야말로 진정한 행복이라는 맹자의 말이 더욱 의미 있게 다가옵니다.

군 자 유 삼 락
君子有三樂

군자에게는 세 가지 즐거움이 있다.

부와 권력을 향해 달리다가 범법자가 되고 부동산과 주식에 인생을 걸었다가 쓰라린 고배를 마신 사람이 너무도 많습니다. 어려울수록 초심으로 돌아가야 한다고 하잖아요? 맹자의 소박한 인생 행복론은 우리가 무엇을 위해 살고 있는지 돌아보게 합니다.

사랑하는 사람이 내 옆에 있는 것만으로도 정말 행복합니다.

人　生　三　樂
사람 인　날 생　석 삼　즐거울 락

어진 사람은 누구도 대적할 수 없다

인 자 무 적
仁者無敵
《맹자》

《맹자》에 나오는 '인자무적仁者無敵'은 우리가 가훈이나 경구로 자주 사용하는 구절입니다. 인仁을 가진 자는 적enemy이 없다는 뜻으로 오역되기도 하는 이 구절의 본래 뜻은 '인을 실천하는 사람은 누구도 대적match할 자가 없다'입니다.

인자仁者라고 적이 없을 수는 없습니다. 오히려 인자이기에 시기하고 질투하는 적이 많을 수 있지요. 그러나 인자는 배려와 사랑을 실천하는 지도자이기에 결국 누구도 대적할 수 없다는 것입니다. 사랑을 베푸는 사람을 이길 방법은 아무것도 없기 때문이지요.

인仁은 동양의 지도자들에게 반드시 요구되는 리더십 덕목이었습니다. 특히 맹자는 인을 기반으로 한 사랑의 정치를 무엇보다도 중요한 왕도정치의 기반으로 보았습니다. 아무리 난세라도 따뜻한 사랑으로 뭉친 조직은 절대로 망하지 않습니다. 따뜻한 사랑의 네트워크가 어떤 것보다도 센 힘을 발휘하기 때문입니다.

인자는 인정仁政을 베푸는 사람입니다. 창덕궁 인정전이라는 이름에도 쓰인 이 말은 따뜻한 인간애에 기초한 정치를 말합니다. 맹자의 인의 정치는 간단합니다. "형벌을 가볍게 하라省刑罰(생형벌)! 세금을 적게 걷어들여라薄稅斂(박세렴)! 기술을 개발하여 백성들이 쉽게 농사지을 수 있도록 하라深耕易耨(심경이누). 백성들에게 효제충신의 인간 도리를 가르쳐라修其孝悌忠信(수기효제충신)." 이렇게 백성들을 위한 정치를 하면 아무리 강한 무기로 무장한 강대국이 쳐들어와도 그들의 적수가 되지 못할 것이라는 이야기지요. 결국 조직의 힘은 무기와 자본이 아니라 사람들의 신뢰와 공감대라는 것입니다. 신뢰와 공감은 사랑의 실천 속에서 만들어집니다.

인 자 무 적
仁者無敵

어진 자는 대적할 자가 없다.

맹자의 이 철학을 요즘 시대에 적용한다면 공권력의 남용을 줄이고 민생 안정에 주력하고, 나아가 윤리와 도덕을 실천하는 국민들이 있는 나라는 어떤 나라도 대적할 수 없다는 이야기가 될 겁니다. 배려와 사랑이 가득한 인의 정치! 시대와 공간을 초월한 아름다운 정치의 모습입니다. 배려하는 사람은 그 누구도 대적할 수 없습니다.

따뜻한 사랑의 바이러스가
온 세상에 가득하면 태평성대입니다.

仁	者	無	敵
어질 인	사람 자	없을 무	대적할 적

법보다 위대한 것이 덕이다

위 정 이 덕
爲政以德
《논어》

《논어》에서는 지도자가 갖춰야 할 중요한 덕목 중 하나로 덕德을 꼽습니다. 덕은 형벌이나 법령과 비교하여 가장 감성적이고 인간적인 리더십입니다. 늘 덕으로 조직원들을 감동시키고 따뜻하게 어루만져야 한다는 것이 동양에서 말하는 이상적인 지도자의 모습입니다. 상대방을 법으로 강제하고 형벌로만 다스린다면 누구도 복종시킬 수 없습니다. 법과 강요에 의한 복종은 허울뿐인 복종입니다. 내면에서 우러나오는 복종은 감동뿐입니다. 감동은 법이 아니라 덕으로만 가능합니다.

《논어》에서는 덕이 있는 지도자를 북극성에 비유합니다. 북쪽 밤하늘에 빛나는 북극성을 중심으로 별들이 돌며 운행하듯이, 덕이 있는 지도자 주변에는 늘 좋은 사람들이 모여들어 마음을 주며 복종한다는 것이지요. "위정자는 덕을 가지고 조직을 이끌어야 한다爲政以德(위정이덕). 그것은 마치 북극성이 자기 자리에 있으면北辰居其所(북신거기소) 모든 별이 그 주위를 중심으로 도는 것과 같다衆星共之(중성공지)." 북극성이 하늘의 중심에서 모든 별의 구심점이 되듯이, 덕이 있는 지도자는 모든 사람의 중심이 되어 조직을 이끌어간다는 것입니다.

지도자의 배려는 조직원들의 존경을 얻습니다. 조직을 이끌어가는 지도자들은 고민이 많습니다. 그 고민의 핵심은 어떻게 저들의 마음을 움직여 같은 꿈을 꾸게 할 것인가이지요. 지도자는 제도도 바꾸고 상벌체계도 정비하고 때로는 소리도 지르고 욕도 할 겁니다. 그러나 제도나 강압은 결코 지속적이거나 효과적이지 않습니다. 배려하고 존중하며 따뜻함으로 감쌀 때 조직원들의 마음이 움직일 것이라고 믿는 마음이 덕의 리더십입니다.

위 정 이 덕
爲政以德

정치는 덕으로 해야 한다.

따뜻한 배려와 존중은 사람의 마음속 깊이 파고들어 조직을 따뜻하게 합니다. 덕이 있는 사람은 가까이 가면 향기가 납니다. 설득하려고 하지 않아도 설득당하게 되는 사람, 시키지 않아도 먼저 실천하게 만드는 사람, 덕이 있는 사람의 위대한 능력입니다.

덕은 외롭지 않습니다. 반드시 알아줄 이웃이 있습니다.

爲	政	以	德
할 위	정치 정	써 이	덕 덕

불혹의 나이 40대

부 동 심
不動心
《맹자》

인생을 살다 보면 자신이 지나온 삶을 돌아볼 때가 있습니다. 격정과 변화의 시기였던 춘추시대를 살다 간 중국의 최고 지식인 만세사표萬世師表 공자. 그는 40대의 나이를 회고하면서 불혹不惑이라고 정의했습니다. 어떠한 유혹에도 흔들리지 않는 평상심의 마음을 체득한 나이라고 40대를 정의한 것이지요. 공자가 죽은 지 100여 년 뒤 활동한 맹자는 40대를 부동심不動心의 나이라고 정의합니다. 어떤 것에도 마음이 흔들리지 않는 나이라는 것입니다. 비록 홀어머니 밑에서 자랐지만 맹자는 명분 없는 부귀와 출세에 결코 타협하지 않았습니다. 제자 공손추가 '제나라 왕이 선생님을 장관에 임명한다면 마음이 움직이겠습니까?'라고 묻자, 맹자는 40대에 부동심을 이루었다며 단호히 거절했습니다.

아 사 십 부 동 심
我四十不動心

나는 사십의 나이에 흔들리지 않는 마음을 얻었다.

고집을 꺾고 고개만 숙이면 당시 제후들에게 얼마든지 초빙되어 부귀를 얻을 수 있었지만 백성을 위한 왕도정치를 주장하던 맹자는 패도정치를 원하던 어떤 제후와도 타협하지 않았습니다. 맹자의 부동심은 인생의 전부이자 자존심이었던 것이지요. 맹자는 사람들이 조그만 일에는 부동심을 곧잘 발휘한다고 합니다. 누군가가 밥을 준다는 핑계로 욕을 하고 밥그릇을 걷어차면 비록 굶더라도 그 밥을 먹지 않는다는 겁니다. 그러나 이런 작은 유혹에는 곧잘 부동심을 발휘하면서, 누군가 천금을 주고 큰 권세를 줄 테니 무릎을 꿇고 복종하라고 하면 아무런 망설임도 없이 허리를 숙이는 동심動心이 된다고 지적합니다. 맹자는 밥 한 끼에는 부동심을 발휘하던 사람들이 큰돈과 권세에는 마음을 쉽게 바치는 시대를 통탄했습니다.

불혹과 부동심은 어디 가고 유혹과 동심이 판치는 세상입니다. 당장의 이익에 신념을 접고 이리저리 줄을 서며 언제라도 불러줄 사람을 향하여 해바라기의 모습을 하고 있지는 않은지, 조그만 것에는 그렇게 용감하다가도 큰 유혹이 다가오면 쉽게 무너지는 때를 보내고 있지는 않은지, 공자의 불혹과 맹자의 부동심을 통해 한 번쯤 생각해봐야 하겠습니다.

부동심不動心의 나이가 부동산不動産의 나이로
변질될까 두렵습니다.

不　動　心
아니 부　움직일 동　마음 심

어느 시인의 작은 행복

일 반 청 의 미
一般淸意味
소강절

행복은 먼 곳에 있지 않다고 합니다. 그런데 우리는 가장 가까운 곳에 있는 행복을 제쳐놓고 먼 곳에서만 찾고 있습니다. 큰 행복보다는 작고 의미 있는 행복이 더 소중할 수 있는데 말이지요. 작은 것을 볼 줄 아는 능력, 노자는 그것을 '견소왈명見小曰明'이라고 표현했습니다. '작은 것의 의미를 찾을 수 있는 명철한 지혜'라는 뜻입니다. 중국 송宋나라 때 소강절邵康節이라는 학자가 지은 〈청야음〉은 작은 행복의 의미를 읊은 시입니다. 우리말로 하면 '맑은 어느 날 저녁 혼자 읊는다'라는 뜻입니다.

월 도 천 심 처, 풍 래 수 면 시
月到天心處, 風來水面時
일 반 청 의 미, 요 득 소 인 지
一般淸意味, 料得少人知

달은 하늘 깊은 곳에 이르러 새벽을 달리는데,
어디선가 바람은 불어와 물 위를 스쳐가네.
너무나 사소하지만 일반적이고 맑고 의미 있는 것들,
아무리 헤아려봐도 이해할 수 있는 사람 아주 적네.

아무런 생각 없이 들으면 특별하거나 짜릿한 감동은 없습니다. 대략 '저녁 깊은 때, 달이 하늘 한가운데 떠 있고 살며시 바람이 불어오는 순간에 느끼는 이 작은 행복! 세상 사람들은 이해하지 못할 것이다'라는 뜻이지요. 무심히 지나치면 정말 너무나도 평범한 이야기입니다. 그러나 이 시의 감상 포인트는 바로 이 평범함에 있습니다. 일명 '일반청의미一般清意味'라는 유명한 구절인데요, 풀이하자면 이렇습니다. '일반적인, 즉 아주 작고 평범하지만 그러나 그 속에서 찾는 맑고 의미 있는 것들.' 이는 '작은 것 속에서 느끼는 행복'의 감성을 정감 있게 표현한 구절입니다.

부귀를 누리거나 엄청난 공을 세워 사회에 이름이 알려지는 거창한 행복도 있지만 남들이 이해하지 못하는 즐거움을 혼자 느끼는 행복도 있습니다. 인생의 목표는 크면 클수록 좋겠지요. 그러나 그 큰목표를 달성하려고 무작정 달려가다 보면 작고 아름다운 일상의 행복을 놓칠 수도 있습니다.

> 작지만 아름다운, 나만이 느끼는
> 의미 있는 순간들을 사랑합니다.

一	般	清	意	味
한 일	일반 반	맑을 청	뜻 의	맛 미

창랑의 물이 흐리면 발을 씻으리라!

어 부 사
漁父辭
굴원

사는 것이 녹록지 않습니다. 바르게 살아도 세상이 받아주지 않는다는 생각이 들 때도 있습니다. 정직하고 착실하게 살아보았자 남는 것은 하나도 없고 오히려 남을 속이고 잇속을 찾아 사는 간신배들이 더욱 출세하는 것을 보면 울화가 치밀 때가 많지요. 아무런 잘못도 없는데 주변의 참소와 질투로 인생의 고배를 마신 적도 있습니다. 한세상 살다 보면 무슨 일이 없겠습니까? 잘나가던 인생, 하루아침에 곤두박질치고 도대체 알 수 없는 이유로 뒤죽박죽이 된 경우가 어디 한두 사람만의 일이겠습니까?

초楚나라 대부 굴원屈原도 그런 상황을 겪었습니다. 삼려대부三閭大夫라는 초나라 고위 공직에 있었던 굴원은 그를 질투하는 사람들의 모함으로 자리에서 물러났을 뿐만 아니라 조국을 떠나 방랑하는 신세가 되었지요. 굴원은 간신들의 모함으로 조국을 등지고 떠도는 자신의 신세를 돌아보며 그 유명한 어부의 노래, 〈어부사〉를 지었습니다. 굴원은 〈어부사〉에서 자신의 처지를 이렇게 말합니다. "온 세상이 모두 흐린데 나만 홀로 깨끗하고擧世皆濁我獨淸 (거세개탁아독청), 온 세상 사람들은 모두 취하였는데 나만 홀로 깨어 있구나衆人皆醉我獨醒(중인개취아독성)!" 그 말을 들은 저 강호의 어부는 이렇게 대답합니다. "창랑의 물이 맑으면 내 갓끈을 씻고, 창랑의 물이 흐리면 내 발을 씻으리라!"

　어부의 말속에서 세속의 변화를 달관한 사람의 철학이 느껴집니다. '세상이여, 내게 다가오라! 깨끗한 세상에서는 내 맑은 영혼을 그대로 유지하며 살고, 혼탁한 세상에서는 그저 내 발 한 번 씻고 떠나리라! 세상이 혼탁하든 깨끗하든 그것이 내 인생을 어떻게 하지 못한다. 그저 묵묵히 세상에 맞춰 살다 가면 될 뿐이다.'

창 랑 지 수 청 혜 , 　가 이 탁 오 영
滄浪之水淸兮, 可以濯吾纓
창 랑 지 수 탁 혜 , 　가 이 탁 오 족
滄浪之水濁兮, 可以濯吾足

창랑의 물이 맑으면, 내 갓끈을 씻고,
창랑의 물이 흐리면, 내 발을 씻으리라!

　하루하루 정말 정신없이 사는 것이 우리의 일상입니다. 혹시라도 세상 살다 험한 일 당하시거든 이 어부의 말을 한번 읽어보십시오! 막혔던 심사가 훤하게 뚫리는 경험을 하시게 될 겁니다.

　이해 안 가는 일이 생기면 이해하지 않는 것도 한 방법입니다.

漁　　父　　辭
어부 어　 아비 부　 말 사

3장

변화와 혁신

영원한 승리는 없다

전 승 불 복
戰勝不復
《손자병법》

    결코 무너지리라고 상상도 하지 못했던 세계적인 기업과 조직이 뿌리째 흔들리는 것을 보면서 영원한 승리는 없다는 《손자병법》의 '전승불복戰勝不復' 구절이 떠오릅니다. '전쟁에서 한 번 거둔 승리는戰勝 반복되지 않는다不復'라는 뜻의 전승불복의 철학에는 지금의 승리에 도취하거나 자만하다가는 성공이 곧 실패로 바뀔 수 있다는 메시지가 담겨 있습니다.

    승리는 영원하지 않다는 의미의 장자莊子의 우화가 있습니다. 어느 날 장자는 밤나무 밭에 놀러 갔다가 나무에 앉아 있는 이상한 까치 한 마리를 보았습니다. 장자가 돌을 던져 까치를 잡으려 하는데 까치는 자신이 위험에 처한 것도 모르고 나무에 있는 사마귀 한 마리를 잡는 데 정신이 팔려 있었지요. 그런데 사마귀는 뒤에서 까치가 자신을 잡아먹으려고 한다는 사실을 모른 채 매미를 향해 두 팔을 쳐들어 잡으려 하고 있었고, 매미는 그것도 모르고 그늘에서 자신이 승리자인 양 모든 위험을 잊고 노래하고 있었습니다. 장자는 순간 세상에는 진정한 승자가 없다는 것을 깨닫고 던지려던 돌을 내려놓았습니다. 그때 장자가 밤을 훔치려는 줄 알고 밤나무 밭지기가 쫓아와 장자에게 욕을 퍼부으며 뒤에서 막대기를 흔들었습니다. 장자 역시 최후의 승자는 아니었던 것이지요.

사람들은 서로 먹고 먹히는 사슬에 걸려 있으면서 자신이 영원한 승리자인 듯 착각하고 있습니다. 승리를 확신하고 승리에 도취한 순간, 뒤에서 그 승리를 빼앗으려고 기다리는 누군가가 있다는 것을 모른 채 말입니다.

전 승 불 복, 응 형 어 무 궁
戰勝不復, 應形於無窮

전쟁의 승리는 반복되지 않는다.
무궁한 변화에 유연하게 내 모습을 바꿔 대응하라!

변화가 빠른 시대입니다. 지나간 시절에 넋 놓고 있다가는 언제든 성공이 실패로 바뀔 수 있습니다. 승리는 유연함과 겸손으로 내 모습과 생각을 변화시켜야 영원할 수 있습니다.

승리에 도취되어 있는 순간 이미 패배는
등 뒤에서 기다리고 있습니다.

戰	勝	不	復
싸울 전	이길 승	아니 불	다시 복

나아가고 물러날 때를 알아야 한다

덕 미 이 위 존
德微而位尊
《주역》

고위직에 오르는 조건 중의 하나가 바로 그 직위에 맞는 인격과 능력입니다. 지도자로서 사회적 책임과 지위에 따른 능력에 치명적인 약점이 있다면 그 자리를 지켜서는 안 된다는 의미입니다. 지도자가 된다는 것은 그만큼 높은 도덕적 기준과 잣대가 적용되기에 더욱더 신중을 기해야 합니다.

《주역》에서는 자신의 능력과 도덕성에 비해 너무 높은 자리에 오르려고 하거나 너무 큰일을 도모하려고 하면 반드시 큰 화를 입을 것이라고 경고합니다. 자신의 능력과 그릇에 맞지 않으면 어떤 높은 지위라도 넘보지 말라는 것이지요.

세상을 살다 보면 해서는 안 될 것이 참으로 많습니다. 가서는 안 될 길도 있고, 올라가서는 안 될 자리도 있습니다. 들어서는 안 될 이야기도 있고, 보아서는 안 될 일도 있습니다. 모두 자신의 위치와 관련하여 분수에 넘어서는 행동을 해서는 안 된다는 말입니다. 특히 아무리 높고 좋은 자리가 있어도 자신의 능력과 도덕성을 스스로 비추어보아 역량이 넘치는 자리라면 스스로 사양하고 포기할 줄 아는 혜안과 결단이 필요합니다.

'진퇴유절進退有節, 나아가고 물러남에 절도가 있어야 한다!' 옛날 선비들이 늘 가슴속에 새기며 살았던 삶의 철학입니다. 절節은 대나무 마디입니다. 마디가 있어서 더 높이 자랄 수 있는 대나무처럼, 우리 인생도 나아감과 아울러 물러남이 있어야 더욱 옹골찬 인생이 되지 않을까요?

덕 미 이 위 존 , 지 소 이 모 대 , 무 화 자 선 의
德微而位尊, 智小而謀大, 無禍者鮮矣

인격은 없는데 지위는 높고,

지혜는 작은데 꿈이 너무 크면,

화를 입지 않는 자 드물 것이다.

나아가고 물러남이 분명하다면 인생에서 화를 당하는 경우가 없을 것입니다. 물러나야 할 때 나아가려 하고, 나아가야 할 때 물러나려 하면 인생에 화를 자초할 수 있습니다. 진퇴進退를 잘못 알고 경거망동했다가 쌓아놓은 모든 것을 잃는 사람을 참 많이 봅니다.

내 그릇의 용량을 정확히 알고 살아야 합니다.

德	微	而	位	尊
덕 덕	미세할 미	말 이을 이	자리 위	높을 존

술집에 손님이 없는 이유

맹 구 지 환
猛狗之患
《한비자》

유능한 인재를 불러모으는 것이야말로 예나 지금이나 조직의 지도자가 해야 할 중요한 역할입니다. 그런데 주군이 인재를 그토록 아끼는데도 인재가 선뜻 찾아오지 않는 경우가 있습니다. 《한비자》는 그 이유를 다음과 같은 고사를 들어 설명합니다.

송나라 시절에 술을 만들어 파는 사람이 있었습니다. 주인은 정말 친절하고 술도 넉넉히 주었는데 언제부터인가 손님이 점점 줄어들더니 급기야 술이 팔리지 않아 모두 쉬어버리고 말았습니다. 결국 손님의 발길이 끊겨 문을 닫게 되자 주인은 그 동네에서 가장 지혜로운 어른에게 이유를 물었습니다. 그 어른은 이렇게 대답하였습니다. "너희 집 개가 사나워 그런 것이다. 너희 집에 손님이 오면 사나운 개가 그토록 짖어대고, 심지어 어린아이가 부모의 심부름으로 술을 사러 오면 개가 물어뜯으며 위협하니 누구도 너희 집에 술 사러 가지 않는 것이 당연하지 않겠는가? 아무리 술이 맛있어도 사나운 개가 있는 한 손님이 안 드는 것은 당연한 이치니라."

《한비자》는 이 이야기를 하면서 나라에도 사나운 개가 있다고 말합니다. 아무리 인재를 아끼는 훌륭한 군주가 있더라도 주변에 그 인재를 받아들이고 아껴줄 신하가 없다면 결국 인재는 찾아오지 않게 된다는 것이지요. 훌륭한 인재가 찾아왔는데 주변의 대신들이 사나운 개가 되어 이리저리 그 사람을 헐뜯으며 참소하니 인재들은 모두 떠나고 그 나라에는 결국 진정한 인재가 찾아오지 않게 된다는 경고입니다.

구 맹 즉 인 외
狗猛則人畏

개가 사나우면 사람들이 두려워한다.

《순자》에도 이와 유사한 말이 있습니다. "선비에게 질투하는 친구가 있으면 주변에 좋은 친구가 모여들지 않는다士有妬友則, 賢交不親(사유투우즉, 현교불친). 군주에게도 질투하는 신하가 있으면 그 주변에 뛰어난 인재들이 모여들지 않는다君有妬臣則, 賢人不至(군유투신즉, 현인부지)." 여기서 질투 많은 벗인 투우妬友와 질투 많은 신하인 투신妬臣은 《한비자》에서 말한 사나운 개 맹구猛狗와 같습니다. 사나운 개 한 마리를 조직에 둠으로써 인재가 모여드는 것을 막는 우를 범해서는 안 될 것입니다.

혹시 내가 사나운 개가 되어
다른 사람을 향해 짖고 있는 것은 아닌지 생각해봅니다.

猛	狗	之	患
사나울 맹	개 구	갈 지	근심 환

황하의 신 하백의 깨달음

井底之蛙
정저지와
〈장자〉

내가 보는 세상이 가장 크고, 내가 알고 있는 지식이 가장 위대하고, 내가 살고 있는 시간이 가장 **빠르다**고 생각하는 사람이 있습니다. 장자가 말하는 일명 '우물 안의 개구리', 정저지와井底之蛙입니다. 우물 속에서 보는 하늘이 전부라고 생각하는 사람에게는 진짜 하늘을 설명할 수 없습니다.

어느 날 황하의 신 하백河伯이 물이 불어나서 끝없이 펼쳐진 황하를 보고 무척 흡족했답니다. 그런데 바다를 만나보고는 경악했습니다. 자신이 세상에서 가장 크다는 생각이 무너진 겁니다. 바다를 지키는 신 약若은 황하의 신 하백에게 세 가지 이야기를 해줍니다. "우물 속에 있는 개구리에게는 바다에 대해 설명할 수가 없다井蛙不可以語海(정저불가이어해). 그 개구리는 자신이 살고 있는 우물이라는 공간에 갇혀 있기 때문이다拘於虛也(구어허야). 한 계절만 살다 가는 여름 곤충에게는 찬 얼음을 설명해줄 수가 없다夏蟲不可以語氷(하충불가이어빙). 그 곤충은 자신이 사는 여름이라는 시간만 고집하기 때문이다篤於時也(독어시야). 편협한 지식인에게는 진정한 도의 세계를 설명해줄 수 없다曲士不可以語道(곡사불가이어도). 그 사람은 자신이 알고 있는 가르침에 묶여 있기 때문이다束於敎也(속어교야)."

장자는 이 고사를 통해 세 가지 집착과 한계를 파괴하라고 충고합니다. 첫째, 자신이 속해 있는 공간space을 파괴하라! 둘째, 자신이 살아가는 시간time을 파괴하라! 셋째, 자신이 알고 있는 지식knowledge을 파괴하라! 우물 안의 개구리는 공간에 구속되어 있고, 여름 벌레는 시간에 걸려 있고, 지식인은 지식의 그물에 걸려 있다는 것입니다.

정 와 불 가 이 어 해
井蛙不可以語海

우물 속 개구리에게는 바다를 말해줄 수 없다.

　돌아보면 우리도 이 세 가지 그물에 걸려 있는 경우가 많습니다. 알량한 학벌과 지식으로 누구의 말에도 귀 기울이지 않는 지식의 그물, 좁은 회사와 연줄에 얽혀 있는 공간의 그물, 눈앞의 이익만 생각하고 멀리 내다볼 줄 모르는 시간의 그물, 이 얽힌 그물들을 걷어내지 않는다면 진정한 승자가 되기 어렵습니다. 어려울 때일수록 내가 보는 하늘만이 옳다고 하지 말고 다른 사람이 보는 하늘도 인정하는 여유가 필요합니다.

　우물 속에서 나와 저 넓은 하늘과 바다를 만나야 합니다.

井　　底　　之　　蛙
우물 정　　밑 저　　갈 지　　개구리 와

손 안 트는 약을 팔아 장군이 된 사나이

불 균 수 지 약
不龜手之藥
《장자》

사물의 가치는 고정된 것이 아니라 어떻게 생각하고 사용하느냐에 따라 바뀐다고 합니다. 그렇기 때문에 기존의 생각을 전부 뒤집어 새로운 시각으로 답을 찾아내려고 노력해야 합니다. 《장자》에 '불균수지약不龜手之藥'이라는 고사가 나옵니다. '손手을 트지 않게不龜 하는 약藥'이라는 의미지요.

송나라에 대대로 빨래만 전문으로 해서 먹고사는 집안이 있었답니다. 겨울철에도 빨래를 해야 했던 이들은 찬물에 아무리 손과 발을 담그더라도 손발이 트지 않는 약을 만들어 다른 어떤 사람보다 빨래를 잘할 수 있었지요. 어느 날 그 지역을 지나던 과객이 겨울철 물에 오랫동안 담그더라도 피부가 트지 않는 약이 있다는 말을 듣고는 그들에게 가서 백금百金을 주고 그 기술을 사겠다고 제안합니다. 그 집안은 비법을 과객에게 넘기고 그 돈으로 농토를 사서 농사꾼으로 변신했습니다. 업종을 전환한 것이지요. 과객은 그 비법을 가지고 오나라 수도 소주에 가서 오 왕에게 자신을 장군의 직책에 등용해달라고 청했습니다. 때마침 항주에 근거지를 둔 월나라가 군대를 일으켜 오나라로 쳐들어왔는데, 오나라 왕은 그 사람을 장수로 파견했습니다. 때는 찬바람이 부는 한겨울이었는데 양자강 유역에서 수전水戰을 하게 되었습니다. 손 안 트는 약을 대량으로 만들어 자신의 병사들에게 바르게 한 오나라 장수는 강한 전력으로 월나라 군대를 궤멸했습니다. 대승을 거두고 돌아온 장군에게 오나라 왕은 땅을 떼어서 하사하고 그를 오나라의 대부로 봉했다는 이야기입니다.

불 균 수 지 약 , 소 용 지 이 야
不龜手之藥, 所用之異也

손을 트지 않게 하는 약은,
쓰는 용도에 따라 그 가치가 달라진다.

장자는 이렇게 말합니다. "똑같은 손 안 트는 약인데 누구는 그것을 가지고 제후로 봉해지고, 누구는 평생 빨래하는 직업을 못 벗어났다. 이것은 같은 물건이라도 누구에 의해 어떻게 사용되는가에 따라 그 가치가 달라지는 것이 아니냐?" 기존의 가치에 연연하지 말고 새로운 시각으로 새로운 가치를 만들어내야 합니다.

여러분은 손 안 트는 약을 어떤 용도로 사용하시겠습니까?

不	龜	手	之	藥
아니 불	틀 균	손 수	갈 지	약 약

태산은 한 줌의 흙을 사양하지 않는다

태 산 불 사 토 양
泰山不辭土壤
《사기》

능력이 있다면 출신과 성분을 따지지 않고 중요한 직책을 맡기는 것은 당연한 일입니다. 그러나 실제 조직의 인사는 결코 능력만 보지 않습니다. 출신과 지역 등 다양한 요소를 고려하다 보면 적재적소에 인재를 배치하는 것은 불가능해지고, 결국 조직의 경쟁력은 약화될 수밖에 없습니다.

춘추전국시대 진나라가 마지막 통일의 주역이 된 것은 우연이 아니었습니다. 목공穆公, 효공孝公, 혜제惠帝, 소제昭帝, 진시황제秦始皇帝로 이어지는 다섯 명의 군왕은 모두 진나라를 천하통일의 주역으로 만든 최고의 지도자였습니다. 이들은 출신과 성분을 따지지 않고 뛰어난 인재라고 생각되면 과감하게 등용하여 진나라 발전의 초석으로 삼았습니다. 그러나 이런 인사정책이 순탄하게 진행된 것만은 아니었지요. 외부에서 온 객경客卿들은 충성도가 약할 수밖에 없으며 위기 상황이 닥치면 적에게 유리한 행동을 할지도 모른다는 국내 귀족들의 논의에 군왕은 마음이 흔들렸습니다. 이런 상황에서 진시황제의 오른팔이었던 이사李斯는 축객逐客에 대해 반대하는 상소문을 올립니다. 그 유명한 상소문이 바로 《고문진보》에 실린 '상진황축객서上秦皇逐客書'라는 명문장이지요. 이사는 진시황제에게 축객의 부당성을 고하면서 열린 인사정책과 개방을 통해 강대국의 기반을

마련해야 한다며 다음과 같은 주장을 합니다. "태산은 한 줌의 흙이
라도 사양하지 않습니다. 그래서 태산같이 큰 산이 될 수 있는 것입
니다. 황하와 바다는 조그만 물줄기라도 가리지 않습니다. 그래서 깊
은 물이 될 수 있는 것입니다. 군왕도 백성들을 차별해서는 안 됩니
다. 그래야 군왕의 덕을 천하에 밝힐 수 있는 것입니다."

태 산 불 사 토 양 , 고 능 성 기 대
泰山不辭土壤, 故能成其大

태산은 한 줌의 흙이라도 사양하지 않는다.
그래서 큰 산이 될 수 있는 것이다.

    글로벌 마인드를 지향하면서 출신과 배경을 따지고, 적과 동지를
구분한다면 그 꿈은 영원한 꿈일 수밖에 없습니다. 어느 나라, 어느
조직이든 다양성과 개방성이 결국 경쟁력이며 승부수입니다. 닫고
사는 자가 승리할 수는 없습니다. 여는 자만이 결국 생존에 성공할
것입니다.

다름을 받아들여야 더욱 크게 됩니다.

泰	山	不	辭	土	壤
클 태	뫼 산	아니 불	사양할 사	흙 토	부드러운 흙 양

수영 잘하는 사람이 물에 빠진다

선 유 자 익
善游者溺
《한비자》

　수영을 잘하는 사람이 물에 빠져 죽는다는 말이 있습니다. 자신 있다고 방심하다가는 결국 그 자만심 때문에 일을 그르치고 만다는 뜻입니다.《한비자》에서는 이렇게 말합니다. "수영 잘하는 사람이 물에 빠지고, 말 잘 타는 사람이 말에서 떨어진다. 이들은 자신이 잘하는 것에 도리어 화를 입는 것이다." 수영을 잘한다고 자만하다가 결국 물에 빠져 죽게 되고, 말을 잘 탄다고 자랑하다가 결국 말에서 떨어져 죽을 것이라는 이야기입니다. 언뜻 보면 논리에 맞지 않기도 합니다. 수영을 못하는 사람이 물에 빠지지 왜 수영을 잘하는 사람이 물에 빠질 것이며, 말을 잘 못 타는 사람이 말에서 떨어지지 왜 잘 타는 사람이 말에서 떨어지겠는가 말입니다.

　그러나 발상을 전환해보면 그 답을 쉽게 찾을 수 있습니다. 원래 초보자는 조심할 수밖에 없습니다. 자신의 한계를 너무나 잘 알기에 스스로 조심할 수밖에 없지요. 운전도 배운 지 1년 정도 지나 어느 정도 자신이 생겼을 때 사고가 자주 난다고 합니다. 사람들은 자신이 익숙하다고 생각하는 일에 자만하고 마음을 놓았다가 실패를 경험합니다. 사소한 것을 지나쳤기 때문이지요. 섭다고 생각하기 때문에 큰 화를 당하는 것입니다.《시경》의 〈소아〉에서도 매사에 늘 조심하라고 하면서 이렇게 말합니다. "늘 전쟁에 임한 듯이 전전긍긍戰戰

124 ● 1부 | 내 인생을 바꾸는 모멘텀

兢兢하라! 마치 깊은 연못에 다다른 듯 여림심연如臨深淵하라! 마치 살얼음판을 건너듯이 여리박빙如履薄氷하라!"쉬운 일에서 넘어지고 무너지는 일이 흔히 일어납니다. 하루하루 전쟁 같은 시대에 잠깐 정신을 놓았다가는 큰 위험에 처할 수 있습니다.

선 유 자 익 , 선 기 자 추
善游者溺, 善騎者墜

수영 잘하는 사람이 물에 빠지고,
말 잘 타는 사람이 말에서 떨어진다.

성공한 사람들의 가장 큰 실수는 성공한 순간 방심한다는 것입니다. 잘하기 때문에 자만하고 그러다 보면 실패하게 되는 것이지요. '수영 잘하는 사람이 물에 빠지고, 말 잘 타는 사람이 말에서 떨어진다.' 그냥 흘려들을 말은 아닌 듯합니다.

원숭이가 나무에서 떨어지는 것은
나무를 너무 잘 타기 때문입니다.

善	游	者	溺
잘할 선	헤엄칠 유	놈 자	빠질 익

작은 뱀을 태우고 행군하라!

학 택 지 사
涸澤之蛇
《한비자》

내가 높아지려면 내 주변 사람부터 높여야 합니다. 내가 높다는 것을 과시하려고 주변 사람을 무시한다면 결코 남에게 존경받을 수 없습니다.《한비자》는 '물이 말라버린 연못 속의 뱀' 이야기인 학택지사涸澤之蛇라는 고사에서 이런 역설의 미학을 강조합니다. 학涸은 물이 말라버렸다는 뜻입니다. 그러니까 학택涸澤은 물이 바짝 말라버린 연못이라는 뜻이지요. 물이 말라버린 연못에 사는 뱀들의 생존 전략은 이렇습니다.

어느 여름날, 가뭄에 연못의 물이 말라버렸습니다. 그 연못 속에 사는 뱀들은 다른 연못으로 이동할 수밖에 없었지요. 이때 연못에 사는 작은 뱀이 나서서 큰 뱀에게 이렇게 말했습니다. "당신이 앞장서고 내가 뒤따라가면 사람들이 우리를 보통 뱀인 줄 알고 죽일지도 모릅니다. 그러니 저를 당신의 등에 태우고 가십시오. 그러면 사람들은 조그만 나를 당신처럼 큰 뱀이 떠받드는 것을 보고 나를 아주 신성한 뱀이라고 생각해 두려워하며 아무런 해도 끼치지 않고 오히려 떠받들 것입니다." 큰 뱀은 이 제안을 받아들였고 뱀들은 당당히 사람들이 많은 길로 이동했습니다. 사람들은 큰 뱀이 작은 뱀을 떠받드는 모습을 보고 신기하게 여기며 건드리지 않았고, 뱀들은 목적지까지 아무런 어려움 없이 도착할 수 있었습니다. 윗사람이 아랫사람을 떠받드는 것이 결국 조직의 생존에 도움이 된다는 의미가 담긴 고사입니다.

학 택 지 사
涸澤之蛇

말라버린 연못의 뱀이 생존하려면 큰 뱀이 작은 뱀을 섬겨야 한다.

《한비자》의 이 고사는 윗사람이 어떻게 아랫사람을 대접해야 하는지를 보여줍니다. 지도자보다 뛰어난 부하가 어디 있겠습니까? 능력이 있다면 그가 지도자가 되었겠지요. 그러나 자신보다 못한 부하를 남이 보는 가운데 더욱 우대하고 대접해준다면 사람들은 그에게 경외심을 느끼게 될 것입니다. 기대에 못 미친다고 남들이 보는 앞에서 부하를 무시하기보다는 그들의 작은 능력이라도 인정해주고 북돋운다면 결국 조직을 위하는 일이 될 것입니다.

'섬김'은 위대한 지도자의 필수 조건입니다.

涸	澤	之	蛇
마를 학	연못 택	갈 지	뱀 사

새 토끼를 잡으려면 새 먹이를 준비하라!

수 주 대 토
守株待兔
《한비자》

이미 지나간 시절을 운운하며 새로운 시대에 적응하지 못하는 조직과 사람들이 있습니다.《한비자》에서는 과거의 행운을 잊지 못하고 변화도 받아들이지 못한 채 오로지 옛날 방식으로 새로운 시대를 맞이하는 우를 범하는 태도를 '수주대토守株待兔'라고 합니다. 그루터기株에 지키고 앉아守 토끼兔가 오기를 기다린다待는 의미입니다. 수주대토는 송나라의 어리석은 농부 이야기에서 만들어진 사자성어입니다. 농부가 어느 날 토끼 한 마리가 밭 가운데 있는 그루터기에 부딪혀 목이 부러져 죽은 것을 보았습니다. 농부는 쟁기를 버려두고 그루터기에 앉아 다시 토끼가 오기를 기다렸지요. 당연히 토끼는 다시 오지 않았고, 결국 온 나라의 웃음거리만 되었다는 이야기입니다.

이 고사가 나온 시대적인 배경은 이렇습니다. 춘추전국시대, 변화와 불확실성의 시기로 지나간 과거에 집착해서는 살아남을 수 없었습니다. 개혁과 혁신만이 조직의 생존을 보장해주던 시대였지요. 이런 시기에 지나간 시대의 복고주의가 여전히 새로운 시대의 흐름을 막고 있었습니다. 이런 수구적이고 변화를 인정하지 않는 조류에 대해 한비자라는 개혁가가 새로운 시대의 흐름을 읽는 변혁과 혁신이야말로 대세라고 주장했던 것입니다. 한비자는 '수주대토'의 고사를 말하면서, 가치의 혁신이라는 새로운 메시지를 전했습니다. "위대한 지도자는 옛것을 실천하려고 하는 사람이 아니며, 고정불변의 법칙을 찾으려는 사람이 아니다. 그 시대에 필요한 일들을 분석하고 그것에 대한 새로운 대비책을 세우는 사람이다."

욕 이 선 왕 지 정, 치 당 세 지 민, 개 수 주 지 류 야
欲以先王之政, 治當世之民, 皆守株之類也

지나간 선왕 시대의 정치 방식으로,
지금 시대의 사람들을 다스리려 한다면,
모두 그루터기에서 토끼를 기다리는 부류다.

안팎으로 불확실성이 커지고 있습니다. 이런 시대에 지나간 시절에 연연하여 평온에 안주하려고 한다면 조직과 개인의 생존은 누구도 보장해주지 않습니다. 교육은 새로운 학생과 시대에 맞는 방법으로 바뀌어야 하며, 정치는 새로운 국민들에 맞게 고쳐져야 합니다. 새로운 토끼를 잡으려면 새로운 대안을 찾아야 합니다.

나는 지금 어디에 앉아 무엇을 기다리고 있습니까?

守　株　待　兎
지킬 수　그루터기 주　기다릴 대　토끼 토

큰 그릇은 영원히 완성되지 않는다

대 기 만 성
大器晚成
〈도덕경〉

우리가 흔히 쓰는 말 중에 대기만성大器晚成이라는 사자성어가 있습니다. 글자 그대로 해석하면 '큰 그릇大器은 늦게晚 완성된다成'는 뜻입니다. 그런데 이는 그리 정확한 해석은 아닌 듯합니다. 늦게 만들어져도 완성되는 순간 이미 가장 큰 그릇은 아니기 때문입니다. '대大'라는 글자가 붙는 순간 더 이상 가장 큰 것이 아닙니다. '대기만성'의 만晚은 부정의 뜻을 나타내는 면免이라고 쓰인 판본이 많습니다. 면세免稅나 면제免除 등에 쓰이는 면은 부정의 뜻입니다. 이렇게 보면 '대기만성'은 '큰 그릇은 완성이 없다免'라는 뜻으로 보아야 정확한 해석이 됩니다. 논리적으로 따져도 세상에서 가장 큰 그릇은 아직 완성되지 않은 그릇일 겁니다. 가장 큰 그릇이 완성된 순간 그 그릇보다 더 큰 그릇이 언제든 만들어질 수 있기 때문이지요.

지금보다 더 큰 그릇을 만들어나가는 과정이야말로 가장 위대한 완성의 방식입니다. 천국은 완성이 아니라 만들어가는 과정입니다. 천국으로 가는 계단이 어쩌면 천국보다 더 아름다운 곳일 수 있습니다. 위대한 회사great company보다 더 위대한 회사는 더 나은 회사better company입니다. 어제보다 더 나은 오늘, 오늘보다 더 나아지는 내일이 있는 회사는 성장이 지속될 수 있습니다. 뛰어난 기술과 많은 매출을 올리고도 역사의 뒤안길로 사라진 회사들의 공통점은 최고라는 생각을 버리지 못했다는 것입니다. 아직 완성은 멀었다는 대기만성의 철학을 가진 사람이라면 언제나 더 나은 내가 되기 위해 부단히 노력할 것입니다.

대 기 만 성
大器晚成

큰 그릇은 완성이 없다.

《도덕경》에서는 '대기만성'과 함께 위대함에 대하여 다음과 같이 정의하고 있습니다. '가장 큰 소리는 들리지 않는다大音希聲(대음희성). 가장 큰 형상은 형체가 없다大象無形(대상무형). 새로운 생각과 새로운 발상과 새로운 지식으로 무한의 모습을 만들어가라! 완성된 모습, 정해진 소리, 보여지는 형체에 머물지 말라! 큰 그릇은 영원히 완성되지 않는다. 내가 날마다 새롭게 변해야 내 주변 사람들이 새롭게 변할 것이다!' 이런 생각은 수천 년 동안 동양 역사를 통해 흐르는, 날마다 혁신하는 사람의 모습입니다.

'위대함great'보다 더 위대한 것은 '나음better'입니다.

大	器	晚	成
큰 대	그릇 기	늦을 만	이룰 성

상하가 서로 낮추면 태평성대가 된다

지 천 태
地天泰
《주역》

젊은이들은 직장을 잡아서 가정을 꾸릴 수 있는 항산恒産이 있고, 노인들은 저마다 따뜻한 옷을 입고 맛있는 음식을 먹으며 건강하게 노년을 보낼 수 있는 태평성대는 모든 이의 꿈입니다.《주역》에서는 이런 태평성대를 '지천태地天泰'괘로 설명합니다. 지천태괘䷊는 괘상卦象에서 보이듯 상하의 소통이 원활하여 태평泰平하다는 뜻입니다. 땅을 의미하는 곤坤괘☷가 위에 있고 하늘을 의미하는 건乾괘☰가 아래에 있어서 땅地이 위에 있고 하늘天이 아래에 있는 형국입니다. 일반적으로 생각하면 하늘이 위에 있고 땅이 아래에 있어야 하는데 거꾸로 되어 있는 지천태괘가 왜 태평하냐고 할지 모르겠지만, 하늘은 위를 향해 땅을 섬기고 있고, 땅은 아래로 하늘을 향하여 믿고 따라가는 모습입니다. 하늘과 같은 지도자가 백성을 하늘처럼 받들고 있는 것이 진정한 태평성대라는 것이지요.

지천태괘에 대한《주역》의 설명은 이렇습니다. "태泰는 조그만 문제점들이 사라지고 큰 태평함이 오니 길하고 형통한 괘이다小往大來吉亨(소왕대래길형). 하늘과 땅이 서로 교류하고 있으니 만물이 통하는 것이다天地交而萬物通也(천지교이만물통야). 상하가 서로 교류하니 그 꿈과 뜻이 하나로 모아지는 것이다上下交而其志同也(상하교이기지동야). 이런 상황에서는 훌륭한 인재들이 중앙에 들어가고 소인들은 밖으로 퇴출된다內君子而外小人(내군자이외소인). 군자의 도는 날로 자라고 소인들의 도는 날로 소멸되어간다 君子道長小人道消也(군자도장소인도소야)." 정말 이상적인 조직의 소통입니다. 지도자와 백성들은 서로를 섬기려 하고 인재가 지위를 얻어 능력을 발휘하고 소인들은 멀리 내쳐지는, 상하가 뜻이 같고 화합하는 조직의 모습입니다.

지 천 태 , 상 하 교 이 기 지 동 야
地天泰, 上下交而其志同也

땅은 위에 있고 하늘은 아래 있는 것이 태다.
위아래가 서로 소통하고 있으니 그 꿈꾸는 뜻이 하나가 되도다.

태평성대를 꿈꿔봅니다. 지도자는 국민을 하늘처럼 섬기고 국민은 지도자를 믿고 따라가는 그런 나라 말입니다. 선생님은 학생을, 기업은 고객을, 공무원은 국민을 섬기는 그런 시대가 진정 태평성대입니다. 상하가 같은 꿈을 꾸며 교류하고, 인재들이 선발되고 소인배들은 퇴출되는 지천태의 세상을 꿈꿔봅니다.

나는 얼마나 나를 낮추며 주변을 섬기고 있습니까?

地　天　泰
땅 지　하늘 천　태평할 태

종횡무진, 생존만이 관건이다

합 종 연 횡
合縱連衡
《사기》

생존만이 정의가 되어버린 시대입니다. 국익을 위해 어제까지 우방이었던 나라를 오늘은 적으로 간주하기도 하고, 어제까지 적이었던 나라를 오늘은 우방으로 여기기도 합니다. 불확실한 국제질서는 영원한 적도, 영원한 우방도 없는 현실로 몰고 갑니다. 어찌 국제정치만 그렇겠습니까? 기업이나 개인도 결국 생존 문제 앞에서 어떤 논리도 필요 없는 것 같습니다. 생존에 도움이 된다면 무엇이든 가능한 세상이 되어버린 것이지요.

변화와 생존의 시기였던 중국의 전국시대는 일강육소一强六小의 국제적인 역학 구도로 이루어져 있었습니다. 여기서 일강은 진秦나라, 육소는 연燕, 조趙, 위魏, 한韓, 제齊, 초楚 여섯 나라입니다. 이런 지리적인 구도에 기초해서 합종연횡合縱連衡이라는 국제외교 전략이 세워집니다. 합종合縱책은 서쪽의 강대국 진나라를 견제하고자 동쪽의 약소국 여섯 나라가 종縱으로 연합하여 대응해야 한다는 전략이었고, 연횡連衡책은 여섯 나라가 각각 생존을 위해서 진나라와 횡衡으로 연합해야 한다는 전략이었지요. 모두가 강한 진나라를 전제로 한 외교 전략이었습니다. 요즘으로 보면 강대국 미국을 중심에 놓고 러시아, 중국, 남북한, 일본의 복잡한 외교와 유사해 보입니다. 다른 국가들이 연합하여 강대국 미국에 대응하는 것이 합종이라면 미국과 개별적인 친분 관계를 맺어 생존을 도모하는 것은 연횡이라고 할 것입니다.

합종책을 주장한 대표적인 정치가는 동주東周 출신 소진蘇秦이었습니다. 그가 당시 제후들을 설득한 논리는 강대국 진나라의 독주를 막으려면 나머지 여섯 나라가 힘을 모아야 한다는 것이었습니다. 진나라에 대한 개별적인 굴복과 화해는 영원한 종속일 뿐이라는 것이 그의 논리의 핵심이었지요. 연횡책을 주장한 대표적인 정치가는 위나라 출신 장의張儀였습니다. 살아남으려면 강한 진나라와 개별적인 친분외교를 맺어야 한다는 것이었지요. 합종이든 연횡이든 모두가 생존을 위한 전략이었습니다.

합 종 연 횡
合縱連衡

종으로 합하여 생존하자! 횡으로 연결하여 살아남자!

생존이라는 커다란 목표를 위해 무엇을 해야 할지 고민해야 합니다. 세상엔 영원한 우방도, 영원한 적도 없습니다.

사랑하는 사람들과 연합하여 험난한 세상에
공동으로 대응하십시오!

合	縱	連	衡
합할 합	세로 종	연결할 연	가로 횡

저녁에는 집에 가고 싶다

모 기 귀
暮氣歸
《손자병법》

경제는 요동치고, 감염병 유행과 전쟁, 자연재해에 이르기까지 전 세계의 불확실성은 더욱 커져가고 있습니다. 승승장구하던 기업들이 어느 날 몰락의 길에 들어서기도 하고, 스타트업들이 때를 만나 신흥 강자로 떠오르기도 합니다. 호황과 불황, 성공과 실패, 그 어떤 것도 영원한 것은 없습니다.《손자병법》에서는 조직의 사기에도 주기가 있다고 말합니다. 병사들의 사기가 언제나 높을 수도 없고 언제나 낮으라는 법도 없다는 뜻이지요.

문제는 조직원들의 사기가 최저점으로 내려갔을 때 조직의 지도자가 어떻게 그들의 사기를 빨리 회복시키느냐 하는 것입니다.《손자병법》은 현장에서 군사들의 기운을 살피고 관찰하라고 합니다. "아침에 병사들의 기운은 정예병銳이 된다. 그러나 낮이 되면 병사들의 사기는 나태하고 게을러진다惰. 그리고 저녁이 되면 병사들은 집으로 돌아갈 생각만 하게 된다歸." 첫 출정 길에 나선 군사들의 사기는 높을 수밖에 없습니다. 그러나 시간이 지나면서 사기는 떨어지고 결국 탈영병과 이탈하는 인원이 생기게 됩니다.

조직에서도 새로운 지도자가 부임힐 때 직원들은 긴장하고 예민해지지만 시간이 지날수록 조직은 점점 나태해지고 사기는 떨어질 수밖에 없습니다. 관건은 저점을 얼마나 빨리 통과하는가입니다. 집으로 돌아갈 생각만 하는 저녁의 기운을 아침의 활기찬 기운으로 끌어올리려면 다양한 방법을 고민해봐야 합니다. 집에 갈 생각에만 젖어 있는 병사에게 소리를 지른다고 그들의 사기가 다시 올라가지는 않습니다. 그들의 사기가 왜 떨어졌는지를 정확히 파악해서 근본적인 문제를 해결할 때 유능한 지도자라고 할 수 있습니다.

조 기 예 , 주 기 타 , 모 기 귀
朝氣銳, 晝氣惰, 暮氣歸

아침의 기운은 날카롭다. 낮의 기운은 게으르다.
저녁의 기운은 돌아갈 생각만 한다.

　자식이 힘들고 어려울 때 부모는 야단을 칠 것이 아니라 어떻게 자식이 그 상황을 이겨내게 할 수 있을까를 고민해야 합니다. 세상에 누구도 사기의 주기에서 자유로울 수 없기 때문입니다. 누구에게나 사기가 떨어지는 저녁은 있습니다.

지금 나의 기운은 아침, 점심, 저녁 중
어떤 때를 통과하고 있습니까?

暮　　氣　　歸
저녁 모　　기운 기　　돌아갈 귀

세 번 변하는 사람이 진정한 군자

군 자 삼 변
君子三變

《논어》

사람을 평가하는 것을 품인品人이라고 합니다. 품品은 품평한다는 뜻이고, 인人은 사람을 뜻하죠. 품인, 즉 사람을 평가할 때는 어떤 것을 기준으로 삼을 것인가가 무엇보다도 중요합니다. 그 기준에 따라 전혀 다른 결과가 나올 수 있기 때문이지요. 엄격한 사람, 따뜻한 사람, 논리적인 사람 등 세상에는 정말 다양한 부류의 사람이 있습니다. 어떤 사람이 가장 나은 사람이냐는 질문은 참으로 어리석습니다. 그런데 그런 우문愚問에 현답賢答을 내놓은 사람이 있습니다. 바로 공자입니다.

공자는 《논어》에서 엄격함과 따뜻함, 논리력을 모두 갖춘 사람을 삼변三變이라고 합니다. 석 삼三 자에 변할 변變 자, 그러니까 세 가지 서로 다른 변화의 모습을 그 사람에게서 찾을 수 있다는 뜻이지요. 일변一變은 멀리서 바라보면 엄격함을 느낄 수 있는 사람입니다. 망지엄연望之儼然, 멀리서 바라볼望 때 엄격함儼이 느껴지는 사람은 카리스마가 있습니다. 그러나 의젓하긴 하지만 가까이하기엔 다소 어렵습니다. 다가가서 보았을 때 따뜻함을 느낄 수 있다면 정말 좋겠지요. 즉지야온卽之也溫, 멀리서 보면 엄격한 사람인데 가까이 다가가서卽 보면 따뜻함溫이 느껴지는 사람, 엄격하지만 또 다른 모습, 바로 이변二變입니다. 겉은 엄격하지만 가까이 다가가면 속은 따뜻한 사람이겠지요. 삼변三變은 말속에 정확한 논리가 서 있는 사람입니다. 청기언야려聽其言也厲, 그 사람이 하는 말其言을 들어보면聽 논리적인 모습厲이 느껴지는 경우입니다. 종합하면 외면의 엄격함과 내면의 따뜻함에 논리적인 언행까지 더해져, 이른바 최상의 사람이라는 뜻입니다.

망 지 엄 연,   즉 지 야 온,   청 기 언 야 려
望之儼然, 卽之也溫, 聽其言也厲

멀리서 바라보면 엄격한 사람, 가까이 다가가면 따뜻한 사람,
말을 들어보면 합리적인 사람.

'군자삼변君子三變, 군자는 세 가지 서로 다른 모습의 변화가 있어야 한다.' 멀리서 보면 의젓한 모습, 가까이 대하면 대할수록 느껴지는 따뜻한 인간미, 논리적이고 합리적인 언행! 일명 인간 품평의 최고 단계인 군자의 삼변입니다.

나는 한 가지 모습으로만 기억되는 사람이 아닐까요?

君   子   三   變
임금 군   아들 자   석 삼   변할 변

호랑이의 눈으로 먹잇감을 바라보라!

호 시 탐 탐
虎視耽耽
〈주역〉

'호시탐탐虎視耽耽'이라는 말은 우리가 일상에서 자주 쓰는 표현 가운데 하나입니다. 남의 것을 빼앗기 위해서 기회를 노린다는 의미로 자주 사용되지만 원래 뜻은 조금 다릅니다. '호시탐탐'은 《주역》의 산뢰이山雷頤괘▤▤에 나옵니다. 이頤는 '턱'이라는 뜻인데, 턱은 음식을 씹고 소화시키는 데 중요한 역할을 하며, 턱으로 씹은 음식물로 몸을 기르게 됩니다. 이 뜻이 꿈과 희망을 실현하기 위하여 무엇을 기른다는 의미로 발전했습니다. 턱으로 음식물을 씹어 소화시키듯이 인간은 자신의 꿈을 위해 끊임없이 무언가를 길러내야 합니다. 천지와 자연이 만물을 길러내고 돌보듯이 군자는 현명한 사람들을 길러 그들로 하여금 만민을 이롭게 해야 한다는 것이지요.

《주역》 27번째 이괘에 대한 설명은 이렇습니다. '타인이 무엇을 기르는가를 관찰하라! 그리하여 내가 무엇을 길러 나를 보존할 것인가를 고민하라!' 타인이 사는 모습을 정확히 관찰하여 내가 어떻게 살 것인지 찾아내라는 의미입니다. 이 이괘 네 번째 효사는 꿈꾸고 희망하는 것에 대하여 마음껏 꿈을 꾸고 목표를 세우라고 합니다. 그 꿈과 목표에 대한 열정과 노력을 《주역》에서는 '호시탐탐'이라는 개념으로 설명합니다. '호랑이가 먹잇감을 노려보듯이 네가 가고자 하는 목표를 향해 달려가라! 너의 열정이 꿈과 목표를 향해 달리게 하라! 결코 후회가 없으리라! 저 위에서 빛을 내려 너의 열정에 보답하리라! 큰 내를 건너 꿈을 이룰 것이며 큰 경사가 네 앞에 있으리라!'

정말 가슴 뛰는 일이 아닐 수 없습니다. 호랑이가 먹잇감을 노리며 목표에 집중하듯이 우리의 꿈과 희망을 향하여 호시탐탐 거침없이 전진하라는 것입니다.

호 시 탐 탐 , 기 욕 축 축
虎視耽耽, 其欲逐逐

호랑이의 눈으로 목표를 보라!
목표를 향한 꿈을 잃지 말고 달려가라!

꿈과 목표가 있는 사람은 아름답습니다. 그 목표를 향해 두려움 없이 달려가는 것이야말로 나를 기르는 것이며, 세상에 도움이 되는 일입니다. 호랑이의 눈으로 목표를 바라보고 그것을 향해 묵묵히 달려갈 때 목표는 어느덧 눈앞에 현실로 다가와 있을 것입니다.

호랑이의 눈으로 목표를 응시하고
소걸음으로 다가가야 합니다.

虎	視	耽	耽
호랑이 호	볼 시	즐길 탐	즐길 탐

군자는 한 가지 그릇이 되어서는 안 된다

군 자 불 기
君子不器
《논어》

요즘 시대에는 어느 한 가지 전문적 지식만 가지고는 창조적인 역량을 만들어내지 못한다고 합니다. 다양한 전문적 지식이 합쳐져야 비로소 위대한 창조물이 나올 수 있다는 것이지요. 바야흐로 전문가의 시대에서 통섭統攝의 시대로 전환되고 있는 듯합니다. 과학과 인문학이 만나고, 동양과 서양이 만나고, 철학과 IT가 만나야 더 큰 창조적 힘을 발휘하는 시대입니다.

《논어》에서는 이런 통합형 인간을 '군자불기君子不器'라고 합니다. 해석하자면, 군자君子는 그릇이 아니라는不器 뜻입니다. 공자는 가장 이상적인 인간형으로 '군자'를 제시하면서, 군자는 한 가지에만 정통한 사람이 아니라 다양함을 받아들이고 다양한 분야에 식견을 갖춘 사람이라고 정의합니다. 국그릇에는 국만, 밥그릇에는 밥만 담는 것처럼 그릇은 자신의 용도에 합당한 것만 담을 뿐 다른 것을 용납하지 못하지요. 그래서 군자는 어느 한 가지만 수용하는 그릇의 모습이 되어서는 안 된다는 것입니다.

전문가는 아름답습니다. 그러나 전문가가 자신의 우물에 빠져 오로지 그 우물 속에서 보이는 하늘만 고집한다면 더 이상 전문가라고 할 수 없습니다. 나무를 정확히 보되 나무와 나무가 어떻게 숲을 이루는지도 함께 볼 수 있는 능력, 이것이 진정 창조적 지식으로 새로운 미래를 만들어내는 전문가의 모습일 겁니다. 이 시대에는 전체를 읽을 줄 알고, 많은 사람을 포용할 줄 알며, 다양성을 인정할 수 있는 사람이 필요합니다. 오로지 내가 아는 것만 주장하고 다른 것과는 담을 쌓고 산다면 어떠한 결실도 맺기 어렵습니다.

군 자 불 기
君子不器

군자는 한 가지만 담을 수 있는 그릇이 되어서는 안 된다.

밥그릇 싸움에 열심인 사람들이 참으로 안타깝습니다. 내 밥그릇을 과감히 깨고 다른 모습으로 넘나들 수 있는 유연성이 필요한 시대입니다. '군자불기君子不器, 군자는 한 가지만 담는 그릇이 되어서는 안 된다! 다양한 것을 모두 수용하고 통섭할 수 있는 사람이 되어야 한다!' 이 시대가 요구하는 오늘날 군자의 모습입니다.

내가 가진 그릇을 과감하게 깰 수 있는 용기가 필요합니다.

君	子	不	器
임금 군	아들 자	아니 불	그릇 기

사냥에도 원칙이 있다

왕 기 미 유 능 직 인
枉己未有能直人
《맹자》

조趙나라에 왕량王良이라는 유능한 사냥꾼이 있었습니다. 왕의 총애를 받던 신하 해奚는 왕에게 왕량과의 사냥을 허락해달라고 간청했습니다. 해는 왕의 허락을 받고 왕량과 함께 사냥을 나갔지만 종일토록 한 마리도 잡지 못했습니다. 사냥에서 돌아온 해는 왕에게 "왕량은 천하의 수준 낮은 사냥꾼입니다"라고 보고했습니다.

이 이야기를 전해들은 왕량은 왕에게 나아가 해와 한 번 더 사냥할 기회를 달라고 청했습니다. 그런데 이번에는 아침나절이 채 지나기도 전에 사냥감을 열 마리도 넘게 잡았습니다. 해는 왕에게 나아가 '천하제일의 사냥 전문가'라며 왕량을 칭찬했습니다. 그러고는 왕량을 자신의 전속 사냥꾼으로 지정해달라고 간청했지요. 왕량은 그 자리에서 거절하며 이렇게 대답했습니다. "저는 처음 저 해란 신하와 사냥을 나갔을 때 원칙대로 수레를 몰아 사냥을 할 수 있도록 도왔습니다. 그런데 그는 종일 한 마리도 잡지 못하더군요. 그다음 사냥에서는 온갖 반칙으로 수레를 몰아주었는데 한나절에 사냥감을 열 마리도 넘게 잡았습니다. 저 사람은 원칙대로 모시면 아무것도 하지 못하는 사람입니다. 오로지 반칙으로 모셔야 능력을 발휘하는 사람이지요. 저는 반칙으로 모셔야만 능력을 발휘하는 사람을 주인으로 섬기고 싶지 않습니다."

맹자는 이런 우화를 예로 들면서 이렇게 말합니다. "일개 사냥꾼도 반칙으로 일관하는 사람과 함께하기를 꺼리는데, 나의 원칙을 버리고 반칙을 강요하는 주군을 모실 수는 없다. 나를 굽힌다고 해서 다른 사람을 곧게 만들 수는 없는 것이다." 내가 잠깐 굽혀서 상대방을 올바르게 만든다고 해도 그것은 잠깐일 뿐 지속하기는 불가능한 일이라는 것입니다.

왕 기 미 유 능 직 인
枉己未有能直人

나를 굽혀 다른 사람을 곧게 만들 수는 없다.

주군을 모시는 데도 원칙과 기본이 있습니다. 원칙으로 주군을 모시는 것은 진정 신하 된 자의 도리입니다. 잠깐 나를 구부려 반칙으로 주군을 모신다고 주군이 곧아지지는 않습니다. 자신의 이익에만 눈이 멀어 온갖 반칙을 일삼는 사람들이 귀 기울여야 할 대목입니다.

원칙을 버리고 굽히면 결국 영원히 굽힐 수밖에 없습니다.

枉	己	未	有	能	直	人
굽힐 왕	몸 기	아닐 미	있을 유	능할 능	곧을 직	사람 인

오십 보나 백 보나 도망간 것은 같다

오 십 보 백 보
五十步百步
《맹자》

《맹자》에 '오십보백보五十步百步'라는 말이 나옵니다. 크기만 다를 뿐 잘못한 것은 마찬가지란 뜻입니다. 맹자를 만난 양혜왕梁惠王은 자신이 이웃나라 왕보다 정치를 잘하는데 왜 이웃나라 백성들이 자신의 나라로 몰려들지 않는지 궁금해합니다. 세금을 내고 부역을 담당하던 백성의 수가 곧 국력이었던 시절, 양혜왕은 민심이 왜 자신에게 호의적이지 않은지 그 이유를 물은 것이지요. 왕의 질문에 맹자는 '오십보백보' 이론으로 대답합니다.

"왕께서는 전쟁을 좋아하시니 전쟁에 비유해서 말씀드리지요. 전쟁터에서 한창 접전을 벌일 때 두 병사가 갑옷을 버리고 무기를 질질 끌며 도망쳤습니다. 어떤 병사는 백 보를 도망가서 멈추고, 어떤 병사는 오십 보를 도망가서 멈추었습니다. 그때 오십 보를 도망친 병사가 백 보를 도망친 병사를 보며 비웃고 나무랐습니다. 왕께서는 이것을 어떻게 생각하십니까? 전쟁터에서는 오십 보를 도망갔든 백 보를 도망갔든 도망간 거리만 다를 뿐 도망간 것은 똑같다는 이치를 아신다면 민심이 왕께 몰리기를 바라지 마십시오. 왕의 정치나 이웃나라 왕의 정치니 부족하기는 오십보백보입니다."

참으로 통쾌한 말입니다. 양혜왕은 자신이 이웃나라 왕보다 정치를 잘한다고 생각하지만 결국 거기서 거기라는 것이지요. 오십 보

146 • 1부 | 내 인생을 바꾸는 모멘텀

못하는 것이나 백 보 못하는 것이나 둘 다 못한다는 관점에서는 별 차이가 없다는 말입니다.

오 십 보 백 보
五十步百步

오십 보 도망간 것이나 백 보 도망간 것이나
전쟁에서 후퇴한 것은 결국 같다.

　오십 보 도망가놓고 백 보 도망간 사람을 손가락질하는 사람이 이 세상에는 참 많습니다. 자신의 책임을 남에게 전가하고, 남의 잘못은 과대 포장해 헐뜯는 것이 생존 무기가 되어버린 시대에 살고 있습니다. 참으로 암울한 세상입니다. 명백한 잘못을 저질렀음에도 책임을 회피하려는 사람은 맹자의 오십보백보 이야기에 귀 기울여야 합니다. 오십 보 뇌물을 먹었든 백 보 뇌물을 먹었든 결국 마찬가지이기 때문입니다.

　나는 지금 몇 보 뒤에 도망가서 서 있을까요?

五	十	步	百	步
다섯 오	열 십	걸음 보	일백 백	걸음 보

서시 따라 하다 추녀가 된 동시

동 시 효 빈
東施效嚬

《장자》

　중국의 4대 미인 중에 서시西施라는 여인이 있습니다. 중국 절강성浙江省 어느 시골 나무꾼의 딸이었던 그녀는 월나라 왕 구천句踐에게 발탁되어 훈련을 받았습니다. 서시는 훗날 오나라 왕 부차夫差에게 미인계를 사용하여 결국 오나라를 망하게 만든 여인으로 유명합니다. 서시와 관련된 고사로 잘 알려진 동시효빈東施效嚬은 주관 없이 다른 사람의 모습을 따라 하다가는 결국 자신의 장점을 모두 잃고 만다는 교훈을 담은 이야기입니다.

　서시는 마을 서쪽에 사는 시施 씨 성의 여인이라 서시라고 불렸습니다. 그 마을 동쪽 언덕에도 시施라는 성을 가진 추녀가 살았는데, 동쪽에 사는 시씨라 해서 동시東施라고 불렸지요. 서시와 동시는 한 마을에 사는 대표 미인과 대표 추녀였습니다. 동시는 추녀였기 때문에 예쁜 여인들이 입은 옷을 사 입고 그들의 행동과 자태를 흉내 내서 자신의 모습을 감추려고 했습니다. 자연히 서시는 동경의 대상이었고, 동시는 서시처럼 되기 위해서 늘 서시의 모든 행동을 관찰하고 따라 했습니다. 어느 날 선천적인 가슴 통증을 앓던 서시가 길을 가다기 갑자기 통증을 느껴 두 손으로 가슴을 움켜쥐고 이맛살을 찌푸렸습니다. 이를 본 동시는 그것이 서시가 남들에게 미인으로 인정받는 행동이라고 여겨, 자신의 동네로 돌아와서 자기도 가슴을 쥐어

뜯고 이맛살을 찌푸리며 돌아다녔습니다. 그렇지 않아도 못생긴 동시가 얼굴까지 찡그린 채 다니는 모습을 본 동네 사람들은 모두 고개를 절레절레 저으며 가까이하기를 더욱 꺼렸습니다. 본받을 효效에 찡그릴 빈嚬, 효빈效嚬은 그러니까 타인의 어떤 행동에 숨겨진 이유를 제대로 파악하지 못한 채 무작정 따라 하는 맹목적인 행동을 나무랄 때 사용하는 말입니다.

동 시 효 빈
東施效嚬

동시가 서시의 찡그린 얼굴을 따라 하다가 더욱 추녀가 되었다.

요즈음 동시 같은 사람이 너무 많습니다. 자신의 주관이나 속도를 잃고 떼를 지어 떠도는 사회 속에서 자신만의 개성이 드러나는 취향이나 철학을 가진 사람은 아름답습니다. 남들이 어떻게 살든 자기 자신을 소중하게 여기는 사람이 되어야 합니다.

나의 있는 그대로를 사랑하고 싶습니다.

東	施	效	嚬
동녘 동	성 시	본받을 효	찡그릴 빈

똑똑한 토끼는 세 개의 굴을 가지고 있다

교 토 삼 굴
狡兎三窟
《사기》

　언제 닥칠지 모를 위기에 대한 준비는 예나 지금이나 인생에서 중요한 일입니다. 현명한 사람이든 어리석은 사람이든 그 어떤 사람도 인생의 위기를 피하기란 쉽지 않기 때문이지요. 다가올 위기를 예측하고 그에 대한 준비를 철저히 한다면 어떤 어려움 앞에서도 무너지지 않을 수 있습니다. 이런 상황에서 자주 사용하는 말이 '똑똑한 토끼는 위기에 대비해 세 개의 굴을 파고 산다'는 의미의 교토삼굴狡兎三窟이라는 사자성어입니다. 여기서 교狡는 날래고 똑똑하다는 뜻이고, 굴窟은 위기를 피할 수 있는 은신처인 동굴을 의미합니다. 교토狡兎, 날래고 똑똑한 토끼는 삼굴三窟, 세 개의 은신처를 가지고 산다는 뜻이지요.

　춘추전국시대 제齊나라 맹상군孟嘗君의 식객食客이었던 풍환馮驩은 자신이 모시는 주군을 위해 세 개의 은신처를 확보했습니다. 그리하여 어려운 일을 당할 때마다 위기를 넘기고 피신할 수 있었지요. 다가올 위기에 대비하여 피할 수 있는 구멍 세 개는 항상 가지고 살아야 한다는 의미의 교토삼굴이라는 사자성어는 바로 이 이야기에서 만들어졌습니다.

　위기가 닥치면 언제든지 숨을 수 있는 세 개의 굴을 가지고 살기란 쉬운 일이 아닙니다. 부동산, 주식, 현금, 현재의 지위 등은 위기 상황에 안전한 은신처가 될 수 없습니다. 언젠가 모두 잃을 수 있기 때문입니다.

　가장 믿을 수 있는 인생의 은신처는 가정이 아닌가 싶습니다. 힘들 때 언제든지 나를 받아줄 가정이야말로 가장 믿을 만한 구석입니다. 그러니 평소에 가족에게 잘해야 합니다. 가족에게 건네는 따뜻한 말 한 마디가 미래에 대한 가장 확실한 준비요, 대비일 겁니다. 이해관계로 맺어진 인간관계는 이해가 엇갈리면 얼마든지 멀어질 수 있습니다. 그토록 가깝던 사람도 이해가 맞지 않으면 가차 없이 발길을 돌리는 것이 요즘의 세태입니다.

교 토 삼 굴
狡兎三窟

날랜 토끼는 위기에 피할 수 있는 굴을 세 개 가지고 산다.

　세상일에 실패하고 모든 사람에게 버림받더라도 가정은 나를 끝까지 기다려줄 최후의 안식처입니다. 평소에 가정에 최선을 다하지 않는다면 위기가 닥쳤을 때 후회하게 될 것입니다.

　나는 위기에 대비하여 몇 개의 굴을 파놓고 있습니까?

狡	兎	三	窟
날랠 교	토끼 토	석 삼	구멍 굴

모자 담당 관리의 월권

월 관 지 화
越官之禍
《한비자》

조직의 시스템을 어기고 자신의 임무를 넘어 남의 업무까지 기웃거리다가 결국 조직의 원칙이 무너져 생존에 실패한 예는 많습니다. 《한비자》에서는 이런 재앙을 월관지화越官之禍라고 했습니다. 자신의 업무를 벗어난 조직의 재앙이라는 뜻입니다.

춘추전국시대 한韓나라에 소후昭侯라는 왕이 있었습니다. 어느 날왕의 모자를 담당하는 관리인 전관典冠이 술에 취하여 옷도 제대로갖추지 못한 채 잠든 왕을 보게 되었습니다. 전관은 추위에 왕의 몸이 상할까 걱정되어 옷을 찾아 덮어주었습니다. 다음 날 술에서 깨어 일어난 왕은 자신이 분명히 만취해서 옷도 입지 않고 잠들었는데옷이 덮여 있음을 기쁘게 생각하여 좌우 신하들에게 누가 이 옷을덮어주었냐고 물었습니다. 이에 신하들은 모자 전관이 왕께서 추울까 염려하여 덮어드렸다고 보고했습니다. 이 말을 들은 왕은 잠시생각하더니 모자 담당 관리인 전관과 옷 담당 관리인 전의典衣를 모두 불러오라고 했습니다. 전의는 자신의 책무를 저버렸다고 두려움에 떨었고 전관은 자신이 한 일에 대하여 기쁜 마음으로 왕에게 나아갔습니다. 그러나 뜻밖에도 왕은 전의와 전관을 모두 벌주라고 명령했습니다. 모두 의아해했는데 임금의 논리는 이러했습니다. 전의는 왕의 옷을 맡아 담당하는 관리로서 자신의 임무를 소홀히 했기

때문에 당연히 벌을 준 것이고, 전관은 자신의 임무를 벗어나 월권
했기 때문에 벌을 준 것이었지요. 왕은 신하들이 각자 담당한 고유
임무를 저버리고 다른 일에 간섭함으로써 생기는 폐해가 자신이 추
위에 감기 드는 것보다 더 크다고 생각했던 것입니다.

월 관 지 해 심 어 한
越官之害甚於寒

월관의 피해가 추위보다 더 심하다.

　법과 시스템을 숭상한 한비자는 이 이야기를 마치며 이렇게 덧붙
입니다. "현명한 지도자라면 신하들을 다스릴 때 신하가 자신의 고
유 임무를 벗어나 다른 사람의 임무로 공을 세우게 하지 않는다. 만
약 자신의 임무를 벗어나서 월관越官하면 벌을 주어야 한다."

　남의 일에 기웃거리지 맙시다.

越　官　之　禍
넘을 월　업무 관　갈 지　재앙 화

못된 구습을 혁파하라!

혁 구 습
革舊習
《격몽요결》

못된 습관은 개인의 발전을 막는 가장 큰 걸림돌입니다. 게으름, 나태함, 열정 없음, 부정적인 사고방식을 비롯해 건강을 해치는 흡연과 음주 등 못된 습관은 너무나 많습니다. 율곡栗谷 이이李珥 선생이 지은《격몽요결》에는 어제의 나를 부수고 내일의 새로운 나를 만드는 자기혁명에 대한 이야기가 실려 있습니다. 율곡은 구습舊習이야말로 나의 목표를 성취하는 데 가장 장애가 되는 것이라고 지적합니다.

《격몽요결》에서 말하는 구습의 항목은 다음과 같습니다. 첫째, 오로지 쉬고 놀 생각만 하고 원칙과 규칙에 구속당하기 싫어하는 못된 습관. 둘째, 항상 밖에 나갈 생각만 하고 조용히 일에 집중하지 못해 분주하게 드나들고 수다 떠는 것으로 하루를 보내는 습관. 셋째, 자기와 생각이 같은 사람만 좋아하고 다른 생각을 가진 사람은 미워하는 습관. 넷째, 쓸모없는 문서 만들기에만 매달리고, 춤추고 마시는 데만 생각이 쏠려 있고, 풍류를 즐기며 세상을 산다고 하여 청아한 일탈을 즐기는 습관. 다섯째, 한가한 사람 불러모으기 좋아하고, 바둑과 장기에 빠져 헤어나지 못하고, 종일 맛있는 것만 찾아다니며 배불리 먹다가 오로지 돈만 가지고 너 잘났네, 나 잘났네 경쟁하는 습관. 여섯째, 남이 부유해지고 승진하는 것만 부러워하며 자신의 처지를 늘 비관하고 자기가 입는 것, 먹는 것이 남만 못하다고 심히 부끄러워하며 한탄만 하는 습관. 율곡은 이런 못된 구습을 혁파하고 잘라버려야 새로운 나를 만들 수 있다고 말합니다.

혁 구 습 , 일 도 결 단 근 주
革舊習, 一刀決斷根株

구습을 혁파하라! 한칼에 나의 못된 뿌리를 끊어라!

율곡은 인생을 방해하는 이런 구습을 혁파해야 한다면서 다음과 같은 말을 덧붙입니다. '일도결단근주一刀決斷根株라! 한칼에 결단하여 뿌리까지 뽑아야 한다!' 못된 구습을 내일부터 없앤다고 생각해서는 어떤 구습도 바꿀 수 없습니다.

나의 못된 습관을 바꿀 수 있는 가장 빠른 시기는 지금입니다.

革　　舊　　習
바꿀 혁　옛 구　습관 습

4장

역경이 경쟁력이다

궁하면 통하리라!

궁 즉 통
窮則通
〈주역〉

일이 잘 안 되고 도저히 답이 없다고 생각될 때 궁즉통窮則通을 외쳐보십시오. 《주역》에 나오는 말로, '궁하면 통한다'는 뜻입니다. 세상에 답이 없는 경우는 없습니다. 문제는 답이 없다고 포기하는 것이지요. 《주역》에서는 이런 상황의 변화를 궁窮, 변變, 통通, 구久 네 단계로 설명합니다. "도저히 막히고 답이 없어 궁하면窮 변하게 되고變, 변하면 답을 찾아 통하며通, 통하면 오래간다久. 그러나 오래가면 결국 궁하게窮 된다." 《주역》의 변화 철학을 가장 잘 나타내고 있는 궁즉통의 논리입니다.

이 논리는 기본적으로 네 단계로 되어 있습니다. 첫째, 궁窮은 막바지에 다다른 상태로 일명 궁지에 몰린 상황입니다. 더는 답이 없다고 생각하는 단계지요. 둘째, 변變은 변화입니다. 궁한 상태가 끝나고 새로운 국면으로 전환되어 답을 찾는 단계입니다. 사람들은 궁지에 몰리면 새로운 답을 찾게 됩니다. 그래서 오히려 위기가 기회가 되기도 하지요. 셋째는 통通으로, 새로운 국면으로 전환되어 안정 단계로 접어드는 것입니다. 문제가 해결되어 새로운 해답을 완전히 찾게 된 것이지요. 넷째는 구久로, 평화가 지속되는 단계입니다. 사람들은 이 단계에서 지나간 변화와 극한 상황을 모두 잊어버리고 나태에 빠지며 안락을 꾀하게 됩니다. 과거에 언제 위기가 있었나 싶고 그 평화가 계속될 것이라는 착각에 빠지게 되지요. 그래서 어떤 것이든지 오래되면 결국 다시 위기에 몰려 궁하게 됩니다.

궁 즉 변, 변 즉 통, 통 즉 구
窮則變, 變則通, 通則久

궁하면 변하게 된다. 변하면 통하게 된다. 통하면 오래간다.

《주역》의 세계관에 의하면 세상에는 영원한 평화도, 영원한 위기도 없어 보입니다. '세상은 가서 돌아오지 않음이 없나니無往不復(무왕불복), 한 번은 닫혔다 한 번은 열리는 것을 변變이라 하고一闔一闢謂之變(일합일벽위지변), 가고 오는 것이 끝이 없는 것을 통通이라고 한다往來不窮謂之通(왕래불궁위지통)!'《주역》의 세계관이자 역사관입니다. 어떤 고난이 있어도 주저앉지 않고 노력한다면 그 궁함이 반드시 통할 것이라는 궁즉통의 철학으로 이 난세를 현명하게 헤쳐나갈 수 있을 것입니다.

<u>역경은 하늘이 인간에게 주는 축복일 수도 있습니다.</u>

窮　　　則　　　通
궁할 궁　　곧 즉　　통할 통

아프더라도 내 살을 도려내라!

고 육 계
苦肉計
《삼십육계》

세상을 살다 보면 아파도 나의 가장 소중한 부분을 잘라내야 할 때가 있습니다. 어느 등산가가 바위에 낀 자신의 팔목을 자르고 생존에 성공한 것이나 자연계의 도마뱀이 자신의 꼬리를 포기하고 살아남는 것도 당장은 아프고 힘들지만 어찌 됐든 살기 위해 선택하는 계책입니다. 이것을 병법에서는 '고육계苦肉計'라고 합니다. 고苦는 고통스럽다는 뜻이고 육肉은 육신을 의미합니다. 고육苦肉, 비록 아프지만 생존을 위해선 내 육신을 잘라내는 고통을 감내해야 한다는 것입니다.

세상에 자기 몸의 어느 한 곳에라도 일부러 상처를 내려고 하는 사람이 있겠습니까? 그러나 생존을 위협하는 절체절명의 순간에 고통을 감내하고 어느 하나를 포기하는 결단은 비장함을 넘어서 생존에 대한 절박감까지도 엿볼 수 있습니다. 때로는 고통이 기쁨이 될 수도 있다고 하지요. 고통이 심해 극에 다다르면 또 다른 기쁨이 찾아오듯이, 역설적으로 내가 아끼는 것을 버리고 포기하였을 때 새로운 살이 돋아날 수 있습니다. 그래서 조직이든 개인이든 어느 순간에는 과감히게 고통을 감수하고 결단을 내릴 필요가 있는 것입니다.

세상에는 버려야 할 것과 버려서는 안 되는 것이 있습니다. 버려서는 안 되는 것은 생존에 대한 열정과 희망입니다. 버려야 할 것은 목표를 달성하는 데 방해가 되는 못된 습관과 안일함입니다. 나는 할 수 없다는 부정적 생각은 싹부터 잘라버려야 합니다. 《격몽요결》에서 율곡은 구습을 혁파해야 한다革舊習고 강조하면서 못된 습관의 뿌리를 한칼에 베어내야 한다고 말합니다. 당장은 힘들겠지만 못된 습관을 도려내는 순간 새로운 인생과 희망을 만날 수 있습니다.

고 육 계
苦肉計

고통스럽지만 내 살을 도려내서 생존을 도모하라!

한 치 앞도 볼 수 없는 이 세상, 무한한 변화 속에서 살아남기 위해서는 고육계가 필요합니다. '지금 당장은 고통스럽고 아프더라도 과감하게 잘라내라!' 고육계, 생존을 위한 또 다른 선택입니다.

아픔은 잠시지만 기쁨은 영원합니다.

苦	肉	計
쓸 고	살 육	계책 계

남의 시신을 빌려 다시 살아나라!

차 시 환 혼
借屍還魂
《삼십육계》

걸으로는 보잘것없는 모습이라도 그 정신과 영혼이 아름다우면 그것이 진정한 아름다움입니다. '차시환혼借屍還魂'은 이런 의미로 자주 사용되는 전략입니다. 차시환혼의 병법은 내 육신이 없어지고 영혼魂만 남았을 때 다른 사람의 시체屍라도 빌려서借 환생還한다는 뜻으로, 다른 사람의 육신을 빌려 환생했다는 어느 도사의 고사에서 유래했습니다.

옛날 이현李玄이라는 도사가 있었는데 워낙 도력이 높아 누구나 그를 보면 신선 같은 풍모를 느낄 정도로 우아한 육신을 가지고 있었습니다. 그는 인간계와 선계를 자유자재로 넘나들었는데, 어느 날 잠시 육체를 떠난 영혼이 신선이 있는 하늘로 올라갔다가 7일 만에 돌아와 보니 자신의 아름다웠던 육신이 다른 사람들 손에 불태워 없어진 후였습니다. 자신의 우아한 육신을 잃어버리고 고민하던 그 도사의 혼은 마침 길거리에 죽어 있는 거지의 시신을 발견하고 그 몸속으로 들어가 인간으로 다시 환생했다고 합니다.

새로운 현실을 거부하고 지나간 시절만 생각하는 사람은 영원한 생명을 얻을 수 없습니다. 비록 별 볼 일 없는 육신이라도 그 안에 내 정신이 깃든다면 그 몸은 더는 천한 육신이 아닙니다. 세상에 고정된 모습이란 없습니다. 다가온 변화를 유연하게 받아들여 내 모습을 바꿀 줄 아는 사람만이 인생을 계속 살아갈 수 있습니다. 중요한 것은 어떤 육체를 가졌느냐가 아니라 어떤 정신을 가지고 있는가 하는 것입니다.

차 시 환 혼
借屍還魂

남의 시신을 빌려 내 영혼을 살려라!

경제 현실이 만만치 않다고들 합니다. 실직하거나 몸담고 있는 조직이 와해될 때 툴툴 털고 다른 조직, 다른 직책을 찾아 새롭게 자신의 영혼을 되살릴 수 있다면 차시환혼의 전략을 정확히 이해하고 있는 것입니다. '차시환혼! 어떤 몸을 빌려서라도 내 영혼을 살려라!' 힘든 현실에 더욱 가슴에 와닿는 병법입니다.

어디에 있든 나 아닌 것이 없습니다.

借	屍	還	魂
빌릴 차	주검 시	돌아올 환	넋 혼

위기를 보면 목숨을 걸고 행동하라!

견 위 수 명
見危授命
《논어》

위기는 소리 없이 찾아옵니다. 예측하지 못한 위기를 맞이하여 많은 조직이 무너지거나 상처를 입게 됩니다. 중요한 점은 위기가 아예 오지 않는 것이 아니라 그 위기에 얼마나 적극적으로 대처하느냐 하는 것입니다. 목숨을 걸고 긍정의 힘으로 대처하면 어떤 위기도 더는 커지지 않습니다. '견위수명見危授命, 위기를 만났다면 목숨을 던져라!' 《논어》에 나오는 구절입니다. '눈앞에서 내가 속한 조직이 위기에 처한다면 목숨을 걸고 뛰어들어 구하라! 그것이 나에게 이익이 될 것인가를 고민하지 말고 오로지 의義를 우선하라'는 공자의 좌우명입니다.

조선왕조가 관리들이 무능하고 조정이 부패했는데도 500년이나 지속되었던 이유는 바로 '의'의 실천 철학 때문이었습니다. 세상의 모든 사람이 다 썩어도 사회적 의를 위해 자신을 버릴 수 있는 용기 있는 선비들이 있었기에 조선이 유지되었던 것이지요. 공직자들이 불의不義의 뇌물을 받고 양심을 팔고, 일부 기업인들이 의롭지 못한 방법으로 부를 축적하는 사회에서 의를 우선하여 위기에 목숨을 거는 윤리가 더욱 절실히 필요합니다. 가족과 동료, 회사와 사회, 나와 연관된 모든 관계에서 의를 기준으로 소통해왔는가 생각해봅니다. 오직 이利를 따라 이합집산離合集散을 거듭하는 현대사회에서 의를 버리지 않고 위기에 대처하기란 그리 쉬운 일이 아닙니다.

맹자는 호연지기浩然之氣로 인간의 의로운 삶의 태도를 정의합니다. '지극히 크고 지극히 강대하다. 여기서 기는 의와 짝하는 것이다. 이것이 없으면 인간은 정신적 굶주림에 빠질 것이다'라는 뜻입니다. 좋은 집과 맛있는 음식만으로는 해결할 수 없는 정신적 뇌사 상태가 있습니다. 의 없이 하루하루를 살아간다면 이런 정신적 굶주림에 빠질 것이라는 이야기입니다.

견 위 수 명
見危授命

위기를 만났으면 목숨을 다하여 그 위기를 극복하라!

어려운 시절입니다. 그럴수록 정신적인 풍요로움이 필요합니다. 위기가 없는 시절이 있었겠습니까? 중요한 것은 그 위기에 주눅 들지 않고 의를 우선하여 극복해내는 것입니다.

위기와 역경 앞에 긍정은 놀라운 힘을 발휘합니다.

見　危　授　命
불 견　위기 위　바칠 수　목숨 명

군자는 물러나고 소인만 득실하다!

천 지 비
天地否
(주역)

어떤 조직이든 소통疏通이 중요합니다. 가정에서 부모와 자식이 서로 소통하면 화목한 가정을 이룰 수 있고, 온 국민이 소통하는 국가는 부국이 될 수 있습니다. 그러나 요즘은 소통의 부재 시대라고 이야기합니다. 정부와 국민, 도시와 농촌, 경영자와 근로자 모두 소통이 막혀 있다는 것이지요. 소통과 관련하여 가장 적극적인 해석을 하고 있는 동양 고전은 《주역》입니다. 《주역》은 소통의 고전이라고 할 수 있습니다. 《주역》의 64괘를 보면, 얼마나 통通하고 있느냐에 따라 조직의 흥망이 교차한다고 설명합니다.

《주역》에서 최악의 소통을 나타내는 괘를 꼽으라면 12번째 비否괘입니다. 천지비天地否괘☰☷는 겉으로 보기에는 정상적으로 보입니다. 하늘☰이 위에 있고 땅☷이 아래 있으니 당연히 안정적으로 보이지요. 그러나 하늘은 하늘 높은 줄 모르고 위로 향하여 자신만 옳다 하며 군림하려 하고, 땅은 자신이 잘났다고 아래로 향해 등을 돌리고 있으니, 상하가 서로 교류하지 못하고 있는 형상입니다. 서로 등을 지고 해볼 테면 해보라고 하는 모습은 갈등과 반목을 의미합니다. 이런 상황이 되면 조직은 폐색閉塞되고 소통은 단절됩니다. 주역의 비否괘에 대한 설명은 이렇습니다. "비괘는 가장 비인간적인 형상이다. 하늘과 땅이 서로 교류하지 못하니 만물이 불통이다. 상하의 교류가 안 되고 있으니 하늘 아래 제대로 나라가 존재하지 못한다. 소인들만 중앙에 득실거리고 훌륭한 군자들은 밖에 머물러 있다. 소인들의 도는 날로 자라고 군자들의 도는 날로 소멸되어간다."

천 지 비 , 천 지 불 교 이 만 물 , 불 통 야
天地否, 天地不交而萬物, 不通也

하늘과 땅이 막혀 있구나!
하늘과 땅이 서로 소통하지 못하니, 만물이 불통이로다!

고대 제왕들의 가장 중요한 리더십은 바로 소통이었습니다. 소통은 명령해서 되는 것도 아니고 강요한다고 되지도 않습니다. 오로지 낮은 곳으로 임하는 지도자의 자세에서 하늘처럼 믿고 따르는 백성들의 자발적인 소통이 나온다는 것입니다. 그러나 한 가지 다행스러운 것은《주역》의 원리가 변變에 있다는 것입니다. 상황은 늘 변한다는 것인데요, 당장은 막혀 있지만 결국 소통이 될 거라는 이야기입니다.

불통은 결국에는 소통으로 변합니다.

天　　地　　否
하늘 천　　땅 지　　막힐 비

무에서 유를 창조하라!

무 중 생 유
無中生有
《삼십육계》

제갈공명은 적벽대전에서 2만 5천 명의 병력으로 조조의 80만 대군을 격파하였습니다. 무기도 병력도 군량미도 없었지만 뛰어난 전략과 전술로 승리를 거머쥐었지요. 특히 빈 배를 보내 적으로 하여금 화살 10만 개를 쏘게 하여 전장에서 화살을 만들어 쓴 전략은 탁월했습니다. 이렇게 무無에서 유有를 창조하는 전략을 무중생유無中生有라고 합니다.

"무에서無中 유有를 창조하라生! 원래부터 존재하는 것은 없다. 불가능할 것 같은 상황 속에도 반드시 길은 있다. 방법이 없다고 주저앉지 말고 신념을 가지고 방법을 찾으면 길이 보일 것이다!" 병법 《삼십육계》에 나오는 말입니다. 경기가 안 좋고 자본이 부족하다며 한탄만 한다고 해결 방법이 나타나는 것은 아닙니다. 도저히 방법이 없을 것 같은 상황 속에서 답을 찾아내는 것이 '무중생유'의 전술을 이해하는 사람의 행동 방식입니다.

이 화두의 철학적 토대는 노자의 《도덕경》입니다. '천하의 모든 존재는 유有에서 나오지만 그 유는 결국 무無에서 나오는 것이다.' 세상에 존재하는 모든 사물은 결국 '없음'에서 시작되었다는 것이지요. 무중생유의 계책은 세상의 사물은 모두 변화하고 발전한다는 전제에서 시작됩니다. 밤이 지나면 아침이 오고, 겨울이 가면 반드시 따뜻한 봄이 옵니다. 이 자연의 변화 속에서 유와 무의 상생을 본 것입니다. 내가 처한 환경과 조건이 아무리 나쁘더라도 그 속에서 반드시 새로운 성공의 싹을 찾을 수 있다는 것이 무중생유의 전술입니다. 제갈공명은 비록 군량미도 병력도 무기도 없었지만 굴하지 않고 승리의 유를 만들어냈습니다.

천 하 만 물 생 어 유 , 유 생 어 무
天下萬物生於有, 有生於無

천하의 모든 만물은 유에서 생겨난다.
그러나 그 유는 무에서 생겨난다.

살다 보면 얼마든지 위기에 빠질 수 있습니다. 중요한 것은 어떻게 그 위기에서 탈출하느냐 하는 것이지요. 모든 것을 다 잃었다고 생각될 때가 어쩌면 가장 많이 얻을 수 있는 기회일지 모릅니다. 진화는 오랜 시간에 걸쳐 진행되는 것이 아니라 절박하고 아무 대안이 없을 때 급박하게 이루어진다고 합니다. 모든 것을 가지고 편안할 때보다 어렵고 힘들 때 더 많은 대안을 찾아낼 수 있습니다.

무에서 유를 만들어내려면 긍정의 힘이 필요합니다.

無　中　生　有
없을 무　가운데 중　날 생　있을 유

좋은 옥은 하루아침에 만들어지지 않는다

절 차 탁 마
切磋琢磨
《시경》

로마가 하루아침에 이루어지지 않았듯이 좋은 옥도 하루아침에 만들어지지 않습니다. 옥의 원석을 갈고 다듬는 과정에서 최고의 옥을 만들어낼 수 있는 것이지요. 성공한 사람들은 목표를 세우고 그 목표를 달성하기 위해 무수한 노력을 합니다. 하루도 거르지 않고 꿈과 희망을 향하여 정진해야 비로소 성과를 올릴 수 있지요. 우리가 자주 쓰는 사자성어 중에 '절차탁마切磋琢磨'가 있습니다. 초등학교 교장선생님의 훈화 말씀에 자주 나왔던 절차탁마, 열심히 노력하고 목표를 향해서 쉬지 않고 달려가야 한다는 의미로 기억합니다. 이 사자성어의 의미를 정확히 알려면 고대 중국의 옥 가공 기술을 먼저 알아야 합니다.

옥의 원석을 구해서 원하는 모양으로 만드는 과정은 네 단계로 되어 있습니다. 첫 번째 단계는 옥을 원석에서 분리하기 위하여 옥의 모양대로 자르는 것입니다. 이 공정을 '자른다'는 뜻의 절切이라고 하지요. 두 번째 단계는 '썰다'는 뜻의 차磋로, 내가 원하는 모양으로 옥을 써는 과정입니다. 세 번째 단계는 '쫀다'는 뜻의 탁琢으로, 도구로 옥을 모양대로 쪼는 과정이지요. 네 번째 단계는 '간다'는 뜻의 마磨로, 완성된 옥을 갈고 닦는 과정입니다. 즉, 절차탁마는 자르고, 썰고, 쪼고, 갈아서 옥을 만드는 가공 과정을 말합니다.

좋은 옥은 하루아침에 만들어지지 않습니다. 모든 것에 절차가 있고 과정이 있습니다. 이 절차와 과정을 무시했다가는 엉터리 옥이 나오고 맙니다. 묵묵히 목표를 향하여 한 걸음씩 내디뎌야 최고가 완성될 수 있습니다.

절 차 탁 마
切磋琢磨

자르고 썰고 쪼고 갈라!

절차와 과정을 무시하고 오로지 결과만 좋으면 된다는 생각이 만연해 있습니다. 그러나 절차를 무시한 성과는 오래가지 못합니다. 정말 큰 성과는 절차와 과정이 얼마나 올바른가에 달려 있습니다. "세상의 모든 존재는 본말本末이 있다. 세상의 모든 일은 시종始終이 있다. 그러니 그 선후先後를 제대로 안다면 반드시 목표에 다가갈 수 있을 것이다." 《대학》에 나오는 말입니다. 절차탁마! 아름다운 인생을 만드는 방법 중 하나입니다.

인생을 절차탁마하고 있습니까?

切	磋	琢	磨
자를 절	썰 차	쫄 탁	갈 마

하늘의 운행은 쉬지 않는다

자 강 불 식
自强不息
(주역)

자연의 운행은 춘하추동 쉬지 않고 계속됩니다. 추운 겨울이 계속된다 싶으면 어느덧 대지는 봄의 물결로 가득 차고, 뜨거운 여름이 극에 달하면 어느덧 가을의 서늘함이 그 열기를 식혀줍니다.

"보라! 저 쉼 없이 돌아가는 자연의 운행을! 우리 인간은 자연의 순환을 본받아 한시도 쉬지 않고 배워야 한다!"《주역》에 나오는 '자강불식自强不息'의 의미입니다. 자강불식, 하늘은 스스로自 강强해지기 위해서 쉬지息 않고不 운행한다는 뜻입니다. 군자는 그 하늘의 위대한 역동성을 배워서 스스로 강해지는 것을 쉬지 않고 계속해야 합니다. 이것이 자연을 닮고 본받는 군자의 모습이지요.《주역》건괘의 이 문장은 동양 역사에서 힘들 때마다 스스로를 강하게 만들어야 한다는 화두로 자주 사용되었습니다. 특히 중국의 변혁기에 강해져야 한다는 외침 속에 빠지지 않고 나왔던 구호입니다.

《중용》에서는 지성무식至誠無息이라는 성실의 원리로 자강불식의 이야기를 대신합니다. '지극한 성실함은 쉬지 않는 것'이라는 뜻이지요. 가장 위대한 성실함은 무식無息, 쉼이 없다는 것입니다. '이 정도면 되겠지!' 하고 안주하는 것에서 벗어나 끊임없이 나를 변화시키고 강하게 단련해야 합니다. 호흡을 쉬지 않고 계속하기에 생명을 이어갈 수 있는 것처럼 어제와 다른 나를 만들고, 오늘과 다른 내일을 만드는 것이 자강불식하는 역동적 삶의 자세입니다. 처음에 잘하는 사람은 오래가지 못합니다. 묵묵히 쉬지 않고 가는 사람이 결승에 도달할 수 있습니다. 승리는 쉬지 않는 사람에게 자리를 마련해 주려고 늘 준비하고 있기 때문입니다.

천 행 건 , 군 자 이 자 강 불 식
天行健, 君子以自强不息

하늘은 씩씩하게 운행한다.
군자는 그 운행을 본받아 스스로를 강하게 하는 데 쉼이 없어야 한다.

오늘도 무식無息으로 바쁜 일과를 시작하는 분들은 정말 이 나라에 필요한 사람들입니다. 기업과 공장에 자강불식의 불이 밝혀져 있다면 우리 한국 경제의 미래는 밝을 것입니다. 강해져야 합니다. 거친 호흡을 멈추지 말고 쉼 없는 자강불식의 자세로 우리의 아름다운 미래를 만들어가야 합니다.

쉬지 않고 달리는 것이 경쟁력입니다.

自	强	不	息
스스로 자	강할 강	아니 불	쉴 식

금빛 매미는 허물을 벗어야 탄생한다

금 선 탈 각
金蟬脫殼
《삼십육계》

　매미는 성충으로 살아 있는 기간이 보통 일주일이고, 길면 한 달이라고 합니다. 그런데 매미가 되려면 적게는 6년, 많게는 17년 동안 애벌레로 지내야 한답니다. 한 달을 지상에서 보내기 위하여 애벌레로 몇 년이고 참고 기다릴 줄 아는 매미, 그런 매미가 성충이 되어 금빛 날개를 가진 화려한 모습으로 탈바꿈하는 것은 마치 인내하고 기다린 자가 화려하게 변신해 성공하는 모습 같습니다. 이렇게 애벌레의 모습을 버리고 금빛 매미로 변하는 것을 '금선탈각金蟬脫殼'이라고 합니다. 금선金蟬, 황금빛金 매미蟬는 탈각脫殼, 즉 자신의 껍질殼을 과감하게 벗어던짐脫으로써 만들어진다는 뜻입니다.

　자신의 지난 모습을 버림으로써 새로운 모습이 되는 매미의 생존비결은 새로운 상황을 긍정적으로 받아들이는 것입니다. 지난 모습에 집착하여 다가온 상황에 적응하지 못한 사람과 조직은 영원히 생존에 실패할 것이라는 사실은 자연이 우리에게 주는 충고입니다. '다가오는 상황을 거부하거나 역류하지 말라! 애벌레가 금빛 날개의 매미가 되려면 지나간 껍질에 미련을 두지 말고 훌훌 털어버릴 줄 알아야 한다!' 변하지 않는 나는 없다는 생각으로 매일 허물을 벗을 때 새로운 내가 존재할 수 있습니다. 영원히 자신의 껍질에 집착하지 말라는 '금선탈각'의 정신은 날마다 새로워져야 한다는 일신日新

우일신又日新의 생존 전략입니다.

금 선 탈 각
金蟬脫殼

금빛 매미는 자신의 껍질을 과감하게 벗어던짐으로써 탄생한다.

어제의 모습과 다른 오늘의 모습이 있어야 합니다. 오늘의 모습과 다른 내일의 모습을 만들어야 합니다. 언제나 새롭게 변화하고 있는 나야말로 가장 아름답습니다.

<u>껍질을 벗고 새로 태어난 나를 상상해봅니다.</u>

金	蟬	脫	殼
금빛 금	매미 선	벗을 탈	껍질 각

하루에 세 가지를 반성한다

오 일 삼 성
吾日三省
《논어》

일과를 끝낸 저녁, 잠자리에 들기 전 그날 하루를 돌아보며 반성하는 것은 의미 있는 일입니다. 무의식적으로 남에게 가슴 아픈 말을 하지는 않았는지, 오늘 아침 계획한 대로 열심히 하루를 살았는지 등 이것저것 일과를 반성하는 가운데 버릴 것과 얻은 것이 명확해지고 내일 어떻게 살아야겠다는 생각이 머릿속에 정리가 되곤 합니다.

공자의 제자 증자는 세 가지를 반성하며 하루를 마감했다고 합니다. 《논어》에 나오는 것으로, '세 가지를 반성하며 살라'는 삼성三省 정신입니다. 성省은 반성한다는 뜻으로, 반성反省은 새로운 각오를 하게 만들고, 오늘과 다른 내일을 맞이하게 합니다. 아무런 반성 없이 산다는 것은 더는 성장할 수 없다는 의미입니다. 나는 오늘 무엇을 반성하고 살았는지 고민해봅니다.

증자는 하루 세 가지의 반성을 이렇게 말합니다. "첫째, 다른 사람을 위해 최선을 다해 살았는지 반성한다." 부모와 자식에게, 나아가 주변 사람들에게 최선을 다하며 살고 있는지 반성하는 것입니다. "둘째, 친구와 이웃에게 신뢰를 얻으며 살았는지 반성한다." 상호 신뢰는 관계에서 무엇보다도 중요합니다. 내 주변 사람들과 신뢰를 제대로 유지하고 있는지 반성하는 것은 무엇보다도 중요합니다. "셋째, 오늘 배운 것을 내 몸이 익혔는지 반성한다." 오늘 하루 배운 것을 완전히 체득했는지 반성한다는 의미입니다. 습득習得은 곧 완성을 의미합니다.

위 인 모 이 불 충 호 , 여 붕 우 교 이 불 신 호 , 전 불 습 호
爲人謀而不忠乎, 與朋友交而不信乎, 傳不習乎

남을 위해 최선을 다했는가?

친구와 신뢰를 다했는가?

새로운 배움을 완전히 습득했는가?

인생이란 그리 만만한 것은 아닌 듯합니다. 만만하게 보았다가는 큰코다치기 때문에 최선忠을 다하는 것입니다. 사람들의 신뢰信를 잃으면 결국 모든 것을 잃게 되기에 믿음에 최선을 다하는 것입니다. 내 몸에 익히지習 않은 것은 내 것이 아니기에 반복해서 연습하는 것입니다. 하루 세 가지 자기반성, 삼성三省 정신! 늘 나 자신을 돌아보는 것은 새로운 나를 만들기 위해 중요한 일입니다.

나의 세 가지 반성 항목은 무엇입니까?

吾	日	三	省
나 오	날 일	석 삼	반성할 성

자두나무가 복숭아나무를 대신하여 희생하다

이 대 도 강
李代桃僵
《삼십육계》

자신을 희생하여 가족과 동료를 구하는 것은 어렵지만 의미 있는 일입니다. 그런데 주변 사람들이 어려운 일을 당할 때, 그냥 지나치지 않고 적극적으로 나서서 나를 희생하며 그들의 생존에 도움을 주는 것은 사람만이 하는 일은 아닌 듯합니다. 복숭아나무와 자두나무 이야기가 있습니다. 두 나무는 형제처럼 사이좋게 살았습니다. 어느날 벌레들이 몰려와 복숭아나무의 뿌리를 갉아먹기 시작하자 보다 못한 자두나무가 자신의 몸으로 벌레들을 유인하여 복숭아나무를 살리고 자신은 죽고 말았다는 이야기입니다.

자두나무李가 복숭아나무桃를 대신하여代 쓰러져 죽는다僵는 '이대도강'이라는 고사의 원전은 《악부시집》〈계명〉 편의 시구절입니다. "복숭아나무가 우물가에 자라났고桃生露井上(도생로정상), 자두나무는 그 옆에서 자라났네李樹生桃旁(이수생도방). 어느 날 벌레 한 마리 다가와 복숭아나무 뿌리를 갉아먹었네蟲來齧桃根(충래설도근). 옆에 있던 자두나무가 복숭아나무를 대신하여 자신의 몸을 주었네李樹代桃僵(이수대도강). 한낱 나무들도 몸을 바쳐 대신하는데樹木身相代(수목신상대), 인간 중의 형제들이 서로를 잊어서야 되겠는가兄弟還相忘(형제환상망)?"

이 시의 본뜻은 이 복숭아나무와 자두나무가 환난 속에 서로 돕는 것처럼 형제간에 우애가 있어야 한다는 것입니다. 나아가 주변의 어려움을 함께 느끼는 일체감이야말로 관계를 더욱 돈독하게 해주는 전략이라는 것이지요. 미래를 내다볼 줄 아는 사람은 자신을 희생할 줄 압니다. 가족과 이웃이 어려움에 빠졌을 때 과감하게 도움의 손길을 내주는 것은 서로 상생하기 위한 위대한 행동입니다.

이 수 대 도 강
李樹代桃僵

자두나무가 복숭아나무를 대신하여 쓰러지다.

자두나무가 복숭아나무를 대신하여 희생한다는 교훈이 정말 필요한 시대입니다. 주변을 잠깐만 돌아보십시오. 한 번만 손을 내밀어주면 일어설 수 있는 사람들이 많습니다. 가족과 친척, 친구, 동료, 그들과 서로 의지하며 사는 것은 정말로 행복한 일입니다.

돌아보면 내 손을 기다리는 사람이 적지 않습니다.

李　　代　　桃　　僵
자두나무 이　대신할 대　복숭아나무 도　쓰러질 강

쓰는 것이 경쟁력이다

무 지 이 위 용
無之以爲用
〈도덕경〉

돈을 많이 버는 것은 모든 인간이 원하는 바이지만 단순히 재산이
불어나고 은행 잔고가 많아진다고 해서 그 사람의 인생이 반드시 행
복하거나 윤택해지는 것은 아닙니다. 통장에 돈을 가지고 있는 것과
그 돈을 쓰는 것은 전혀 다른 문제이기 때문입니다. 돈을 단순히 가
지고 있는 것은 소유일 뿐 어떤 실제적 가치를 창출해내지 못합니
다. 은행원이 1천억 원을 만지고 있다 한들, 그 돈의 용도나 가치가
생기는 것은 아닙니다. 중요한 것은 돈이 사용되며 없어지는 과정에
서 비로소 가치가 창출된다는 것입니다. 다시 말해, 돈은 사용할 때
의미가 있습니다.

《도덕경》에서는 '소유하는 것'과 '사용하는 것'을 분리하여 설명
합니다. "소유하는 것을 이利라고 한다. 그 소유를 없애는 것이 진정
한 쓰임用이 된다." 상당히 날카로운 통찰력입니다. 소유한다는 것
은 단순한 이익利益일 뿐이며, 그 소유를 포기하는 과정에서 용用이
라는 용도가 생긴다는 것입니다. '이利'와 '용用'은 '채움'과 '비움'이
며 '소유'와 '파괴'입니다. 쓰려면 우선 채워야 합니다. 채우지 않고
는 어떤 쓰임도 이루어질 수 없습니다. 그래서 우리가 그렇게 열심
히 돈을 버는 것입니다. 그러나 단순히 소유하는 것만으로는 쓰임이
생길 수 없습니다. 번 돈의 가치가 만들어지려면 소유를 포기해야

합니다. 소유를 포기하고 사용할 때 진정한 돈의 가치가 생기는 것입니다.

　노자는 무無를 통해 새로운 유용함有을 만들어낼 수 있다는 생각을 다양한 사물로 비유하여 설명했습니다. 그릇器의 용도用는 속이 비었기無 때문에 생기는 것이고, 집室의 용도用는 건물 안이 비었기無 때문에 생기는 것이고, 바퀴車의 용도用는 축이 비어서無 바퀴살이 그 공간으로 들어가 수레가 굴러가기 때문에 생기는 것이라고 지적합니다. 만약 비움이 없다면 어떤 용도도 생기지 않는다고 명쾌하게 설명합니다. 돈을 잘 버는 것도 중요하지만 단순한 소유를 버림으로써 진정한 가치를 만드는 것도 중요합니다.

유 지 이 위 리,　무 지 이 위 용
有之以爲利, 無之以爲用

있다는 것은 이익이 되고,
없다는 것이 진정 쓸모가 있는 것이다.

　채우는 데 급급한 시대입니다. 잘 채우는 것도 중요하지만 그 채움을 비우는 가운데 쓰임이 나올 수 있다는 노자의 역설을 다시 한번 생각해봅니다.

　잘 비우는 사람이 잘 채울 수 있습니다.

無	之	以	爲	用
없을 무	갈 지	써 이	할 위	쓸 용

홀로 우뚝 서서 두려움이 없으리라!

독 립 불 구
獨立不懼
〈주역〉

세상을 살다 보면 인생의 기둥이 흔들리고 대들보가 휘청거리는 위기 상황을 맞기도 합니다. 그것이 개인의 위기든 가정의 위기든, 이런 급박한 상황을 만나면 마음이 흔들리기 시작합니다. 결국 기둥이 흔들려 집이 무너지기도 전에 마음이 먼저 무너져 그 위기가 현실로 닥칩니다. 이런 위기가 다가올 때 마음을 굳게 먹고 흔들리지 말아야 합니다.

어떤 위기에서도 무너지지 않는 정신을 《주역》에서는 '독립불구獨立不懼'라고 정의합니다. '홀로獨 우뚝 서라立! 어떠한 두려움懼도 갖지 말라不!' 어떤 위험에도 흔들리지 않고 당당히 맞선다는 '독립불구'의 정신입니다. 주역 64괘 가운데 28번째인 대과大過괘☰는 큰 위기가 지나가는 모습을 가지고 있습니다. "동요棟橈, 기둥棟이 흔들리고橈 있다. 그러나 이유유왕利有攸往, 두려워하지 말고 갈 길을 가다往 보면 이로움利이 있으리라有! 형亨, 끝내는 형통하리라!"《주역》대과괘의 경문입니다. 기둥이 흔들리더라도 두려움 없이 가던 길을 가다 보면 끝내 성공과 이익을 얻을 것이라는, 가슴에 새겨둘 만한 이야기입니다.

《주역》에서는 위기야말로 가장 큰 기회가 될 수 있다면서 이렇게 말합니다. "대과지시大過之時, 큰 위기가 지나가는 그때야말로 대의 재大矣哉, 가장 크고 중요한 시간이다. 쇠가 나무를 찍는 큰 어려움이 닥치더라도 군자는 독립불구獨立不懼, 홀로 우뚝 서서 두려움 없이 맞이해야 한다. 둔세무민遯世无悶, 세상을 등지고 홀로 되더라도 슬퍼하지 말아야 한다!" 정말 가슴 벅찬 경문입니다. "어떤 위기에도 두려움과 고민 없이 당당하게 맞이하라! 위기가 바로 기회다! 세상에 나를 도와줄 사람도 알아줄 사람도 없다고 하더라도 절대로 좌절하거나 주저앉지 말라! 반드시 더 큰 기회를 얻을 것이다! 군자는 독립불구, 홀로 우뚝 서서 어떤 위기에도 두려워하지 않는 사람이다!" 세상을 보는 참된《주역》의 정신입니다.

독 립 불 구 , 이 유 유 왕
獨立不懼, 利有攸往

홀로 서서 두려워하지 말라!
가던 길을 계속 가는 것이 이롭다!

위기에 주저앉지만 않는다면 그 위기가 인생에 가장 큰 기회가 될 수 있습니다.

나의 역경지수는 얼마입니까?

獨　　立　　不　　懼
홀로 독　　설 립　　아니 불　　두려워할 구

남의 잘못을 꾸짖는 마음

책 인 지 심
責人之心
《명심보감》

아무리 어리석은 사람이라도 남의 잘못을 찾는 눈은 정확하다고 합니다. 자신의 잘못이나 결점에는 늘 관대하고 남의 잘못은 정확하게 짚어낸다는 것이지요. 바둑에서도 바둑을 두는 당국자보다 옆에서 지켜보는 방관자의 수數가 더 정확하다고 합니다. 그러고 보면 인간은 자신을 보는 눈보다 남을 보는 눈이 더욱 발달되어 있는 것 같습니다. 《명심보감》에서는 남을 꾸짖는 엄격한 마음을 '책인지심責人之心'이라고 합니다. 반대로 자신의 잘못에 대해 관대하게 용서하는 마음을 '서기지심恕己之心'이라고 합니다. 사람들은 남의 잘못을 찾아내고 단죄하는 일에는 매우 엄격하나 자신의 잘못을 용서하는 일에는 관대하지요.

《명심보감》은 나를 용서하는 관대한 마음으로 남의 잘못을 용서하고, 남을 꾸짖는 엄격한 마음으로 나를 꾸짖으라고 합니다. "인수지우人雖至愚, 비록 어리석은 사람이라도 책인즉명責人則明, 남을 꾸짖는 마음은 명확하다. 수유총명雖有聰明, 비록 총명한 사람이라도 서기즉혼恕己則昏, 자신을 용서하는 데는 어둡고 혼미하다! 책인지심책기責人之心責己, 남을 꾸짖는 그 명확한 마음으로 나를 꾸짖으라! 서기지심서인恕己之心恕人, 나를 용서하는 그 관대한 마음으로 남을 용서하라! 그러면 성인의 경지에 이르게 됨이 명확할 것이다."

남의 잘못을 용서하는 데 너그럽고, 나의 잘못을 따질 때는 엄격하라는 것입니다.

책 인 지 심 책 기 , 서 기 지 심 서 인
責人之心責己, 恕己之心恕人

남을 꾸짖는 마음으로 나를 꾸짖으라!
나를 용서하는 마음으로 남을 용서하라!

　　내가 하면 괜찮고 남이 하면 안 된다는 생각을 버리고, 나에게 관대한 마음으로 남을 용서하고, 남을 꾸짖는 명확한 마음으로 나를 돌아보는 자세가 필요한 때입니다. 책인지심의 엄격함과 서기지심의 관대함이 서로 자리를 바꾸어 발휘될 때 세상은 더욱 아름다워질 것입니다.

남에게 너그럽고 나에게 엄격한 사람이 군자입니다.

責	人	之	心
꾸짖을 책	사람 인	갈 지	마음 심

말은 어눌하고 행동은 민첩하라!

눌 언 민 행
訥言敏行
《논어》

예로부터 군자는 말보다 실천이 앞서는 사람이라고 했습니다. 백 마디 말보다 한 번의 실천이 더욱 의미 있다는 것이지요. "군자는 자신의 말이 행동보다 넘어서는 것을 경계한다."《논어》에 나오는 이야기로, 군자는 말보다 실천이 앞서야 한다는 '눌언민행訥言敏行'입니다. '눌언訥言, 말은 좀 더듬어도 괜찮다. 민행敏行, 행동은 민첩해야 한다'는 뜻입니다. 정확한 구절은 이렇습니다. "군자욕눌어언이 민어행君子欲訥於言而敏於行.' '군자君子는 말言은 어눌하게訥 하고 행동行은 민첩하게敏 하는 사람'이라는 뜻입니다. 옛날 사람들은 눌언을 군자의 중요한 덕목으로 여겼습니다. 언변이 뛰어나지 못한 것이 전혀 부끄러운 일이 아니었던 것이지요. 오히려 말이 유창하지 못하고 더듬는 것이 군자답다고까지 생각했습니다.

《논어》는 말보다 실천을 강조하면서 이렇게 말합니다. "군자선행기언君子先行其言이라! 군자는 말보다 실천이 앞서는 자이다!" 제자 자공이 군자에 대해 물었을 때 공자의 대답이었습니다. 또한《논어》에서는 가장 부끄러워해야 할 것을 말이 행동보다 앞서는 것이라고 했습니다. "군자치기언이과기행君子恥其言而過其行이라! 군자는 자신의 말言이 행동行보다 앞서는過 것을 부끄러워해야恥 한다."

군 자 욕 눌 어 언 이 민 어 행
君子欲訥於言而敏於行

군자는 말은 어눌하게 하고 행동은 민첩해야 한다.

자기 자리에서 묵묵히 자신의 역할을 해나가는 사람의 모습은 아름답습니다. 누가 알아주든 알아주지 않든 자신만의 걸음으로 하나하나 목표를 향해 실천해나가는 사람에게는 든든한 믿음과 신뢰가 있기 때문입니다. 요즘처럼 어려운 시대에는 말을 아끼는 눌언訥言과 민첩하게 행동하는 민행敏行으로 사는 것이 경쟁력이 될 수 있습니다. 몸소 실천하지 않고 말만 앞세우는 사람들이 명심해야 할 이야기입니다.

자신이 해야 할 일을 묵묵히 행하는 사람이 군자입니다.

訥　　言　　敏　　行
말 더듬을 눌　말씀 언　민첩할 민　행할 행

인생의 세 가지 불행

인 생 삼 불 행
人生三不幸
〈정이〉

세상에는 완전한 행복도 완전한 불행도 없는 것 같습니다. 다가온 행운이 불행이 되어 인생에 치명적인 상처를 남기기도 하고, 누가 봐도 확실히 불행이라고 생각했던 것이 오히려 나에게 행운이 되는 것을 보면 인생지사 새옹지마塞翁之馬라는 말이 더욱 절실하게 다가옵니다.

송나라 때 학자 정이程頤는 누구나 행복이라고 생각하는 것이 오히려 불행일 수 있다면서 인생의 세 가지 불행을 지적합니다. 첫 번째 불행은 소년등과少年登科입니다. 어린 시절 너무 빨리 과거에 급제하는 것이 인생의 불행이 될 수 있다는 것입니다. 일찍 출세를 하면 교만해지고 그 교만함이 결국 인생을 불행으로 인도할 수 있다는 의미지요. 두 번째 불행은 부모를 너무 잘 만나는 것입니다. 석부형제지세席父兄弟之勢라! 위세가 대단한 부모 형제를 만나서 그 권세를 끼고 사는 경우 오히려 인생이 불행해질 수 있다는 이야기입니다. 부모 형제를 잘 만난 것이 행복이기도 하지만 부모만 믿고 노력을 게을리한다면 그것이 불행이 될 수도 있다는 것이지요. 세 번째 불행은 유고재능문장有高才能文章입니다. 뛰어난 재주와 문장력을 가진 것이 인생의 불행이 될 수 있다는 것입니다. 재주가 출중하고 문장이 좋으면 그 재주와 능력을 믿고 안일함에 빠져 인생이 불행해질 수 있다는 의미입니다.

생각해보면 정이가 지적한 것은 모든 사람이 바라는 것이기도 합니다. 젊어서 일찍 출세하고, 부모 형제 잘 만나서 고생하지 않고, 재주 많고 똑똑한 것은 모두가 바라는 것이지만 그것이 오히려 인생에 병이 될 수도 있다는 경고입니다.

소년등과, 석부형제지세, 유고재능문장, 인생삼불행
少年登科, 席父兄弟之勢, 有高才能文章, 人生三不幸

소년 시절 과거급제하고, 부모 형제의 권세가 대단하고,
재주와 문장이 뛰어난 것, 이것이 인생의 세 가지 불행이다.

요즘 인생은 삼모작이라고 합니다. 인생의 일모작을 잘 살았다고 반드시 성공한 인생인 것은 아닙니다. 너무 많은 것을 일찍 이루면 후반에 이룰 것이 없습니다. 인생은 마지막까지 가봐야 합니다.

못 배우고, 병약하고, 가난한 집에서 태어난 것이
나의 가장 큰 행복이다.

_마쓰시타 고노스케 파나소닉 창립자

人	生	三	不	幸
사람 인	날 생	석 삼	아니 불	다행 행

물을 흐리게 만들어 고기를 잡는다

혼 수 모 어
混水摸魚
《삼십육계》

맨손으로 강물에 들어가 고기를 잡는 사람이 있습니다. 그저 손만 집어넣고 강바닥을 이리저리 더듬어 휘젓다가 누런 황토 물속에서 커다란 물고기 한 마리를 쑥 잡아올리는 것을 보면 신기하지 않을 수가 없습니다. 눈으로 보지도 않고 손으로 물고기를 잡는 비결은 간단하다고 합니다. 강물 속의 흙을 손으로 이리저리 휘저으면 숨어 있던 물고기가 순간적으로 방향감각을 잃게 되는데, 이때 손의 감각으로 물고기가 감지되면 바로 잡아올린다는 것입니다. 물고기가 혼탁한 물속에서 순간 방향감각을 잃는 생태를 적절히 이용한 것입니다. 이렇게 물고기를 잡는 방법을 병법에 응용한 것이 '혼수모어混水摸魚'의 전술입니다. 혼수混水, 물水을 흐리게混 만들어 모어摸魚, 즉 물고기魚를 찾아낸다摸는 뜻입니다.

사람도 뜻밖의 상황에 부딪히면 방향감각을 잃고 맙니다. 똑똑하고 판단력이 뛰어난 사람도 갑작스러운 위급 상황에 방향감각을 잃는 것이지요. 이럴 때는 잠시 뒤로 물러서서 자신을 바라볼 필요가 있습니다. 한 발짝 물러서면 자신이 객관적으로 보이기 때문이지요. 아무리 상황이 어렵고 불리하더라도 정신을 잃어서는 안 됩니다. 갑작스러운 혼란과 위기에 허둥대면 상황은 더욱 어려워질 수밖에 없습니다. 이럴 때는 차라리 '넘어진 김에 쉬어간다'는 생각으로 마음을 편안히 먹어야 합니다. 그래야 혼란을 극복하고 다시 힘을 회복할 수 있습니다.

혼수모어의 전술은 상대방을 공격할 때도 도움이 되지만 자신이 속한 조직이 이런 상황에 빠졌을 때 다시 일어설 수 있도록 정신을 바짝 차리게 하는 방법이기도 합니다. 인생이 갑자기 혼란스럽고 안개 속을 걷고 있는 것 같다면 정신을 바짝 차리고 방향감각을 놓치지 말아야 합니다.

혼 수 모 어
混水摸魚

물을 혼탁하게 만들어놓고 방향감각을 잃은 물고기를 잡는다.

혼탁한 물은 시간이 지나면 다시 맑아지게 마련입니다. 어렵고 힘들수록 방향감각을 정확히 잡고 그 어려움을 헤쳐나가는 지혜가 필요합니다.

방향만 잃지 않으면 인생은 살 만합니다.

混	水	摸	魚
혼탁할 혼	물 수	찾을 모	물고기 어

지붕으로 유인한 다음 사다리를 치워라!

상 옥 추 제
上屋抽梯
《삼십육계》

살다 보면 더는 물러설 곳이 없을 때 더 큰 힘이 나오기도 합니다. 그래서 위기가 오히려 전화위복이 되어 인생에 도움이 되기도 하지요. 때로는 일부러 위기 속에 들어가 생존을 도모하는 것도 인생의 생존 전략 가운데 하나입니다. 이런 전략 가운데 하나가 '상옥추제上屋抽梯'입니다. 상上은 '올라간다'는 뜻이고 옥屋은 '지붕'을 뜻합니다. 추抽는 '치운다'는 뜻이고 제梯는 '사다리'를 뜻합니다. 풀이하면 '지붕屋 위로 올려놓고上 내려오지 못하게 사다리梯를 치워抽 절박하게 만든다'는 것입니다. 사다리를 통해 지붕 위로 올라갔는데 내려갈 사다리가 없어졌다면 당황하게 되겠지요. 그러나 지붕에 올라가 오도 가도 못하는 상황이 되었을 때의 그 절박감이 경쟁력이 될 수도 있습니다. 대안이 없다고 생각할 때 인간은 더욱 고민하게 되고, 그 고민 끝에 새로운 방법을 찾아낼 수 있기 때문입니다.

이 전술은 유기劉琦가 제갈공명을 유인하여 옥상에 올려놓고 사다리를 치워 자신의 의도를 관철시킨 《삼국지》의 고사에서 유래되었습니다. 그 후 상옥추제는 조직을 일부러 막다른 곳에 몰아놓고 더 이상 오도 가도 못하게 만들어 조직원의 전력을 강화하는 방법으로 사용되기도 했습니다. 초나라 항우도 전투를 앞두고 밥해먹을 솥을 깨뜨리고 타고 온 배를 침몰시켜 병사들에게 긴장감을 고취해 싸우게 하는 파부침주破釜沈舟 전술을 종종 사용했다고 합니다. 이번 전쟁에서 지면 더 이상 밥해먹을 솥도 없고, 타고 돌아갈 배도 없다는 절박감으로 병사들의 전투의지를 높인 것이지요. 모든 것이 잘되어갈 때 조직을 점검하고, 때로는 지붕 위로 올려놓고 사다리를 치워 긴장감을 조성하는 것도 병법에서는 자주 쓰는 전술입니다.

상 옥 추 제
上屋抽梯

지붕 위로 올려놓고 사다리를 치워라!

조직이 평화롭고 매너리즘에 빠져 긴장감을 잃었을 때 지붕에 올려놓고 사다리를 치우는 상옥추제의 전술을 통해 예상치 못한 좋은 답을 찾아낼 수도 있습니다.

더 이상 답이 없다는 것은 새로운 답을
찾을 수 있는 기회이기도 합니다.

上	屋	抽	梯
올라갈 상	지붕 옥	뺄 추	사다리 제

나무 위에 화려한 꽃이 피게 하라!

수 상 개 화
樹上開花
《삼십육계》

    화장을 하거나 성형수술을 하는 것은 자신의 모습을 새롭게 변화시켜 상대방에게 내 가치를 높이려는 것입니다. 그래서 많은 돈을 들여 화장품을 사고 성형외과를 찾아가는 것이지요. 대학마다 운영하고 있는 최고 지도자 과정은 사람들과 교류하고 자신의 학력을 보완하는 좋은 방법이기도 합니다. 고급 승용차가 새로 나올 때마다 구입하는 것은 현재 아무런 문제없이 잘나가고 있다는 것을 상대방에게 보여주기 위한 방법일 수도 있습니다.

    이렇게 나의 능력을 다양한 방법으로 상대방에게 과시하는 전술이 '수상개화樹上開花'의 병법입니다. 풀이하면 '나무樹 위上에 꽃花을 피워라開!'라는 뜻입니다. 여기서 나무는 나의 본래 모습입니다. 꽃은 남에게 보이기 위한 과시지요. 원래 나무에 달린 꽃이 아니라 만들어 붙인 꽃을 뜻합니다. 이 전술은 본래 꽃이 없는 나무에 진짜 꽃과 유사하게 채색한 꽃을 만들어 붙여 자세히 관찰하지 않으면 진짜 꽃과 구별하지 못하게 만든다는 의미로 사용되었습니다.

    현대사회에서도 이 전술은 의식적으로든 무의식적으로든 다양하게 사용되고 있습니다. 기업이 자금이든 기술이든 모자란 것을 남에게 보이지 않으려고 다양한 방법으로 과시하거나 정치권의 실세와 사진을 찍어 사무실에 걸어놓고 자신의 힘을 알아달라고 하는 것 모두 이 수상개화의 전술을 사용하는 것이라고 할 수 있습니다. 음식점이 '원조' 간판을 내걸어 손님을 유인하거나 유명인의 사진과 사인을 붙여놓아 과시하는 것도 어쩌면 화려한 인조 꽃을 붙이는 것이라고 할 수 있겠지요. 이와 유사한 전술로는 호가호위狐假虎威가 있습니다. 여우가 호랑이의 위세를 빌려 자신의 힘을 과시한다는 뜻의 이 전술은 숱하게 벌어지는 우리의 일상사이기도 합니다.

수 상 개 화
樹上開花

나무 위에 거짓 꽃을 붙여 상대방을 유인하라!

꽃은 눈에 보이는 가상의 모습입니다. 나무는 내면의 본질입니다. 나무와 꽃이 언제나 인과관계로 일치하는 것은 아닙니다. 본질을 꿰뚫어볼 수 있는 눈을 가져야 합니다. 화려하게 치장한 모습 뒤의 실체를 보는 눈 말입니다.

어설픈 치장은 오히려 나의 가치를 떨어뜨리기도 합니다.

樹	上	開	花
나무 수	위 상	필 개	꽃 화

굴러온 돌이 박힌 돌을 뺀다

반 객 위 주
反客爲主
《삼십육계》

뻐꾸기는 남의 둥지에 알을 낳는다고 합니다. 둥지의 어미 새가 뻐꾸기 알을 자신의 알인 줄 알고 품어주면 뻐꾸기 새끼는 원래 있던 알보다 먼저 부화해서 어미 새가 물어다주는 먹이를 혼자 독차지합니다. 몸이 커진 뻐꾸기 새끼는 원래 알을 둥지 밖으로 떨어뜨려 둥지의 주인이 되지요. 이런 뻐꾸기의 생존 전략을 '반객위주反客爲主'라고 합니다.

굴러온 돌이 박힌 돌 뺀다는 의미의 이 전술은 원래는 손님客이었는데 나중에 주인을 몰아내고 자신이 주인主이 된다는 내용을 담고 있습니다. 벤처업계나 기업 조직에서도 이런 전술은 부지기수입니다. 어느 틈엔가 슬며시 회사에 발을 들여놓는가 싶더니 결국엔 원래 주인이 일생을 바쳐 연구해 만들어놓은 기술과 회사를 슬쩍 자기 것으로 만들어버리는 일을 주변에서 많이 봅니다.

그러나 이 반객위주의 전술에도 긍정적인 측면이 있습니다. 비록 외부에서 들어간 사람이라도 주인의식을 갖고 열심히 일하면 결국 그 조직의 중심에 설 수 있다는 것이지요. 이 전술은 사실 적에게 사용하기보다는 가까운 사람에게 많이 사용됩니다. 차라리 적이라면 얼마든지 대비할 수 있습니다. 그러나 이렇게 시시각각 주도권을 잡으려고 조여오는 상대방이 내가 믿는 사람이라면 문제는 달라집니

다. 그래서 이 전술을 당하는 입장에서 보면 도대체 언제 내가 주인
에서 손님으로 바뀌었는지 모르는 경우가 많습니다.

반 객 위 주
反客爲主

손님이 도리어 주인 노릇 한다.

세상에는 영원한 손님도 없고 영원한 주인도 없다고 합니다. 상황
을 정확히 분석하고 장악한 사람이 주인으로 남는 것이 생존의 이치
라고 하지요. 모든 것을 다 빼앗기고 울고불고해봤자 때는 이미 늦
을 수밖에 없습니다. 철저하게 자신이 주도권을 유지하려면 한 치도
경계를 늦춰서는 안 됩니다. 주도권은 결국 주인의식을 갖고 긴장하
는 사람에게 돌아갑니다. 생존은 끊임없는 긴장감과 변화의 유연함
을 습득한 사람만이 지켜낼 수 있는 것입니다.

영원한 주인도 손님도 없습니다.
주인의식을 가진 사람이 주인입니다.

反　客　爲　主
도리어 반　　손님 객　　될 위　　주인 주

도망가는 것이 상책이다

주 위 상
走爲上
《삼십육계》

우리가 흔히 쓰는 '삼십육계 줄행랑'이라는 말은 병법의 삼십육계 중에서 가장 마지막 전술인 '주위상走爲上'을 잘못 발음한 것입니다. 주위상, 정확한 뜻은 상대방이 나보다 훨씬 강해서 싸울 수 없다면 도망가는走 것도 상책이 된다爲上는 것입니다.

상대방이 우세한 상황에서 도저히 싸워 이길 수 없다면 적과의 결전을 피하기 위하여 세 가지 방법 중 하나를 선택해야 합니다. 항복할 것인가, 강화를 맺을 것인가, 아니면 후퇴할 것인가? 이 셋 중 하나를 선택해야 한다면 도망가는 것도 상책일 수 있다는 이야기입니다. 항복하면 완전히 패하는 것이요, 강화를 맺으면 절반의 패배요, 후퇴하면 아직 패배하지 않은 것이기 때문입니다.

인생을 살다가 한발 뒤로 물러나는 것은 소극적인 전술이 아닙니다. 후퇴의 목적은 감정을 잠깐 추스르고 한 발짝 뒤로 물러서서 시간을 버는 것입니다. 적극적인 후퇴는 승리의 기회로 전환시키는 계기가 되기도 합니다. 싸움의 결과는 끝까지 가봐야 압니다. 지금 내가 분노를 못 참고 상대방을 맞이하여 싸우다 다시는 재기할 수 없는 상황에 이르기보다는 최후의 승리를 위하여 한발 뒤로 물러나는 것이 더욱 아름다운 선택일 수 있습니다.

'도망칠 수 있는데 도망치지 않는 것은 영웅이 아니다. 상황을 판

단하여 안 되겠으면 도망가거나 피하고, 이길 것 같으면 공격하라'
는《손자병법》의 메시지는 명분 전쟁에서는 볼 수 없었던 새로운 측
면입니다. 공격과 후퇴, 기다림과 수비 등 다양한 결정과 판단을 내
릴 수 있다면 감정과 분노에서 벗어난 이성적인 사람이라고 할 수
있습니다.

주 위 상
走爲上

때로는 도망가는 것도 상책이 될 수 있다.

　　인생이란 나아가야 할 때도 있고 물러나야 할 때도 있고 기다려야
할 때도 있는 유기적인 것입니다. 지금 안 되면 역량을 축적하기 위
해 한 발짝 물러설 줄 아는 사람은 때로는 도망가는 것도 상책일 수
있다는 주위상의 병법을 정확히 이해한 것입니다.

어쩔 수 없는 상황에서 도망가는 것은
수치가 아니라 지혜로운 결정입니다.

走　　爲　　上
도망갈 주　될 위　위 상

최고의 백정은 눈으로 보지 않는다

포 정 해 우
庖丁解牛
〈장자〉

어떤 분야든 최고가 된다는 것은 쉬운 일이 아닙니다. 단순히 기술이 뛰어나다고 해서 최고가 되는 것도 아니고, 아는 것이 많다고 최고라고 하지도 않습니다. 그래서 박사博士보다 더 높은 도사道士가 있는 것이지요.

《장자》에 나오는 '포정해우庖丁解牛'는 실력 있는 도사道士의 모습을 그리고 있습니다. 포정庖丁은 전국시대에 살았던 최고의 백정입니다. 어느 날 포정이 궁정에서 소를 잡고 있었는데 칼을 움직이는 동작이 신기에 가까웠습니다. 지나가다 그 모습을 본 문혜왕이 감탄하여 포정에게 소 잡는 도道를 물었습니다. 포정은 칼을 놓고 왕에게 이렇게 말했지요. "제가 처음 소를 잡았을 때는 소의 겉모습만 보였습니다. 3년이 지나니 소의 겉모습은 눈에 보이지 않고 소가 부위별로 보이더군요. 19년이 지난 지금 저는 눈으로 소를 보지 않습니다. 마음의 눈을 뜨고 소의 살과 뼈, 근육 사이의 틈새를 봅니다. 그리고 그 사이로 칼이 지나가게 합니다. 아직 한 번도 칼질을 실수하여 살이나 뼈와 부딪친 적이 없습니다. 솜씨 좋은 백정이 1년 만에 칼을 바꾸는 것은 칼을 가지고 소의 살을 베기 때문입니다. 평범한 백정은 달마다 칼을 바꾸는데, 이는 칼로 무리하게 뼈를 가르기 때문이지요. 그렇지만 제 칼은 19년이나 되어 수천 마리의 소를 잡았지만 칼날은 방금 숫돌에 간 것과 같습니다. 소의 뼈와 살, 근육 사이에는 틈새가 있기 마련이고 그 틈새로 칼날을 집어넣어 소를 잡기 때문에 칼날이 전혀 무뎌지지 않는 것입니다. 이것이 19년이 되었어도 제 칼날이 방금 숫돌에 간 것과 같은 이유지요. 이것이 소를 잡는 저의 방법입니다."

포 정 해 우
庖丁解牛

포정의 소 잡는 도

고수는 칼을 휘두를 때 피를 보이지 않는다고 합니다. 길을 알고 원칙을 중요시하기 때문입니다. 선무당이 여기저기 사람 잡는 일이 비일비재합니다. 고수와 선무당의 차이는 크지 않지만 그 결과는 참으로 엄청납니다. 제발 이 사회를 피 흘리게 만드는 선무당이 없어졌으면 좋겠습니다.

도사道士는 지식이 아니라 영혼으로
세상을 볼 줄 아는 사람입니다.

庖	丁	解	牛
부엌 포	백정 정	풀 해	소 우

인재를 얻기 위해 최선을 다하라!

일 목 삼 착
一沐三捉
《사기》

공자가 꿈꾸었던 가장 바람직한 정치가는 주나라 주공周公이었습니다. 주공은 청렴淸廉, 신중愼重, 근면勤勉의 바람직한 공직자 윤리를 보여준 가장 이상적인 리더였지요. 주공은 인재 욕심이 엄청났습니다. 수없이 많은 사람을 만나고 관계를 아주 잘 맺었으며 인재라고 생각되면 그를 등용하고자 최선을 다했다고 합니다. 어떤 때는 하루에 70여 명을 만난 적도 있다고 하니, 인재에 대한 주공의 욕심을 통해 그의 인사 능력을 가늠할 수 있습니다.

주공은 아들 백금伯禽에게 교만하지 말고 인재를 우대하라는 당부를 하면서 '일목삼착一沐三捉, 일반삼토一飯三吐'라는 자신의 인재 우대 경험을 이야기합니다. 목沐은 '머리를 감는다'는 뜻이고 착捉은 '잡는다'는 뜻입니다. 주공은 한 번 머리를 감을 동안이라도 인재가 찾아왔다는 소식을 들으면 감던 머리를 움켜쥐고 물 묻은 채로 세 번이나 나가서 만났다고 합니다. 물에 젖은 머리로 인재를 만나러 나갔다는 것은 인재에 대해 예우를 다했다는 것입니다. 인재에 대한 그의 열정을 보여주는 이야기입니다. 주공은 또한 밥 한 끼 먹는 짧은 시간에도 인재가 찾아왔다는 이야기를 들으면 먹던 음식도 뱉고 나가기를 세 번이나 했다고 합니다. 일반삼토의 고사가 나온 배경입니다. '일반一飯, 한 끼 밥을 먹는 시간이라도 삼토三吐, 세 번

토해서 내뱉고 나가 인재를 만나라!'

일 목 삼 착 , 일 반 삼 토
一沐三捉, 一飯三吐

한 번 머리 감을 시간이라도 세 번 나가 인재를 만나라!
한 번 밥 먹을 시간이라도 세 번 음식을 뱉고 인재를 만나라!

인재는 오기를 그저 기다리는 것이 아니라 찾아다니는 것이라고 합니다. 일목삼착과 일반삼토의 정신은 오늘날 조직의 리더가 귀 기울여 들어야 할 이야기입니다. 거만하게 앉아서 기다리는 사람에겐 인재가 모여들지 않는다는 사실을 명심해야 합니다.

좋은 사람을 만나는 것이 성공의 지름길입니다.

一　　沐　　三　　捉
한 일　　머리 감을 목　　석 삼　　잡을 착

5장

전략으로 승부한다

상대방이 의도하지 못한 시간에 나가라!

출 기 불 의
出其不意
《손자병법》

전략이 필요한 시대입니다. 전략은 전투와 구별됩니다. 전투가 눈앞의 승리에 집착하는 근시안적인 것이라면 전략은 좀 더 멀리 볼 수 있는 안목이 있어야 합니다. 인생도 단순히 눈앞의 이익에 연연할 것이 아니라 큰 안목으로 보는 전략이 필요합니다. 《손자병법》에서는 시간time, 공간space, 속도speed를 전략의 3요소로 꼽습니다. "상대방이 전혀 예상하지 못한 시간에 출격하라 出其不意(출기불의)! 상대방이 전혀 준비되지 못한 곳으로 공격하라 攻其無備(공기무비)! 상대방이 예상치 못한 빠른 스피드로 싸워라 兵者貴速(병자귀속)!" 누구도 예상치 못한 시간에 준비 안 된 빈 공간을 찾아내 빠르게 공격하면 반드시 승리할 것이라는 《손자병법》의 전략 철학입니다.

이순신 장군은 23번 싸워서 23번 모두 승리로 이끈 위대한 장군입니다. 함선의 수는 적의 10분의 1도 되지 않았고, 후방의 지원은 열악했으며, 식량은 고갈되었고, 병사들은 지쳐 있었지만 이순신 장군에게는 누구도 따라올 수 없는 탁월한 전략이 있었습니다. 누구도 예상치 못한 시간에 누구도 예상치 못한 공간에서 그 누구도 따라올 수 없는 스피드로 위대한 승리를 거둔 것입니다. 역대 수많은 전쟁에서 큰 승리를 얻은 조직은 군량미나 무기, 병사가 많은 군대가 아니었습니다. 남들과 다르게 생각하고 남들과 다른 기회를 찾아낼 줄 아는 안목과 전략이 있었기에 위대한 승리를 얻어낸 것입니다. 이순신의 군대는 무無의 상태에서 돌파구를 찾아냈고, 누구도 예상치 못한 시간을 정하여 그들만의 속도로 돌격해서 결국 누구도 예상치 못한 승리를 거두었습니다.

출 기 불 의 , 공 기 무 비 , 병 자 귀 속
出其不意, 攻其無備, 兵者貴速

예상치 못한 시간에 출격하라! 준비되지 않은 빈 곳을 공격하라!
전쟁은 속도를 가장 귀하게 여긴다!

갈수록 절박한 생존 현실에서 많은 사람이 답을 찾아내려고 동분서주하고 있습니다. 자금이 없고 도와주는 사람이 없다고 투덜거리는 것은 생존에 어떤 도움도 되지 못합니다. 열세를 극복하고 위대한 승리를 거둔 이순신 장군의 전략을 돌이키며 어렵고 힘든 가운데 긍정의 힘으로 답을 찾으려고 노력한다면 반드시 탁월한 답을 찾아낼 수 있을 것입니다.

절박함을 벗어날 수 있는 방법 가운데 하나는 긍정입니다.

出　其　不　意
날 출　그 기　아니 불　뜻 의

전쟁은 승리를 확인하러 들어가는 것이다

선 승 구 전
先勝求戰
《손자병법》

《손자병법》에서는 전쟁은 도박이 아니라고 말합니다. 감정이나 분노로 싸움을 해서는 안 된다는 것이지요. 그래서 전쟁 전에 요구되는 것이 승산勝算입니다. 이길勝 계산算을 충분히 한 후에 싸워야 한다는 뜻입니다. '전쟁은 싸워서 이기러 들어가는 것이 아니다. 승리를 확보한 후에 승리를 확인하러 들어가는 것이다. 승리하는 군대는 먼저 승리를 확보하고 난 후에 전쟁에 임한다勝兵先勝而後求戰(승병선승이후구전).' 일명 '선승구전先勝求戰'이라는 《손자병법》의 잘 알려진 화두입니다. '선승先勝, 먼저 승리를 확보하라! 구전求戰, 그리고 전쟁에 임하라!' 단순히 이길 수 있다는 신념이나 주관적인 감만 가지고 승산 없는 전쟁에 나갔다가는 병사들을 잃고 나라를 망하게 할 것이라는 엄중한 경고의 메시지가 담겨 있습니다.

《손자병법》에서는 승산 있는 군대와 승산 없는 군대의 다섯 가지 특징을 제시합니다. 여기서는 승산 있는 군대의 다섯 가지 유형을 살펴보겠습니다. "첫째, 상하가 같은 꿈을 가진 조직은 승리한다上下同欲者勝(상하동욕자승). 둘째, 준비된 자가 준비 안 된 상대와 싸우면 승리한다以虞待不虞者勝(이우대불우자승). 셋째, 싸울 만한 상대인지 아닌지 미리 판단할 수 있는 조직은 승리한다知可以戰與不可以戰者勝(지가이전여불가이전자승). 넷째, 인원의 규모를 자유자재로 운용할 줄 아는 조직은 승리한다識衆寡之用者勝(식중과지용자승). 다섯째, 장군이 능력 있고 군주가 간섭하지 않으면 승리한다將能而君不御者勝(장능이군불어자승)." 승산을 정확히 분석하고, 어둠 속에서 내실을 키워 결정적인 공격 시기를 기다리는 사람의 모습은 아름답습니다. 전쟁은 백 번 싸워 백 번 이기는 것이 중요한 게 아니라 백 번 모두 지지 않는 것이 중요하다는《손자병법》의 구절이 더욱 실감 나는 시기입니다.

승 병 선 승 이 후 구 전
勝兵先勝而後求戰

승리하는 군대는 먼저 승리를 만들어놓은 후에 전쟁을 한다.

감정과 분노를 이기지 못하고 확실한 승리에 대한 준비 없이 적의 성벽을 기어오르게 하면 병력의 3분의 1을 잃을 것이라는《손자병법》의 경고를 생각해봅니다. 인생도 감정이나 오기가 아니라 큰 안목을 갖고 바라보는 전략이 있어야 합니다.

전쟁에서 중요한 것은 이기는 것이 아니라 지지 않는 것입니다.

先	勝	求	戰
먼저 선	이길 승	구할 구	싸울 전

죽기만을 각오하면 죽는다

필 사 가 살
必死可殺
〈손자병법〉

조직이 흥하고 망하는 데는 반드시 조짐이 있습니다. 어떤 조직이 흥하고 망하는지는 병법에서 늘 고민하는 문제입니다. 《손자병법》에서는 망하는 군대를 이끄는 리더의 다섯 가지 유형을 이렇게 말합니다. "첫째, 죽기만을 각오하고 싸우면 반드시 죽을 것이다必死可殺也(필사가살야). 둘째, 반대로 오직 살기만을 생각하고 싸우면 포로가 될 것이다必生可虜也(필생가로야). 셋째, 개인적인 분노를 못 이겨 급하게 재촉하면 수모를 당할 수 있다忿速可侮也(분속가모야). 넷째, 절개와 고귀함만을 고집하면 치욕을 당할 수 있다廉潔可辱也(염결가욕야). 다섯째, 어느 한 병사에 집착하면 조직이 어려운 상황에 처할 수 있다愛民可煩也(애민가번야)." 결국 이성적이고 전략적인 사고에 기초하지 않고 감정에 치우쳐 전쟁을 한다면 그 결말은 자명하다는 것입니다. 전쟁은 국가의 존망存亡과 병사들의 생사生死를 결정하는 일이기에 차가운 이성적 사고가 뒷받침되어야 합니다.

"이길 수 없는 상대라면 수비에 들어가라不可勝者, 守也(불가승자, 수야)! 이길 수 있는 상대일 때 공격하라!可勝者, 攻也(가승자, 공야)!" 공격과 수비, 진격과 후퇴는 전쟁에서 일상적으로 벌어지는 일입니다. 전쟁이란 공격할 때도 있고, 피할 때도 있고, 기다릴 때도 있는 아주 유기적인 게임입니다. 변하는 상황을 정확히 판단하고 조직을 변한 상황에 유연하게 적응시키는 것이야말로 유능한 리더의 역할이라는 것이지요.

우리 주변에는 자기 자신을 함부로 소진시키는 사람이 의외로 많습니다. 때로는 세상의 동향을 세밀히 살피며 발톱을 감추고 있다가 결정적인 기회가 왔을 때 공격해도 늦지 않습니다. "매는 먹잇감을 노릴 때는 발톱을 숨기고 있다가 결정적인 순간에 소리도 없이 먹잇감을 채간다." 병법서《육도》의 저자 강태공의 이야기입니다.

불 가 승 자 수 야 , 가 승 자 공 야
不可勝者 守也, 可勝者 攻也

이길 수 없는 상황에서는 수비하라!
이길 수 있는 상황에서는 공격하라!

전략은 지지 않기 위한 선택입니다. 백 번 이기는 것도 좋지만 백 번 모두 지지 않는 전쟁을 하려면 전략이 필요합니다. 감정과 분노에 얽매이지 않고 냉철한 분석과 판단으로 생존을 도모하는 것은 충분히 가치 있는 일입니다.

수비와 기다림이 공격보다 위대한 결과를 낼 수도 있습니다.

必 死 可 殺
반드시 필 죽을 사 가할 가 죽을 살

남의 칼을 빌려 상대방을 치라!

차 도 살 인
借刀殺人
《삼십육계》

목표를 달성하는 데는 여러 가지 방법이 있습니다. 내가 직접 나서서 상대방을 제거하여 목표를 달성할 수도 있고, 나의 우방이나 상대방과 모순관계에 있는 제삼자를 이용하여 우회적으로 상대방을 제압할 수도 있지요. 어쨌든 유능한 사람은 갈등을 해결하는 과정에서 자신의 역할을 최소한으로 줄인다고 합니다. 이럴 때 자주 등장하는 고사가 '차도살인借刀殺人'입니다. '남의 칼刀을 빌려서借 상대방人을 치라殺!' 문제를 해결하기 위해 내가 직접 상대방에게 접근하는 방법을 쓰다 보면 갈등과 반목이 더욱 커질 수밖에 없습니다. 현대 국제사회의 외교는 대부분 남의 칼을 빌려 자국의 의도를 실현하는, 즉 차도살인을 통해 진행되는 듯합니다.

제삼자를 통해 또 다른 제삼자를 제압한다는 이이제이以夷制夷의 외교 원칙이나 등거리 외교를 통해 자국의 이익을 도모하는 일 등은 모두 차도살인의 대표적인 외교술입니다. 주먹으로 상대방을 때리면 내 주먹에 상대방의 피가 묻을 것이며, "피를 입에 머금고 상대방에게 뿌리면 내 입부터 더러워진다含血噴人先汚其口 (함혈분인선오기구)." 상대방을 직접적으로 상대하지 말라는《명심보감》의 이야기입니다. 주먹을 내밀면 내 주먹에 상처가 날 수밖에 없습니다. 주먹을 내미는 순간 감정은 풀릴지 모르지만 그 후에 오는 후유증은 심각할 수 있습니다. 내 손을 직접 거치지 않고 대적할 수만 있다면 가장 완벽한 승리를 거둘 수 있습니다. 피할 수 없는 전쟁이라면 지지 않아야 합니다. 지지 않으려면 내가 가진 힘을 사용할 수도 있지만 남의 힘을 빌리는 것도 한 방법입니다.

차 도 살 인
借刀殺人

남의 칼을 빌려서 상대방을 제거하라!

어렵고 힘든 세상에서 살아남기가 녹록지 않다고 합니다. 원칙을 갖고 산다는 것이 너무나 힘들다고도 합니다. 전략은 원칙입니다. 목표를 세우고 그 목표를 달성하기 위한 원칙을 적용하는 것이 전략입니다. 다양한 전략을 가지고 사는 것은 지혜로운 삶의 방식일 수 있습니다.

칼은 휘두를 때는 멋있지만 피를 닦을 때는 힘든 것입니다.

借	刀	殺	人
빌릴 차	칼 도	죽일 살	사람 인

3과 4의 합은 7

조 삼 모 사
朝三暮四
〈장자〉

인생을 마지막으로 결산해보면 결국 '얻은 것과 잃은 것의 합은 같다'고 합니다. 초반에 얻은 것이 많은 사람은 인생 후반에 무너지는 경우가 잦고, 한 곳에서 손해가 난 사람은 다른 곳에서 이익을 얻는 경우가 많기 때문입니다. 결국 모든 사람의 인생의 합은 제로라고 하지요.

장자는 이것을 '조삼모사朝三暮四'의 고사로 설명합니다. 아침에 세 개, 저녁에 네 개든 아침에 네 개, 저녁에 세 개든 그 합은 일곱 개로 같다는《장자》의 그 고사 말입니다. 원숭이 사육사가 원숭이에게 먹이를 주는 이야기에서 나온 고사로, 그 논리 전개는 이렇습니다. "원숭이에게 도토리 먹이를 줄 때 아침에 세 개, 저녁에 네 개 주는 조삼모사朝三暮四나 아침에 네 개, 저녁에 세 개 주는 조사모삼朝四暮三이나 그 합은 결국 일곱 개로 같다. 이것을 대동大同이라고 한다. 그러나 사람들은 그것을 깨닫지 못한다. 조삼朝三이냐 조사朝四냐를 따지며 기쁨과 분노가 교차할 뿐이다. 조삼이든 조사든 명실이 바뀐 것은 없다名實未虧(명실미휴). 다만 받아들이는 사람의 감정 차이, 즉 희로喜怒만 달리 사용할 뿐이다以喜怒爲用(이희로위용). 이것은 또한 인간들이 자신의 관점에서 옳다는 편견을 갖고 있기 때문이다亦因是也(역인시야)."

정말 명쾌한 논리입니다. 세상의 모든 것은 결국 인간이 느끼는 감정에 의해 그 좋고 싫음이 결정되는 것이지, 본질 자체에 문제가 있는 것은 아니라는 이 구절에서 장자의 세속적 시비是非와 선악善惡을 넘어서는 화합의 철학을 느낄 수 있습니다. 이 고사를 생각하면 인생을 돌아보게 됩니다. 부귀와 성공을 추구하든, 건강과 가족을 추구하든, 좋고 나쁜 인생이 따로 있는 것이 아니라 그 합은 결국 같으며, 단지 나에게 다가오는 인생을 편견에 따라 받아들이는 감정의 차이만 있는 것이라는 생각을 해봅니다.

조 삼 모 사, 조 사 모 삼, 대 동
朝三暮四, 朝四暮三, 大同

아침에 세 개, 저녁에 네 개나 아침에 네 개, 저녁에 세 개나 합은 같다.

남보다 먼저 부귀를 얻은 사람은 말년에 고민거리가 생기고, 어려서 남보다 고생한 사람은 인생 후반기에 다른 행복이 기다리고 있다는 것을 생각하면 인생은 한번 살아볼 가치가 있는 것이 분명합니다.

지금 남보다 빨리 간다고 결코 최후의 승자는 아닙니다.

朝　　三　　暮　　四
아침 조　　석 삼　　저녁 모　　넉 사

두꺼운 얼굴과 검은 마음으로 성공하라!

후 안 흑 심
厚顔黑心
이종오

중국 역사를 보면 영웅호걸이나 최후의 승리를 거둔 인물들의 공통점은 명분과 자존심에 목숨을 건 사람이 아니라 남보다 더 두꺼운 얼굴과 검은 마음을 가지고 자기가 하고자 하는 일에 몰입한 사람이었습니다. 한고조 유방劉邦은 비굴했지만 천하를 얻었고,《삼국지》의 조조曹操는 간계奸計에 능했으나 최후의 승리자가 되었습니다. 결국 최종 승자의 모습은 우리가 상상하듯이 점잖고 명분에 죽고 사는 사람이 아니었다는 것입니다. 이렇게 승리를 위해서 명분과 의리가 아니라 간계와 실리를 강조하는 학문이 '후흑학厚黑學'입니다. 후厚는 두꺼운 얼굴을 말합니다. 흑黑은 검고 깊은 마음을 의미하지요. 두꺼운 얼굴을 방패로 삼고 검은 마음을 창으로 삼아 난세에 생존을 도모해야 한다는 것입니다.

이 철학은 청나라 말기 지식인 이종오李宗吾가 처음 제기한 이래로 지금도 대만과 중국 대륙에서 인기를 얻고 있습니다. 중국을 정확히 이해하려면 체면과 자존심을 강조하는 유교적 명분주의도 알아야 하지만, 좀처럼 자신의 모습을 남에게 보여주지 않고 오로지 실리와 현실을 중요시하는 후안厚顔과 흑심黑心의 마인드도 이해해야 합니다. "대장부는 굽히고 펴는 데 능해야 한다大丈夫能屈能伸(대장부능굴능신)"라는 중국의 속담 역시 상황에 따라 목표 달성을 위해 상대방에게 무릎을 꿇거나 굽힐 수도 있고, 때로는 협박할 수도 있는 두꺼운厚 얼굴顔과 시커먼黑 마음心을 가져야 한다는 뜻입니다.

후 안 흑 심
厚顔黑心

얼굴은 두꺼울수록 좋다. 마음은 안 보일수록 좋다.

　자존심, 동정, 명분. 참으로 중요한 덕목입니다. 영원히 변치 않는 오래된 진실이지요. 그러나 남의 눈치와 평가에 연연하여 정작 중요한 결정을 내리지 못하거나 상대방을 동정하는 감상주의에 얽매여 목표에 대한 열정과 용기를 잃어버린 분이라면 이 후안흑심의 긍정적인 면을 한번 생각해보아도 괜찮을 것입니다.

남의 평가에 연연하기보다 두꺼운 얼굴로
자기중심을 찾는 사람이 아름답습니다.

厚	顔	黑	心
두꺼울 후	얼굴 안	검을 흑	마음 심

이길 계산의 다섯 가지 법칙

도 천 지 장 법
道天地將法
《손자병법》

《손자병법》에는 전쟁을 시작하기 전에 반드시 분석해야 할 다섯 가지 항목이 나옵니다. 승산을 점치는 다섯 가지 항목으로, 바로 '도천지장법道天地將法'입니다.

첫째, 도道입니다. 목표와 비전을 공유하는 것이지요. 죽어도 같이 죽고 살아도 같이 살고자 하는 분위기의 조직을 도가 있는 조직이라고 합니다. 꿈과 비전을 공유하며 한마음 한뜻으로 똘똘 뭉쳐 있는 군대가 이긴다는 의미입니다.

둘째, 천天입니다. 외부 환경에 대한 분석을 철저히 하고 있는가를 살펴야 합니다. 외부 환경은 늘 변화하고 있습니다. 제갈공명은 적벽대전에서 동남풍東南風이라는 환경의 변화를 미리 읽어냈습니다. 그리하여 80만 명에 달하는 조조의 군대를 2만 5천 명의 병력으로 물리칠 수 있었던 것입니다. 아무도 파악하지 못하는 환경의 변화를 미리 읽어내고 싸운다면 승리는 자명합니다.

셋째, 지地입니다. 지형조건에 대한 분석이지요. 지형조건은 내부적 역량입니다. 들어가면 안 될 곳과 살아남을 수 있는 곳이 어디인지, 어떤 지형을 선택해야 경쟁에서 우위를 점할 수 있는지 등을 정확히 판단할 수 있어야 한다는 것입니다.

넷째, 장將입니다. 현장 책임자의 인사에 대한 분석이지요. 누구를

218 • 1부 | 내 인생을 바꾸는 모멘텀

각 분야 책임자로 임명할 것인가를 고민해야 합니다. 리더가 누구냐에 따라 전쟁의 승패는 끊임없이 변합니다.

다섯째, 법法입니다. 조직과 편성, 임무의 명확한 배분, 자금의 공급과 관리, 인정주의에 휘말리지 않는 군법軍法을 정확히 마련하라는 뜻입니다.

'꿈과 비전이 하나로 공유되어 있는가道? 변화하는 외부 환경을 미리 읽어내고 철저하게 준비하고 있는가天? 내 처지와 역량을 정확히 분석하여 장단점을 구분하고 선택과 집중을 하고 있는가地? 임무에 적합한 사람을 뽑아 현장에 투입하여 모든 권한을 제대로 위임하고 있는가將? 조직의 시스템과 원칙은 제대로 돌아가고 있는가法?' 승산勝算을 따져보는 《손자병법》의 분석법입니다.

도 천 지 장 법
道天地將法

꿈, 환경, 처지, 지도자, 시스템

전쟁은 일종의 오케스트라 연주 같은 것입니다. 모든 분야에서 최상의 역할을 해냈을 때 최상의 결과를 얻을 수 있습니다.

<u>같은 꿈을 꾸면 반드시 승리합니다.</u>

道	天	地	將	法
길도	하늘천	땅지	장수장	법법

주도권을 쥐려면 이익을 던져라!

적 인 자 지 리 지
敵人自至利之
《손자병법》

세상에서 가장 힘든 일 중 하나가 영업이라고 합니다. 상대방을 설득하여 내 물건을 사게 만들거나 내가 원하는 방식으로 거래를 하도록 설득하는 것은 만만치 않은 일입니다. 그런데 상대방에게 내 물건을 사달라고 조르는 것은 영업 전략 차원에서 하수라고 합니다. 상대방이 내 물건을 사려고 쫓아다니게 만드는 것이 진정한 영업의 기술이라는 것이지요. 영업에서 중요한 것은 주도권입니다. 주도권을 쥔 쪽이 가격이나 거래 조건 등 모든 것을 결정하기 때문인데요, 여기서 관건은 어떻게 상대방을 설득하여 내가 원하는 방향으로 마음을 움직이느냐 하는 것입니다.

《손자병법》에서는 이해利害관계로 주도권을 장악하라고 조언합니다. 세상의 모든 조직이나 사람은 결국 이利와 해害라는 상반된 두 가지 개념을 기초로 행동을 결정합니다. 아무리 명분과 대의를 강조하는 조직이라도 그 근저에는 이해관계가 무의식적으로라도 깔려 있다는 것이지요. 손자는 이것을 정확히 파악하여 상대방에 대한 주도권을 쥐며 싸워야 한다고 말합니다. 이것은 인간의 심리와 조직의 행동 동기를 이해한 현실적인 판단입니다. "적을 나에게 오게 하려면 그들이 이익이라고 생각하는 미끼를 던져라能使敵人自至者, 利之也 (능사적인자지자, 리지야)! 반대로 적이 나에게 오지 않게 하려면 오는 것

이 손해라고 생각하게 하라能使敵人不得至者, 害之也(능사적인부득지자, 해

지야)!"

협상이든 싸움이든 일종의 게임입니다. 그 게임에서 주도권을 쥐

는 것은 승패에 결정적인 역할을 합니다. 주도권은 곧 상대방의 이

해利害를 정확히 파악하여 내가 원하는 대로 오게 할 수 있고, 원하

는 대로 가게 할 수 있는 승리의 핵심 기술입니다. 물론 상대방의 이

해를 알아내려면 철저한 분석이 선행되어야 합니다. 먼저 지피지

기知彼知己를 통해서 상대방의 마음을 꿰뚫어보고, 마음을 읽어내 그

것을 기초로 이해를 파악해야 합니다.

적 인 자 지 리 지
敵人自至利之

적을 스스로 오게 하려면 이익을 던져라!

상대방이 내 물건을 사게 만드는 것은 아주 간단합니다. 리야利也!

내 물건 사는 것이 이롭다는 생각이 들게 하면 됩니다. 강요와 호소

만으로는 더 이상 상대방의 마음을 움직일 수 없습니다. 상대방의

내면을 깊숙이 읽어낸 이해利害로 상대방에 대한 주도권을 쥐어야

합니다.

상대방의 마음을 읽으면 주도권을 쥘 수 있습니다.

敵	人	自	至	利	之
적 적	사람 인	스스로 자	이를 지	이로울 리	갈 지

공격을 결정함에 명예를 구하지 말라!

진 불 구 명
進不求名
《손자병법》

세상을 살다 보면 앞으로 나아가는 결정을 할 때도 있고, 뒤로 물러나는 결정을 할 때도 있습니다. 진퇴에 대한 명확한 판단이 필요합니다. 중요한 것은 무엇을 기준으로 진퇴를 판단하느냐입니다. 때로는 개인의 안위와 보신을 위해서 진퇴를 결정하기도 하고 윗사람의 명령이나 눈치 때문에 진퇴를 결정하기도 합니다.

《손자병법》에서는 전장에서 진격과 후퇴를 결정하는 판단 기준을 다음과 같이 이야기합니다. "진불구명進不求名, 진격을 명령함에 칭찬과 명예를 구하지 말라! 퇴불피죄退不避罪, 후퇴를 명령함에 나중에 문책과 죄를 피하려고 하지 말라! 유민시보惟民是保, 진격과 후퇴의 판단 기준은 오로지 병사들의 목숨에 달려 있다! 이합어주利合於主, 그 결과가 나를 보낸 조국의 이익에 얼마나 부합하느냐에 달린 것이다. 국지보야國之寶也, 이렇게 진퇴를 결정하는 장군이 진정 국가의 보배이다." 참으로 의미심장한 구절입니다.

남의 칭찬과 비난에 연연하지 않고 오로지 조직의 생존과 나와 함께하는 조직원들의 생존을 기준으로 진퇴를 결정하는 것이 소신과 소명의식을 가진 리더의 모습입니다. 특히 현장을 책임진 사람이 누구의 문책이나 칭찬을 의식하지 않고 자신을 보낸 조국과 국민을 대신해 책임 있고 적절한 판단을 내린다면 진정 나라의 보배라고 할 수 있다는 것입니다. 남에게 칭찬받으려고 무리한 진격 명령을 내리고, 문책을 받을까 두려워 후퇴를 결정하지 못한다면, 조직을 대신하여 현장의 리더로 있을 자격이 없다는 것이지요. 이순신 장군은 백의종군을 각오하며 소신껏 진퇴를 결정했기에 뛰어난 성과를 남길 수 있었습니다.

진 불 구 명 , 퇴 불 피 죄
進不求名, 退不避罪

진격함에 명예를 구하지 말라!
후퇴함에 죄를 두려워하지 말라!

확신確信과 소신所信이 있는 리더는 드물고 보신保身과 안신安身만 추구하는 리더가 넘쳐나는 시대입니다. 어떻게 하면 책임을 면하고 보신할 것인가만 고민하는 요즘의 리더들을 보면서, 오로지 자신이 맡고 있는 조직원들과 조직의 생존을 기준으로 진퇴를 결정하는 리더가 더욱 절실하게 느껴집니다.

진정한 국보國寶는 국가와 국민을 걱정하는 지도자입니다.

進	不	求	名
나아갈 진	아니 불	구할 구	이름 명

위기가 아니면 싸우지 말라!

인생을 살아가면서 가장 큰 고민 중 하나는 감정을 조절하는 일입니다. 감정을 조절하지 못해 작게는 주변 사람들의 마음에 상처를 입히거나 크게는 무리하게 일을 결정하여 이러지도 저러지도 못하게 되는 경우가 있습니다. 특히 감정 조절에 실패해 상대방과 갈등을 일으키고, 나아가 감정의 불화 때문에 치명적인 상처를 남기는 싸움을 하게 된다면 인생의 불행이 아닐 수 없습니다.

《손자병법》에서는 전쟁은 감정으로 하는 것이 아니라고 거듭 강조하면서, 군대를 움직이는 세 가지 기본 원칙을 제시합니다. "첫째, 이익이 없다면 군대를 움직이지 말라非利不動(비리부동)! 둘째, 위기 상황이 아니면 싸우지 말라非危不戰(비위부전)! 셋째, 얻을 것이 없다면 군대를 동원하지 말라非得不用(비득불용)!" 나에게 이익이 되는 것도 없는데 무리하게 조직을 움직인다거나 당장 나에게 위험이 되지 않는데 전쟁을 하는 것은 큰 재앙을 가져올 수 있다는 것입니다.

《손자병법》은 감정 조절에 대해 이렇게 말합니다. "군주는 분노하여 군대를 일으켜서는 안 되고, 장군은 노여움 때문에 전쟁을 치러서는 안 될 것이다. 오로지 이익에 부합될 때 움직이고 이익에 부합되지 않으면 중지한다." 그리고 이렇게 말을 맺습니다. "분노는 시간이 지나면 기쁨으로 바뀔 수 있다. 노여움은 시간이 지나면 즐거움으로 바뀔 수 있다. 그러나 한 번 망한 나라는 다시 세울 수 없다. 한 번 죽은 병사들은 다시 살릴 수 없다. 따라서 현명한 군주는 삼가고 신중해야 한다. 훌륭한 장군은 늘 경계해야 한다. 이것이 나라를 편안히 하고 군대를 온전히 하는 법도다!"

비 리 부 동, 비 위 부 전, 비 득 불 용
非利不動, 非危不戰, 非得不用

이익이 없다면 군대를 움직이지 말라!
위기 상황이 아니면 싸우지 말라!
얻을 것이 없다면 군대를 동원하지 말라!

무한 경쟁의 시대입니다. 이런 때일수록 감정과 분노를 조절하고 철저한 이익과 득실을 따져서 대처해야 합니다. 지혜와 전략은 자신의 감정과 분노를 최대한 정제해주는 도구입니다.

전쟁은 이기는 것보다
다치지 않는 것이 더욱 중요합니다.

非　危　不　戰
아닐 비　위태할 위　아니 부　싸울 전

남의 불행은 나의 행복?

진 화 타 겁
趁火打劫
《삼십육계》

중국 속담에 "남의 집 불난 곳에서 새는 냄비 때운다"라는 말이 있습니다. 남의 집에 불이 붙어 활활 타고 있는데 그 화기火氣를 이용하여 자기 집 새는 냄비의 구멍을 때운다는 이야기입니다. 불난 집에서 보면 열불 터지는 일이겠지만 냄비 때우는 입장에서는 돈 안 들이고 냄비를 고칠 수 있는 기회라는 의미지요. 이렇게 남이 불행에 빠졌을 때 그 불행에 아랑곳하지 않고 자신의 이익을 챙기려는 생각을 전략화한 것이 '진화타겁趁火打劫'입니다. 진화趁火는 '남의 집 불난 틈을 탄다'는 뜻이고, 타겁打劫은 '훔친다'는 뜻입니다. 남의 불행은 나의 행복, 남의 실수는 나의 기회! 남이 어려운 때를 놓치지 않고 그 기회를 최대한 이용하여 나의 이익과 실속을 채운다는 전술입니다. 일반인들의 눈으로 보면 정말 해서는 안 될 일입니다. 이 전략은 원래 군사 병법에서 적군이 위기에 빠졌을 때 그 기회를 틈타 출격하여 상대방을 제압하는 전술로 사용되었습니다.

《손자병법》의 〈시계〉 편에도 "상대방이 혼란에 빠졌을 때 공격하여 취하라!"라는 전술이 있습니다. 난이취지亂而取之! 모두 상대방의 어려운 시기를 잘 포착하여 기회를 놓치지 말고 공격해야 손쉬운 승리를 얻을 수 있다는 말입니다. 국제외교 관계에서도 다른 나라의 불행이 자국의 실리가 되는 경우가 종종 있습니다. 일본은 한국전쟁을 틈타 경제적 이익을 얻었고, 중국은 남북한의 긴장 관계를 이용해 자국의 동북공정을 진행하고 있습니다. 모두가 남의 갈등을 이용해 자신의 이익을 얻는 것입니다.

진 화 타 겁
趁火打劫

남의 집 불난 틈을 타서 물건을 빼앗으라!

어렵고 무서운 세상입니다. 불난 집에 가서 자신의 냄비를 때우고, 남의 불행을 틈타 자신의 생존을 도모하는 힘든 세상에서 살아남으려면 정신을 바짝 차릴 수밖에 없습니다. 냉혹한 국제사회의 변화 속에서 생존을 위한 노력을 게을리해서는 안 될 것입니다.

나의 불행을 행복으로 여기는 사람들도 있습니다.

趁	火	打	劫
틈탈 진	불 화	칠 타	빼앗을 겁

잡으려면 먼저 놓아줘라!

욕 금 고 종
欲擒故縱
《삼십육계》

병법에 궁지에 몰려 있는 적은 쫓지 말라는 뜻의 '궁구막추窮寇莫追'라는 격언이 있습니다. 이 전술은 실제로 상대방을 추격하지 말라는 뜻이 아닙니다. 궁지에 몰려 급박해지면 막다른 골목에 몰린 절박한 심정으로 목숨을 걸고 반격할 수 있기 때문에 빠져나갈 틈을 주라는 것입니다. 이럴 때는 한 발짝 물러서서 상대방으로 하여금 패배감을 느껴 투지가 꺾이도록 만든 후에 다시 기회를 봐서 공격하면 적을 효과적으로 제압할 수 있습니다. 내가 상대방보다 압도적인 힘을 가지고 있을 때 상대방을 완전히 제압하려면 무조건 공격할 것이 아니라 살 길을 열어주라는 것인데, 강한 힘만이 상대방을 이기는 유일한 방법이라고 생각하는 사람들은 이 전술을 이해하기가 쉽지 않습니다.

노자《도덕경》에도 이와 유사한 이야기가 있습니다. "상대방을 약弱하게 만들려면 반드시 먼저 강强하게 만들라. 상대방을 망하게 하려면 반드시 먼저 흥興하게 하라. 상대방의 것을 빼앗으려면 반드시 먼저 주어라. 이것을 은밀한 현명함, 미명微明이라고 한다." 세상은 내가 잡으려 한다고 잡혀지는 것이 아니고 역설적으로 내려놓았을 때 나에게 다가올 수 있습니다. 진짜 현명한 사람은 얻기 전에 줄 줄 아는 사람입니다. 기업은 고객에게 기쁨을 주었을 때 고객의 사랑을 얻을 수 있습니다. 상대방을 먼저 배려하면 그 배려는 반드시 존중이 되어 돌아옵니다.

현대인이 가장 착각하기 쉬운 것 중 하나가 집착과 애착에 관련된 것입니다. 사람들은 대개 놓으면 잃어버릴 것이라는 조바심에 더욱 굳게 잡으려고 합니다. 또한 주면 빼앗길 것이라는 생각에 더욱 움켜쥐려고 하지요.

욕 금 고 종
欲擒故縱

잡고 싶으면 먼저 놓아줘라!

완전히 얻으려면 먼저 놓아야 합니다. 자식을 얻으려면 자식을 놓아주어야 합니다. 상대방의 마음을 얻으려면 먼저 내 마음을 주어야 합니다. 주먹을 꽉 쥐고 놓지 않으면 결코 새로운 것을 얻을 수 없다는 아주 평범한 진리를 다시 한번 마음속에 새겨봅니다.

<u>갖는 것보다 주는 것이 더 행복할 때가 있습니다.</u>

欲	擒	故	縱
욕심 욕	잡을 금	먼저 고	놓을 종

전쟁은 속이는 게임이다

병 자 궤 도
兵者詭道
《손자병법》

《손자병법》에 전쟁을 '속이는 게임'이라고 정의한 부분이 있습니다. 바로 '병자궤도兵者詭道'라는 구절입니다. 궤詭는 '속인다'는 의미입니다. 그러니까 직역하면 '전쟁兵은 상대방을 속이는詭 도道'라는 뜻인데요, 속인다는 말 자체로만 보면 선뜻 용납이 안 되는 대목이지요. 그러나 전쟁터라는 곳이 사람이 죽고 사는 곳이고 조직의 운명이 달린 곳이라고 생각하면 이해가 되는 측면이 있습니다.

축구를 보면 전쟁과 흡사하다는 생각이 듭니다. 서로 응원하는 사람들이 있고, 운동장에 직접 나가서 뛰는 선수들이 있습니다. 벤치에는 장군인 감독과 경영진들이 대기하며 끊임없이 작전을 지시하거나 선수들을 교체합니다. 선수들은 자신이 가고자 하는 방향을 상대편 선수들이 모르게 하려고 속이는 동작을 합니다. 사실 속이는 것은 미덕이 아닙니다. 다만 조직의 생존을 위해서, 생사를 함께하는 병사들의 목숨을 지키기 위해서 더 전략적이고 이성적으로 생각을 해야 한다는 것입니다.

역사가 사마천은 《사기》에서 노자의 말을 인용해 속임의 미학을 이렇게 이야기합니다. "똑똑한 상인은 좋은 물건을 깊이 감추어놓고 마치 없는 것처럼 속인다良賈深藏若虛(양고심장약허). 군자는 훌륭한 덕을 가지고 있으면서 용모는 마치 어리석은 사람처럼 속인다君子成德

容貌若愚(군자성덕용모약우)." 솔직하고 순수한 것이 아름답긴 하지만 생존을 위하여 때로는 속임의 미학이 필요하다는 발상이 새롭습니다. 똑똑하지만 자신을 감추고 상대방의 눈높이에 맞출 수 있다면 진정 속임의 아름다움을 깨달은 사람입니다.

병 자 궤 도
兵者詭道

전쟁은 속이는 도이다.

요즘 사람들은 지나치게 솔직한 경향이 있습니다. 자신의 의도와 생각을 모두 드러내고 상대방과 일전을 불사하면서도 오로지 명예를 얻으려고 하는데, 이러면 지혜가 부족한 사람입니다. 아파트 평수나 학력 따위를 떠벌리는 사람들을 보면 《손자병법》의 이 구절을 읽어보라고 권하고 싶습니다.

진실을 감추는 것이 반드시 나쁜 것만은 아닌 듯합니다.

兵　　者　　詭　　道
전쟁 병　놈 자　속일 궤　길 도

쓸모없는 것이 가장 쓸모 있는 것이다!

무 용 지 유 용
無用之有用
〈장자〉

쓸모 있는有用 것과 쓸모없는無用 것은 얼마나 다를까요? 인간의 눈으로 바라보는 유용과 무용의 경계가 절대적인 것 같지는 않습니다. 세상 사람들이 모두 쓸모없다고 생각하는 것이 어쩌면 가장 쓸모 있을 수 있다는 무용지유용無用之有用의 철학이《장자》에 나옵니다. 우리가 쓸모없다고 생각하는 것 속에 위대한 유용함이 들어 있다는 것입니다. 쓸모없음의 무용과 쓸모 있음의 유용 사이 경계를 허무는 이 무용지유용의 철학은 발상의 전환을 통하여 새로운 가치를 창조한다는 장자 철학의 중요한 부분입니다.

《장자》〈인간세〉편에는 다음과 같은 우화가 실려 있습니다. 남백자기라는 사람이 상구商丘 지역에 가서 큰 나무를 보았습니다. 얼마나 큰지 나무에 수레 수천 대를 묶어놓아도 수레가 전부 그 나무 그늘 안에 들어갈 정도였답니다. 그런데 그 나무의 가지는 구불구불해서 집 짓는 재목으로 쓸 수가 없고, 밑동은 속이 텅 비어 관이나 널로 쓰려고 해도 쓸 수가 없었습니다. 이렇게 쓸모없는 나무를 보며 남백자기는 외쳤습니다. "이 나무는 재목이 될 수 없는 쓸모없는 나무로구나此果不材之木也(차과부재지목야)! 그러나 그 쓸모없음이 이 나무를 이렇게 큰 나무로 자라게 한 것이로다以至於此其大也(이지어차기대야)!"재목감이 아니라는 것이 대목大木으로 자랄 수 있는 요인이 되었다는 것입니다.

어릴 때는 주목받지 못하던 사람이 나이 들어 마음껏 재능을 발휘하는 것을 보면 이 무용지유용의 고사가 더욱 가슴에 와닿습니다. 우리의 자녀나 직원들, 당장 쓸모없다고 너무 다그치지 마십시오. 누가 압니까? 그 쓸모없음이 위대한 인물이 되게 하는 기반이 될지.

무 용 지 유 용
無用之有用

쓸모없는 것이 오히려 쓸모 있는 것이다.

무용! 그 속에서 유용함을 발견해내는 힘이 바로 경쟁력입니다.

무용에 긍정의 힘이 보태지면 유용으로 바뀝니다.

無	用	之	有	用
없을 무	쓸 용	갈 지	있을 유	쓸 용

돌아가는 것이 곧장 가는 것보다 빠르다!

우 직 지 계
迂直之計
〈손자병법〉

　중국 춘추전국시대 제齊나라의 유명한 정치가 안영晏嬰이 제나라 왕 경공을 모실 때의 일입니다. 어느 날 왕이 사냥을 나갔는데 사냥지기가 자신의 임무를 다하지 못하고 부주의하게 왕이 사냥한 사냥감을 잃어버렸습니다. 왕은 화가 머리끝까지 나 그 자리에서 사냥지기의 목을 베라고 명령했지요. 같이 사냥을 나갔던 신하들은 모두 어찌할 바를 모르고 바라보고만 있었습니다.

　이때 안영은 경공에게 직접 간언하는 대신 우회하는 전술인 '우직지계迂直之計'를 선택했습니다. 우회할 우迂에 곧을 직直, 곧장 가는 것보다 우회하는 것이 효과가 더 크다는 《손자병법》의 계책입니다. 안영은 사냥지기를 끌고 나오라고 해서 그에게 큰소리로 세 가지 죄목을 추궁하기 시작했습니다. "너는 세 가지 죄를 범했다. 하나는 너의 맡은 바 임무인 군주의 사냥감을 잃어버린 것이다. 그러나 더 큰 잘못은 군주로 하여금 한낱 사냥감 때문에 사람을 죽이게 했으니 부덕한 군주로 만든 것이다. 나아가 이 소문이 퍼진다면 세상 사람들에게 한낱 사냥감 때문에 사람을 죽인 군주라고 비난받게 될 테니, 그것이 너의 세 번째 죄다. 네가 이러고도 살아남기를 바라느냐!"

　안영이 사냥지기를 추궁하는 말속에는 우회하여 임금에게 전달하고자 하는 뜻이 담겨 있었습니다. 왕은 안영 덕분에 자신이 사냥지기를 죽이면 그 결과가 좋지 않을 것임을 깨달았습니다. 그리고 자신이 한낱 사냥감 때문에 분노가 지나쳐서 사람을 죽이려는 우를 범하고 있음을 깨닫고 사냥지기를 놓아주라고 지시했지요. 안영은 자신이 모시는 주군에게 직접 맞서지 않고 우회적인 방법으로 신하된 도리를 다하여 자신의 주군을 올바른 길로 인도한 것입니다.

우 직 지 계
迂直之計

우회하는 것이 곧장 가는 것보다 빠르다.

세상살이는 때로는 곧장 가는 것보다 우회하는 것이 더 아름다울 때가 있습니다. 처음에는 돌아가는 것이 힘들고 고되지만 결국 더 나은 결과를 얻게 될 것이라는 신념이 있어야 합니다.

눈앞의 성과보다 장기적인 안목으로
세상을 보는 눈이 필요합니다.

迂　　直　　之　　計
우회할 우　　곧을 직　　갈 지　　계책 계

소리는 동쪽에 지르고 서쪽을 공격하라!

성 동 격 서
聲東擊西
《삼십육계》

병법《삼십육계》중 여섯 번째 계책은 '성동격서聲東擊西'입니다. 성동聲東, 소리는 동쪽에서 내고 격서擊西, 공격은 서쪽으로 하는 양동작전陽動作戰이지요. 이 전술은 내가 원하는 곳을 쉽게 가지려면 상대방의 눈을 다른 곳으로 돌려 빈 곳을 만들어내고, 그곳에 내 역량을 집중하여 승리를 쟁취하는 것입니다. 바둑 두는 분들은 이 성동격서를 잘 이해하실 겁니다. 사실 이 원리는 스포츠나 외교 전략에서도 자주 사용됩니다. 내가 원하는 곳을 상대방에게 알리지 않고 오히려 다른 곳으로 상대방의 주의를 돌린 뒤 결정적인 순간에 내가 원하는 곳으로 치고 들어가는 것이 바로 이 전술입니다. 한국전쟁당시 인천상륙작전도 북한의 눈을 다른 곳으로 돌려놓고 빈틈을 치고 들어간 전략이었다고 할 수 있지요.

이 원리의 기본 원칙은《손자병법》에 나옵니다.《손자병법》에서는내 의도를 함부로 보이지 말라면서, 다음의 네 가지 원칙을 제시합니다. "첫째, 능이시지불능能而示之不能, 능력이 있어도 없는 것처럼 보여라. 둘째, 용이시지불용用而示之不用, 군대를 사용하여 전쟁할 의도가 있어도 없는 것처럼 보여라. 셋째, 근이시지원近而示之遠, 목표가 가까운 곳에 있으면 멀리 있는 것처럼 보여라. 넷째, 원이시지근遠而示之近, 목표가 먼 곳에 있으면 가까운 데 있는 것처럼 보여라."

초나라 항우와 한나라 유방이 서로 패권을 다툴 때, 지금의 사천성인 촉蜀 땅으로 들어간 유방의 군대는 바로 이 전략을 사용하여 관중을 차지하고 중원 공략의 발판을 마련했습니다. 성동격서를 응용한 전략이 성공한 것이지요.

성 동 격 서
聲東擊西

소리는 동쪽에 지르고 공격은 서쪽으로 하라!

전쟁은 이기는 것이 아니라 안전하게 지키는 것이 목적이 되어야 한다고 합니다. 명분과 자존심 때문에 조직을 위기에 빠뜨리는 것처럼 우매한 결정은 없습니다. 상대방의 의중을 정확히 읽어내는 것, 소리 없는 전쟁이 벌어지고 있는 이 시대의 생존 전략입니다.

상대방의 소리 뒤에 어떤 의도가 있는지 살펴야 합니다.

聲	東	擊	西
소리 성	동녘 동	공격할 격	서녘 서

호랑이를 그리려다 개를 그린다

화 호 화 구
畵虎畵狗
《후한서》

마원馬援은 한나라 광무제 때 공적을 쌓은 명장이었습니다. 그가
전쟁터에 나가 있는 동안 틈을 내어 조카들에게 편지로 충고한 이야
기는 참으로 감동적입니다. 형의 아들인 마엄馬嚴과 마돈馬敦에게
보낸 편지의 내용은 이렇습니다. "남의 잘못을 다른 사람에게 함부
로 전해서는 안 된다. 국가의 정책을 함부로 논해서도 안 된다. 요즘
용백고龍伯高라는 인물이 세상 사람들의 존경을 받고 있다. 나는 용
백고를 애지중지愛之重之 여기니 너희도 본받아라. 또 두계량杜季良
이라는 사람은 호탕하고 의협심이 많아 타인의 근심을 함께 걱정해
주고 타인의 기쁨을 함께 기뻐해준다. 나는 그 역시 애지중지하지만
너희에게 그를 본받으라고 말하고 싶지는 않다. 용백고를 본받으면
그 사람같이 되는 못하더라도 근면하고 곧은 선비가 될 것이다.
그것은 고니를 새기려다 실패하더라도 거위와 비슷하게는 되는刻鵠
類鵝(각곡류아) 이치와 같다. 그러나 두계량의 흉내를 내다가 이루지
못하면 천하에 경박한 자가 될 것이다. 마치 호랑이를 그리려다 잘
못 그리면 개를 닮게 되는 것畵虎不成反類狗(화호불성반류구)과 같다."
조카에게 전하는 삼촌의 따뜻한 충고가 담긴 글입니다.

위대한 것도 거창한 것도 좋지만 어쭙잖게 덤벼들었다가는 용두
사미가 될 수 있습니다. 그저 묵묵히 자신의 길을 가겠다고 목표를

세우는 것이 오히려 실질적으로 좋은 결과를 얻을 수 있습니다. 요즘 아이돌 스타들을 따라 하다가 인생을 힘들게 사는 청소년이 많다고 합니다. 남들이 부러워하는 큰 출세나 성공은 아니더라도 인생은 얼마든지 아름다울 수 있습니다.

화 호 불 성 반 류 구
畫虎不成反類狗

호랑이를 그리려다 못 그리면 도리어 개와 비슷하게 된다.

요즘 국가의 부동산정책이나 교육정책을 보면 화호화구로 끝나는 경우가 잦습니다. 시작은 대단한 정책을 만들려고 하지만 결국 별 볼일없는 대책이 나오는 것을 보면 호랑이를 그리려다 개를 그리고 마는 화호화구의 모습이 아닐 수 없습니다. 실현 가능한 것부터 하나씩 해나가는 자세가 필요한 때입니다.

꿈은 멀리 보고 실천은 앞을 보는 자세가 필요합니다.

畫　　虎　　畫　　狗
그릴 화　호랑이 호　그릴 화　개 구

공격해서는 안 될 곳이 있다

군 유 소 불 격
軍有所不擊
《손자병법》

세상을 살다 보면 가져야 할 것도, 얻어야 할 것도 많습니다. 심지어 목표를 세우고 그 목표를 공략해서 빼앗아야 할 때도 있습니다. 특히 조직의 생존을 책임진 사람들은 새로운 목표를 세우고 그 목표를 달성하기 위해 뛰어난 전략과 열정을 가져야 합니다. 그런데 목표를 설정할 때 절대로 공략해서는 안 될 상대가 있다고 합니다.

《손자병법》에서는 아무리 탐나는 성이 눈앞에 있고, 이겨야 할 상대가 앞에 있더라도, 때로는 모른 척하고 돌아가라고 말합니다. "아무리 쉬운 상대라고 해도 싸워서는 안 될 상대가 있다軍有所不擊(군유소불격)." 적이라고 다 싸워야 하는 것은 아닙니다. 때로는 못 본 척 돌아가는 여유와 아량이 조직을 살리는 길이 될 수도 있습니다. 싸워야 할 상대가 아니라면 분노와 오기로 대응하기보다는 유연하게 싸움을 피하는 것이 나을 수 있습니다. 자신의 분노와 감정을 이기지 못하고 오로지 눈앞의 이익만을 위해 상대방을 공격한다면 역으로 큰 피해를 입을 수 있다는 것입니다. 산이라고 다 올라가야 하는 것은 아니며, 돈이라고 다 가져야 하는 것은 아닙니다. 때로는 포기하는 것도 위대한 선택일 수 있습니다.

《손자병법》은 또 "아무리 차지하고 싶은 성城이라도 공격해서는 안 될 성이 있다"고 강조합니다. 성유소불공城有所不攻, 즉 어떤 성은 과감하게 공격을 포기할 필요도 있다는 것이지요. 이때는 눈앞에 있는 먹잇감에서 과감히 눈을 돌릴 수 있는 판단력이 필요합니다. 단순히 이길 수 있다는 신념만 가지고 부하들에게 적의 성벽을 기어오르라고 명령한다면 병력의 3분의 1을 잃게 될 것이라는 《손자병법》의 경고를 명심해야 합니다.

군 유 소 불 격
軍有所不擊

상대방에 따라 공격해서는 안 될 상대가 있다.

아무리 먹음직한 먹잇감이 눈앞에 있더라도 때로는 이성의 판단에 기초하여 과감히 돌아서야 합니다. 건드려서는 안 될 것에 욕심을 내면 반드시 후환이 있기 때문입니다.

눈앞의 이익이라고 생각되는 것이
내 인생에 치명적인 상처가 될 수 있습니다.

軍	有	所	不	擊
군대 군	있을 유	바 소	아니 불	공격할 격

승리를 위한 일곱 가지 분석

칠 계
七計
《손자병법》

《손자병법》 하면 가장 먼저 떠오르는 것이 지피지기知彼知己입니다. 상대방을 알고 나를 알고 싸워야 한다는 뜻의 손꼽히는 명언입니다. 《손자병법》 제3편 〈모공〉에 나오는 원문은 이렇습니다. "지피지기, 적을 알고 나를 알면 백전불태百戰不殆, 백 번 싸워 백 번 모두 지지 않는다. 부지피이지기不知彼而知己, 상대방에 대하여 모르고 나 자신만 안다면 일승일부一勝一負, 한 번은 이기되 한 번은 질 것이다. 부지피부지기不知彼不知己, 상대방을 모르고 나도 모르고 싸우면 매전필태每戰必殆, 모든 싸움에서 반드시 질 것이다." 결국 상대방에 대한 정확한 정보와 나의 객관적인 역량을 정확히 알고 싸워야 승리할 수 있다는 것입니다.

《손자병법》은 구체적인 승리를 위해 분석할 항목을 일곱 가지로 정리하였습니다. "첫째, 최고 리더의 리더십을 비교하라主孰有道(주숙유도)." "둘째, 장군의 능력을 비교하라將孰有能(장숙유능)." 리더가 임명한 참모나 고위 관리자들의 능력을 비교해보아야 한다는 것이지요. "셋째, 외부적인 환경과 내부적인 역량을 비교하라天地孰得(천지숙득)." 국제 정세, 경제 상황 등이 과연 누구에게 유리한가를 비교하라는 것입니다. "넷째, 법령과 조직 시스템의 실행력을 비교하라法令孰行(법령숙행)." 법령이 제대로 마련되어 있고 제대로 시행되고 있는

지를 비교하라는 것입니다. "다섯째, 무기의 위력과 병력의 수를 비교하라兵衆孰强(병중숙강)." 물질적인 조건들의 우열을 비교해보라는 것입니다. "여섯째, 평소 훈련 정도를 비교하라士卒孰鍊(사졸숙련)." 병사들의 훈련 정도와 그들의 신념을 비교해보라는 것이지요. "일곱째, 상벌賞罰 체계의 공평한 운영을 비교하라賞罰孰明(상벌숙명)."

지 피 지 기 , 백 전 불 태
知彼知己, 百戰不殆

적을 알고 나를 알면 백 번 싸워도 모두 지지 않는다.

이 일곱 가지는 최고 지도자의 리더십, 관리자의 능력, 환경과 역량, 법령, 병력과 화기, 숙련도, 상벌 체계로 정리할 수 있습니다. 정확한 전력 파악과 객관적인 비교를 통해 합리적인 승리를 할 수 있도록 노력해야 합니다. 현대사회에서는 생존하기가 녹록지 않습니다. 아무런 분석 없이 하늘의 운에 맡겨서는 승리할 수 없습니다.

백 번 싸워 모두 이기는 것보다 백 번 모두 지지 않는 것이
더 위대한 승리입니다.

七　計
일곱 칠　계책 계

임금의 명령도 거부할 수 있다

군 령 유 소 불 수
君令有所不受
《사기》

조직이 무너지고 군대가 전쟁에서 지는 이유 중 하나는 후방에 있는 지도자의 지나친 간섭입니다. 현장 상황을 제대로 알지 못한 채 뒤에서 이것저것 간섭하면 합리적인 판단을 내릴 수 없는 경우가 생기기 때문입니다. 본사의 관리자들이 현장 상황도 제대로 모르고 섣부른 판단을 내린다면 조직의 미래는 뻔합니다. 따라서 현장 관리자는 현장을 정확히 분석하여 아니라고 생각되면 소신껏 '노NO'라고 이야기할 수 있어야 합니다. 많은 병법에서는 아무리 지엄한 임금의 명령이라도 현장에서 생존하는 데 위험이 된다면 거부할 수 있다고 말합니다.

사마천《사기》에 나오는 제나라 대장군 사마양저司馬穰苴는 왕이 총애하는 신하 장고張賈를 군율에 따라 처형하는 등 조직을 엄격하게 관리함으로써 전쟁을 승리로 이끌었습니다. 그는 군율을 어긴 장고의 죄를 물어 처형하면서 전쟁에 나선 장군이 잊어야 할 세 가지를 강조했습니다. "첫째, 장군은 임명된 날부터 자신의 집안일을 잊어야 한다將受命之日則忘其家(장수명지일즉망기가). 둘째, 군령을 한번 정하면 그때부터 부모도 잊어야 한다臨軍約束則忘其親(임군약속즉망기친). 셋째, 전쟁터에서 북을 치며 적진을 향해 돌격할 때는 자신의 몸을 잊어야 한다鼓之急則忘其身(고지급즉망기신)." 결국 나의 영예와 사적인 문제를 잊고 전쟁에 임해야 한다는 것입니다.

사마양저는 군주가 총애하는 신하 장고를 참수하여 본보기로 삼았습니다. 이에 병사들은 두려움에 떨며 사마양저의 명령에 복종했다고 합니다. 군왕의 사자가 장고를 살리려고 말을 달려 군중으로 들이닥쳤지만 사마양저는 "지엄한 군주의 명령이라도 군중에 있을 때는 받아들이지 않을 수 있다!"라는 유명한 말을 남겼습니다.

군 령 유 소 불 수
君令有所不受

군주의 명령도 받아들이지 않을 때가 있다.

윗사람에게 잘 보이려고 설설 기는 지도자보다는 자신의 소신과 결정을 중요시하며 당당하게 '노'라고 말할 수 있는 지도자가 절실합니다. 내가 판단해서 옳다고 생각할 때 나는 당당히 '노'라고 외칠 수 있는지 돌아보아야 합니다.

당당히 '노'를 외칠 수 있는 사람이 장군감입니다.

君	令	有	所	不	受
임금 군	명령할 령	있을 유	바 소	아니 불	받을 수

어리석은 척하되 미치지는 말라!

가 치 부 전
假痴不癲
《삼십육계》

　세상을 살아가는 처세술 가운데 가장 어려운 것이 자신의 능력을 감추고 바보인 척 사는 일입니다. 이는 중국이 가장 좋아하는 처세의 원칙으로 난득호도難得糊塗라고 하며 '바보糊塗인 척하기는 정말 어려운難 일이다'라는 뜻입니다. 가치부전假痴不癲이라는 병법의 내용도 이와 유사합니다. 가假는 '가장하다'라는 뜻이고 치痴는 '어리석다'는 의미입니다. "어리석은 사람처럼 가장하라!" 부전은 아니 부不에 미칠 전癲으로 '그러나 진짜 미친 것은 아니다!'라는 뜻입니다. 다시 말해 전략상 상대방에게 나를 어리석게 보이도록 하지만 정말 바보라서 그런 것은 아니라는 의미입니다.

　《삼국지》의 조조가 유비를 불러 그의 능력을 시험하려 했을 때 유비는 이 가치부전의 전략을 사용하여 조조로 하여금 의심을 풀게 합니다. 천둥이 쳤을 때 일부러 젓가락을 떨어뜨리며 두려워 떠는 모습을 보임으로써 자신이 조조의 상대가 안 된다고 믿게 하였고, 훗날을 도모할 수 있는 시간을 벌었던 것입니다.

　《손자병법》에서도 자신의 모습과 의도를 상대방에게 보이지 말라고 충고하면서 "상대방의 의도와 모습은 밖으로 드러나게 하고, 나의 의도와 모습은 밖으로 드러나지 않게 하라形人而我無形(형인이아무형)"라고 강조합니다. 이것이 병법에서 말하는 보일 시示에 모습

형形, 바로 시형법示形法입니다. 시형법이란 상대방에게 자유자재로 변하는 내 모습을 보이는 것입니다. 나를 유능한 사람으로 보이게 할 수도, 바보 같은 사람으로 보이게 할 수도 있어야 한다는 것이지요. "진정 똑똑한 사람은 상대방이 볼 때 어리석은 사람 같다大智若愚(대지약우)." 노자가 강조하는 철학입니다.

가 치 부 전
假痴不癲

어리석은 사람처럼 보이되 진짜 미친 것은 아니다.

자신의 능력을 남에게 보이는 것도 인생을 살아가는 전략이지만 때로는 내 광채를 숨기고 어리석은 사람처럼 보이는 것도 인생에서 고도의 전략 중 하나입니다. 똑똑한 사람은 자신의 재능을 쉽게 밖으로 내보이지 않습니다. 어리석은 사람처럼 보여서 상대방을 안심시키고 훗날을 도모하는 전략, 즉 가치부전의 병법은 똑똑한 사람들로 넘쳐나는 시대에 역발상의 철학입니다.

똑똑한 척하는 사람이 오히려 상대하기 쉽습니다.

假　　痴　　不　　癲
거짓 가　어리석을 치　아니 부　미칠 전

3분 고전

三分古典

인생의 내공이 쌓이는 시간

1장

인생의 맛

인생을 완성하는 여덟 가지 맛

인 생 팔 미
人生八味
《중용》

인생을 제대로 사는 사람은 인생의 맛을 안다고 합니다. 맛을 음식에서만 느끼는 것은 아닙니다. 인생에도 맛이 있습니다. 인생의 참맛을 아는 사람은 인생의 즐거움을 누리는 사람입니다. 인생의 여덟 가지 맛, 즉 '인생팔미人生八味'가 있습니다.

일미, 그저 배를 채우기 위해 먹는 음식이 아닌, 맛을 느끼기 위해 먹는 '음식의 맛(음식미)'입니다. 이미, 돈을 벌기 위해 일하는 것이 아닌, 삶의 의미를 찾기 위해 일하는 '직업의 맛(직업미)'입니다. 삼미, 남들이 노니까 노는 것이 아닌, 진정으로 즐길 줄 아는 '풍류의 맛(풍류미)'입니다. 사미, 어쩔 수 없어서 누구를 만나는 것이 아닌, 기쁨을 느끼기 위해 만나는 '관계의 맛(관계미)'입니다. 오미, 자기만을 위해 사는 인생이 아닌, 봉사하면서 행복을 느끼는 '봉사의 맛(봉사미)'입니다. 육미, 그날 하루만 때우며 사는 인생이 아닌, 늘 무언가를 배우며 자신의 성장을 느끼는 '배움의 맛(학습미)'입니다. 칠미, 육체로만 존재하는 것이 아닌, 정신과 육체의 균형을 느끼는 '건강의 맛(건강미)'입니다. 팔미, 자신의 존재를 깨닫고 자기 자신을 완성해가는 기쁨을 만끽하는 '인간의 맛(인간미)'입니다.

《중용》에서는 세상 사람들은 음식을 먹으면서도 그 음식의 진정한 맛을 제대로 알지 못한다고 안타까워합니다.

人莫不飲食, 鮮能知味

사람들 중에 음식을 먹지 않는 사람은 없지만,
음식의 진정한 맛을 아는 사람은 드물다.

　　인생의 맛 '인생팔미'는 높은 자리에 있거나 많은 재산을 소유했
다고 해서 느낄 수 있는 것이 아닙니다. 인생의 참맛을 느끼며 사는
인생팔미, 생각을 바꾸고 관점을 바꾸면 우리의 일상에서 얼마든지
찾아서 느낄 수 있습니다.

　　　　　인생의 참맛은 평범한 일상에 있습니다.

人　　生　　八　　味
사람 인　　살 생　　여덟 팔　　맛 미

모든 일에 일일이 대응하지 말라!

부 대 심 청 한
不對心淸閑
《명심보감》

인생을 살면서 누군가 나를 화나게 하거나 근거 없는 말로 나를 비방한다면 오히려 일일이 대응하지 않고 마음을 다스리는 것이 정답일 수도 있습니다. 이런저런 말로 대꾸해보았자 나만 더 곤란하고 불리해질 수 있는데, 그럴 경우 마음을 비우고 상대방의 공격에 대응하지 않으면 오히려 더 빨리 문제를 해결할 수 있기 때문입니다.

《명심보감》에 '부대심청한不對心淸閑'이라는 말이 나옵니다. '아무 대응도 대꾸도 하지 않으면 마음이 맑고 한가로울 것이다'라는 뜻입니다. 이런저런 이유로 여론의 도마 위에 오른 정치인이 자주 사용하는 말로도 유명한 구절이지요. 이 구절의 원문은 이렇습니다.

악 인 매 선 인,   선 인 총 부 대
惡人罵善人, 善人摠不對

악한 사람이 (근거 없이) 선한 사람을 욕하거든,
선한 사람은 아예 대꾸도 하지 말라.

부 대 심 청 한
不對心淸閑

대꾸를 하지 않으면 마음이 맑고 편안하다.

누군가 나를 분노하게 하고 나에게 근거 없는 비방을 한다면, 일일이 대응하지 말고 침착하게 대처하십시오. 결국 감정을 다스리고 이성적으로 행동하는 자만이 진정한 승리자로 남을 테니까요. 상대방이 아무리 나의 감정을 건드려도 대꾸하지 않고 묵묵히 있으면 결국 상대방 입만 아프게 됩니다. 침을 하늘에 대고 뱉으면 그 침은 결국 자신에게 떨어집니다. 아무런 근거 없이 남을 비방하면 그 비방은 결국 자신에게 돌아갈 것입니다.

내 마음이 맑고 고요하면 상대의 어떤 도발에도
흔들리지 않고 평정심을 유지할 수 있습니다.

不　　對　　心　　清　　閑
아니 부　대할 대　마음 심　맑을 청　한가할 한

급하고 어려울 때 힘이 되어주는 친구

급 난 지 붕
急難之朋
《명심보감》

세상살이에서 어떤 사람을 친구로 삼는가는 중요한 문제입니다. 술 좋아하고 노는 것을 좋아해 허송세월하는 친구들을 만나다 보면 자신도 모르게 낭비하는 삶을 살게 되고, 하루하루 충실하게 살아가는 친구들과 교류하다 보면 자신도 날마다 발전하는 삶을 살게 됩니다. 특히 술자리와 저녁 약속이 많아지는 시기에는 어떤 사람들과 만날지 심사숙고하여 결정해야 합니다. 아무런 고민 없이, 만나자고 하는 사람을 닥치는 대로 다 약속을 잡아 만나다가는 얼마 못 가 몸도 상할 것이고, 결국 소중한 시간만 허비한 셈이 되겠지요.

조선시대 최고의 인성교과서 《명심보감》을 보면 술酒 먹고 밥食 먹을 때 형兄 동생弟 하는 사이를 '주식형제酒食兄弟'라고 부릅니다. 술 먹고 밥 먹을 때만 친구라는 뜻이지요. 반면 어렵고 힘들 때 끝까지 함께 있어주는 친구를 '급난지붕急難之朋'이라고 합니다. 급急하고 어려울難 때 힘이 되어주는 벗朋이라는 뜻입니다.

주 식 형 제 천 개 유 , 급 난 지 붕 일 개 무
酒食兄弟千個有, 急難之朋一個無

술 먹고 밥 먹을 때 형이니 동생이니 하는 친구는 천 명이나 있지만,
급하고 어려울 때 막상 나를 도와줄 친구는 한 사람도 없다.

참 씁쓸한 구절입니다. 평소에 내 앞에서 그토록 잘하던 사람이 막상 내게 시련이 닥치자 안면을 몰수하고, 더 나아가 오히려 나를 더욱 궁지로 몬다면 그로 인한 절망감은 말로 다 표현할 수 없을 만큼 클 것입니다. 사람은 변덕이 심하고 간사한 존재인지라 좋을 때는 마치 자신의 모든 것을 내어줄 것처럼 말하고 행동합니다. 그러나 날씨가 추워져야 소나무와 잣나무가 추운 겨울에 시들지 않는다는 것을 알 수 있듯, 상황이 힘들고 어려워져봐야 진정한 친구가 누구인지 알 수 있게 됩니다. 비즈니스 때문이든 개인적인 친분 때문이든 저녁마다 사람들을 만나 술잔을 기울이고 있다면, 지금 '주식형제'를 만나고 있는지 '급난지붕'을 만나고 있는지 진지하게 고민해보아야 합니다.

날씨가 추워져야 소나무가 푸름을 알듯
어려움에 처해봐야 진정한 친구를 알 수 있습니다.

急　難　之　朋
급할 급　어려울 난　갈 지　벗 붕

같은 소리를 가진 사람을 만나라!

동 성 상 응
同聲相應
《주역》

  39층 높이의 고층 빌딩이 진동으로 흔들리는 바람에 한바탕 소동이 일어난 적이 있습니다. 전문가들의 정밀조사 및 연구 결과, 피트니스센터에서 운동하던 사람들의 공진 현상에 의한 진동일 수 있다는 가능성이 제기되었습니다. 즉, 그곳에서 운동하던 사람들이 뛰는 주기와 건물의 상하 진동 주기가 완벽하게 일치함으로써 그런 현상이 발생했을 수 있다는 것입니다.

  이것을 '공진共振 현상'이라고 하는데,《주역》에서는 이를 '동성상응同聲相應'이라고 합니다. 같은同 소리聲는 서로相 반응한다應는 뜻입니다. 사람도 비슷한 생각과 같은 꿈을 가진 이들이 만나면 서로 반응하여 상승효과를 일으킬 수 있습니다. 한 명의 소리는 약하지만 그 소리들이 모여 함께 반응하면 어마어마한 폭발력이 생긴다는 뜻입니다. 경영학에서는 이것을 '시너지synergy'라고 합니다.《주역》의 건괘에 공명이론이 나옵니다.

동 성 상 응, 동 기 상 구
同聲相應, 同氣相求

같은 소리를 가진 사람이 서로 만나면 크게 반응하고,
같은 기운을 가진 사람은 서로 만나게 된다.

지도자가 자신과 같은 뜻을 가진 사람을 만나면 세상을 바꿀 정도의 위대한 리더십을 발휘한다는 것이 바로 공명이론입니다. 지도자는 다양한 소리를 조율하여 아름다운 음악을 만들어내는 오케스트라의 지휘자와도 같습니다. 서로 다른 소리들을 조율하여 하나의 소리로 만들어서 같은 에너지를 발휘하게 함으로써 큰 꿈과 목표를 실현해가는 리더의 모습은 아름답습니다. 함께 떨쳐라, 공진共振! 함께 울라, 공명共鳴! 함께 반응하라, 상응相應! 함께 살라, 공생共生! 이 시대의 리더가 가져야 할 가장 위대한 덕목입니다. 한 사람의 소리는 그저 소리에 불과하지만 모든 사람의 꿈과 희망이 합쳐진 소리는 세상을 바꾸는 힘이 됩니다. 함께하면 얼마든지 세상을 바꿀 수 있습니다.

> 위대한 지도자는 소리를 조율하여 아름다운 음악을
> 만들어내는 오케스트라의 지휘자와 같습니다.

同　　聲　　相　　應
같을 동　　소리 성　　서로 상　　반응할 응

돈 때문에 배움의 기회를 빼앗아서는 안 된다

속 수 지 례
束脩之禮
《논어》

예로부터 배움을 청하기 위해 스승을 찾아갈 때 조그만 예를 표하는 것을 '속수지례束脩之禮'라고 했습니다. 옛사람들은 지식을 전수해주고 올바른 인성을 기르도록 도와줄 스승을 찾아갈 때 최소한의 물질적 예를 갖추는 것을 "속수의 예를 차린다"라고 표현했습니다.

이것은 《논어》에 나오는 말로, 배움을 청하는 학생은 최소한의 물질적인 예를 준비하여 선생을 찾아뵈어야 한다는 뜻입니다. '속束'은 열 개를 묶은 단위이고, '수脩'는 말린 고기를 뜻합니다. 그러니까 '속수의 예'는 선생을 뵐 때 최소한 말린 고기 열 개짜리 한 묶음 정도의 예물을 준비하여 찾아가야 도리에 맞는다는 뜻이지요. 거꾸로 말하면 최소한의 예의만 갖추면 누구든 배움을 허락하겠다는 뜻이기도 합니다. 공자는 《논어》에서 말린 육포 한 묶음 정도만 가지고 자신에게 배움을 청하러 온다면 그가 어떤 사람이든 학생으로 받아들이겠다는 관대한 입학 규정에 대해 이야기하고 있습니다.

자 행 속 수 이 상, 오 미 상 무 회
自行束脩以上, 吾未嘗無誨

나에게 말린 육포 한 묶음 이상 가지고 찾아온 모든 사람에게,
나는 가르침을 주지 않은 적이 없다.

공자는 누구든 최소한의 성의만 보인다면 배움의 기회를 제공했다는 이야기입니다. 가정마다 사교육비에 대한 경제적 부담이 해가 갈수록 늘어납니다. 돈이 없으면 공부할 기회조차 제대로 얻지 못하는 사회에 살고 있습니다. 그런 까닭에 말린 고기 한 묶음 정도만 있으면 누구나 교육의 기회를 가질 수 있다는 《논어》의 이 구절이 더욱 의미심장하게 다가옵니다. 단지 돈 때문에 배움을 원하는 사람에게 배움의 기회를 주지 않아서는 안 됩니다. 말린 고기 한 묶음 정도의 등록금, 즉 '속수의 예'만 스승에게 갖추면 누구나 공부할 수 있는 그런 사회가 되었으면 좋겠습니다.

누구에게나 공부할 기회가 있는
사회가 되길 바랍니다.

束　脩　之　禮
한 묶음 속　포 수　갈 지　예도 례

다산 선생의 '매조도 정신'을 배워라!

매 조 도
梅鳥圖
정약용

결혼하는 딸에게 무엇을 선물해야 할지 고민이 된다면 다산 선생의 〈매조도〉를 한번 살펴보세요. 다산 정약용 선생은 한양에 있는 딸이 결혼한다는 소식을 유배지에서 전해듣게 됩니다. 사랑하는 딸을 위해 아무것도 해줄 수 없었던 선생은 매화나무 가지에 새가 앉아 지저귀는 그림을 그리고, 그 아래에 결혼하는 딸에 대한 아버지의 애틋한 감정을 시로 적어 보냅니다.

한데 다산 선생은 〈매조도〉를 종이가 아니라 자신의 부인이 결혼할 때 가져온 빛바랜 치마에 그렸습니다. 병든 아내가 먼 유배지에 있는 남편에게 보낸 빛바랜 다홍치마에 그린 그림, 〈매조도〉. 매화나무梅 가지에 노니는 새鳥들이 그려진 그림圖 밑에는 아래의 시가 적혀 있습니다.

편 편 비 조　식 아 정 매
翩翩飛鳥　息我庭梅

유 열 기 방　혜 연 기 래
有烈其芳　惠然其來

원 지 원 서　낙 이 가 실
爰止爰棲　樂爾家室

화 지 기 영　유 분 기 실
華之旣榮　有蕡其實

훨훨 나는 저 새야, 내 집 뜰 매화나무에 와서 쉬려무나.

매화꽃 향기 사방에 진동하니, 편안하게 날아와서 머무르려무나.

이 매화나무에서 편히 쉬고 둥지를 만들려무나.

이곳에서 가정을 이루고 즐겁게 지내려무나.

매화꽃은 이미 활짝 피었으니 열매 또한 풍성할 것이다.

결혼한 딸이 매화나무 가지에 둥지를 튼 새처럼 아름다운 가정을 꾸리고, 매화나무 꽃과 열매처럼 자식을 많이 낳고 예쁘게 살기를 바라는 아버지로서 다산 선생의 마음이 잘 담겨 있는 시와 그림입니다. 자녀에게 무엇을 물려줄지 고민해보아야 합니다. 비싼 호텔에서 평소 안면도 별로 없는 사람들을 초대해 아무 감흥도 없는 의례적인 혼인식을 치러주고 자녀들에게 최선을 다했다고 생각한다면 다산 선생의 '매조도 정신'을 다시 한번 진지하게 생각해보아야 합니다.

자식에게 유산을 물려주는 것보다 더 중요한 것은

사랑을 보여주는 것입니다.

梅　　鳥　　圖

매화나무 매　　새 조　　그림 도

만나는 모든 사람을 '큰 손님'처럼 대하라!

대 빈
大賓
《논어》

인仁은 《논어》에서 말하는 인간관계의 핵심입니다. 상대방을 존중하고 배려하는 것이 '인'의 시작이자 마지막입니다. 이것이 바로 유교에서 말하는 인의 가치입니다. 인은 '사람 인人' 자에 '두 이二' 자가 모여서 만들어진 글자로, 늘 상대방을 인정하고 배려하며 존중하라는 뜻을 가지고 있습니다. 어머니가 자식의 입장에서 생각하고 배려하는 것이 '부모의 인'이라면, 사장이 직원의 입장에서 배려하는 것은 '경영자의 인'입니다. 나아가 영업직원이 자신의 고객을 성심을 다해 대하고 친절한 서비스를 제공하는 것은 바로 '고객 감동의 인'이지요. 세상의 모든 인간관계가 인의 바탕에서 이루어진다면 분명히 세상은 한층 더 아름다워질 것입니다.

《논어》에 공자의 제자 중궁이 스승에게 인에 대해 묻는 장면이 나옵니다. "선생님, 인이란 무엇입니까?" 공자는 이렇게 대답합니다. "집 문을 나서는 순간, 만나는 모든 사람을 큰 손님처럼 대하는 것이 인이다."

출 문 여 견 대 빈
出門如見大賓

문을 나서는 순간 마주치는 모든 사람을 큰 손님 섬기듯이 하라.

대빈大賓, 만나는 모든 사람을 신분의 귀천과 지위의 고하에 관계없이 모두 '큰 손님'처럼 맞이하라는 뜻입니다. 참으로 의미심장한 구절이 아닐 수 없습니다. 다시 말해 세상의 모든 사람을 큰 손님 맞이하듯 정중하고 겸손하게 대하는 것이 인이라는 이야기입니다. 그런 관점에서 볼 때 사람에 따라 차별하여 대하는 것은 인의 정신에 어긋나는 일이 되겠지요. 돈을 잘 쓰는 고객을 더 극진히 대접하면 영업상 이익을 보겠지만 그런 차별을 전제로 한 서비스 정신은 결코 올바른 것이 아닙니다. 그런 행위는 그 기업의 명성을 높이거나 고객에게 오래오래 기억되고 사랑받는 조직으로 성장하는 데 걸림돌이 될 것입니다. 세상의 모든 사람을 큰 손님으로 생각하는 '대빈 정신'이야말로 자본주의의 효율성을 한 차원 뛰어넘는, 진정 아름다운 인의 가치입니다.

만나는 모든 사람이 세상에서 가장 귀한 '큰 손님'입니다.

大　賓
클 대　손님 빈

배움을 포기한 사람과는 마주하지 말라!

불 학 장 면
不學牆面
《서경》

옥玉을 다듬지 않으면 그저 돌멩이에 불과하고 사람이 배우지 않으면 금수에 불과하다는 말이 있습니다. 아무리 좋은 옥이라도 갈고 닦아야 아름다운 보석이 되듯, 아무리 머리가 좋고 뛰어난 재능을 가진 사람이라도 배우지 않으면 사람 구실을 제대로 하며 살기 어렵다는 뜻입니다. 배움이란 단순히 책을 보고 지식을 얻는 것만을 의미하지는 않습니다. 진정한 배움이란 늘 자신을 성찰하고 자신에게 긍정적인 자극을 줌으로써 자신을 끊임없이 새로운 사람으로 만들어가는 것입니다. 어제, 오늘 그리고 내일을 아무런 깨달음이나 성찰, 변화 없이 흘려보내고 그저 배나 채우며 틀에 박힌 삶을 사는 사람은 더는 발전할 수 없습니다.

《서경》에 "늘 노력하지 않거나 배우려 하지 않는 사람은 마치 담장과 얼굴을 맞대고 사는 것과 같다"라는 구절이 있습니다. 불학장면不學牆面, 즉 배우려고學 하지 않는不 사람은 담장牆과 얼굴面을 맞대고 서 있는 것처럼 답답하다는 뜻이지요.

불 학 장 면
不學牆面

배우지 않는 사람은 담장에 얼굴을 맞대고 있는 것과 같다.

세상에는 두 부류의 사람이 있다고 합니다. 나이와 환경에 구애받지 않고 배움을 통해 끊임없이 새로운 안목을 기르려고 노력하는 사람이 있는가 하면, 더 이상 배우려 하지 않고 자신이 아는 것만 옳다고 믿으며 자신이 본 것과 생각하는 것만 진리라고 주장하는 사람이 있습니다. 후자에게는 아무것도 기대할 수 없습니다. 그런 사람은 담장과 얼굴을 마주하고 서 있는 것과 같습니다. 세상에서 마주하기 가장 힘든 사람이 바로 이런 부류입니다. 배움을 포기하고 온통 아집과 편견에만 빠져 있는 사람은 마치 담장을 보고 서 있는 것과 같다는 불학장면, 사람에게 배움이 그 자체로 얼마나 가치 있고 소중한 일인가를 잘 알려줍니다.

　　배움을 멈추면 담장 앞에 서는 것과 같습니다.

不　　學　　牆　　面
아니 불　배울 학　담 장　얼굴 면

상대를 공경하되 거리를 두라!

경 이 원 지
敬而遠之
《논어》

상대방을 공경하지만 일정한 거리를 두는 것을 '경이원지敬而遠 之'라고 합니다. 공경하되 일정한 거리를 두라는 이 말은 언뜻 이해 가 가지 않습니다. 거리를 두라는 것은 멀리하라는 뜻인데, 공경하는 상대방을 왜 멀리해야 하는지 궁금해지는 대목입니다. 《논어》에 공 자의 수레를 모는 마부이자 제자였던 '번지'라는 사람이 나옵니다. 어느 날 그가 공자에게 지혜로운 지도자란 어떤 사람인지 묻습니다. 그러자 공자는 "백성들이 원하는 정치를 하고, 백성들이 믿는 귀신 을 공경하되 일정한 거리를 두는 것이 진정 지혜로운 지도자의 모습 이다"라고 대답합니다.

무 민 지 의,   경 귀 신 이 원 지,   가 위 지 의
務民之義, 敬鬼神而遠之, 可謂知矣

백성들이 옳다고 생각하는 것에 힘쓰라.
그들이 믿는 귀신을 공경하되 거리를 두어 멀리하라.
이것이 지혜로운 지도자라 할 것이다.

공자가 생각하는 가장 이상적인 지도자는 백성들이 원하는 것을 해주는 위민爲民의 지도자였습니다. 그러나 만약 백성들이 원하는

것이 합리적이지 않다면 어떻게 해야 할까요? 일반 백성들은 합리적인 생각보다 보이지 않는 귀신이나 미신에 더 귀를 기울이기 마련입니다. 그래서 지도자는 백성들이 원하는 정치를 하기 위해 그들이 공경하는 귀신을 함께 공경은 하더라도 너무 가까이하지 말고 일정한 거리를 두어야 한다는 것입니다.

공자는 귀신이나 초월적인 존재에 대하여 부정적이었습니다. 그런데 당시 백성들은 초월적 존재에 대하여 그릇된 믿음을 가지고 있었지요. 공자는 당시 비합리적인 신비주의를 대하는 자세로 '경이원지'라는 말을 사용함으로써, 백성들의 뜻을 존중하여 공경은 하되 그 신비한 존재에 빠져서는 안 된다고 강조한 것입니다.

요즘 지도자들도 고민이 많을 것 같습니다. 백성들이 원하는 것을 해주어야 하지만 백성의 요구를 마냥 들어줄 수만은 없을 때 경이원지, 즉 백성들의 뜻을 공경하되 일정한 거리를 두는 지혜를 발휘해야 합니다.

상대방의 생각에 공감하되 불합리한 것에 대해서는
일정한 거리를 둘 줄 알아야 합니다.

敬　　而　　遠　　之
공경할 경　말 이을 이　멀 원　갈 지

상황에 맞는 중용의 도를 찾아 행하라!

시 중 지 도
時中之道
(중용)

인생을 살면서 가장 어려운 것 중 하나가 그때그때 맞닥뜨리는 상황에 맞는 올바른 결정을 하는 일입니다. 화를 내야 할 때 적절히 화를 내고 슬퍼해야 할 때 적절히 슬퍼할 줄 아는 것, 이렇듯 상황에 맞게 적절한 행동을 하는 것을 '시중지도時中之道'라고 합니다. 그때時 상황에 맞는中 가장 적절한 중용의 도道를 찾아 실천하며 살아야 한다는 것이지요. 음식을 먹을 때도 상황에 맞는 시중지도가 있어야 하고, 건강을 유지하며 가정이나 직장에서 중용의 삶을 살아가는 데에도 역시 시중지도가 필요합니다. 내 눈앞에 놓인 음식이 맛있다고 과하게 먹거나, 운동하며 건강을 지켜야 할 때 일이 많다는 핑계로 건강을 소홀히 한다면 시중지도를 발휘하지 못하는 사람이라고 할 수 있지요.

《중용》에서는 군자와 소인의 삶을 비교하면서 군자는 시중지도를 실천하는 사람이며, 소인은 때를 알지 못하고 인생을 마음 내키는 대로 사는 사람이라고 정의합니다.

군 자 지 중 용 야, 군 자 이 시 중,
君子之中庸也, 君子而時中,

소 인 지 반 중 용 야, 소 인 이 무 기 탄 야
小人之反中庸也, 小人而無忌憚也

군자의 중용적 삶은 군자로서 때를 잘 알아,

그 상황에 가장 적절한 중심을 잡고 사는 것이며,

소인의 반중용적 삶은 소인으로서 시도 때도 모르고,

아무런 고민 없이 인생을 막 살아가는 것이다.

　예로부터 사람은 때를 잘 알아야 한다고 했습니다. 나서야 할 때
가 있고 물러나야 할 때가 있으며, 말해야 할 때가 있고 침묵해야 할
때가 있는 것처럼, 사람은 늘 때를 잘 알아야 인생이 어느 한쪽으로
치우치지 않고 중용적인 삶을 살 수 있다는 것이지요. 중심은 정해
진 실체가 아닙니다. 상황을 정확히 인식하고, 그 상황에 맞는 정확
한 답을 찾아내는 것이 '시중時中'입니다. 유연성을 가지고 인생의
중심을 잡고 살아가는 시중지도, 우리가 늘 고민해야 할 인생철학입
니다.

때를 알고, 때에 맞게 처신할 줄 아는 사람이

성공적인 인생을 살 수 있습니다.

時　　中　　之　　道
때 시　　가운데 중　　갈 지　　길 도

가는 것은 쫓지 말고 오는 것은 막지 말라!

왕 자 불 추
往者不追
《맹자》

가고往 오는來 것은 인생을 살면서 피할 수 없는 일입니다. 사랑하는 사람이 다가올 때도 있고, 사랑하는 사람이 떠날 때도 있습니다. 세월도 마찬가지입니다. 내게 다가오기도 하지만 나에게서 멀어지기도 하지요. 가는 세월을 붙잡으려 아무리 애쓰고 노력해보았자 다시 올 리 없고, 오는 세월을 거부해보았자 막을 수도 없습니다. 춘하추동, 계절의 순환과 우주의 시간 흐름은 인간의 힘으로 어쩔 수 없는 것이라고 생각하면서 다가오는 시간을 순순히 받아들이고 지나가는 세월을 미련 없이 떠나보낼 수 있는 삶의 철학이 필요한 때입니다.

《맹자》에 "떠나가는 것은 쫓아가지 말고 오는 것은 막지 말라"라는 구절이 있습니다.

왕 자 불 추 , 래 자 불 거
往者不追, 來者不拒

가는 것은 무리하게 쫓아가지 말라.
다가오는 것은 억지로 거부하지 말라.

원래 이 구절은 가는 사람 안 붙잡고 오는 사람 안 막는다는 맹자의 교육철학을 나타내는 것이었습니다. 가겠다는 제자를 억지로 붙잡아보았자 제대로 공부할 리가 없으니 붙잡을 필요가 없고, 공부하겠다고 마음먹고 온 사람을 이런저런 이유로 거부할 필요도 없다는 뜻이지요. 세상을 살면서 만나야 할 사람이 있다면 운명처럼 만나게 된다는, 또 떠나가는 사람이 있다면 억지로 잡지 않겠다는 맹자의 인생철학을 잘 보여내는 구절입니다.

가는 것 붙잡지 않고 오는 것 막지 않겠다는 것이 어찌 사람에만 해당되겠습니까? 나에게 다가온 명예와 돈도 떠나갈 시간이 되면 어느덧 내게서 멀어지는 것이 인생사입니다. 지금 내가 가진 돈과 땅이 영원히 내 것이라고 생각하면 그것이 어느 날 갑자기 나에게서 멀어졌을 때 너무나 큰 고통을 겪어야 합니다. 내가 잠시 맡아두었다가 그다음 사람에게 전달하는 것이라고 생각하면 어느 날 내 곁을 훌쩍 떠나도 담담히 보낼 수 있을 것입니다. 가는往 것은 쫓지追 말라不! 오는來 것은 막지拒 말라不! 가고 오는 것에 연연하지 않고 사는 담박한 인생철학입니다.

가고 오는 것에 연연하지 않는
인간의 문양을 그리며 살아야 합니다.

往 者 不 追
갈 왕　　놈 자　　아니 불　　쫓을 추

숨는 데에도 여러 가지 방법이 있다

대 은 은 어 조
大隱隱於朝
동방식

　세상을 등지고 산야에 숨어사는 사람을 '은자隱者'라고 합니다. 속세의 권력에서 멀어져 있지만 자신의 소신과 삶의 방식을 포기하지 않고 당당하게 살아가는 은자의 모습은 의연하고도 확고해 보입니다. 《장자》에서는 이런 은자들을 '방외지사方外之士'라고 정의합니다. '일반인들이 사는 영역方 밖外에서 사는 선비士'라는 뜻이지요. 속세를 벗어난 곳에서 속세를 조소하듯 내려다보며 살아가는 사람들의 이야기는 역사책과 다양한 문학작품에 자주 등장하는 소재이기도 합니다. 그런데 역설적이게도 진정한 은자는 산속에 숨는 것이 아니라 오히려 가장 속된 곳에서 살아가는 사람이라고 합니다.

소 은 은 어 야 , 중 은 은 어 시 , 대 은 은 어 조
小隱隱於野, 中隱隱於市, 大隱隱於朝

작은 은자는 산속에 숨는 자들이다.
중간급 은자는 시끄러운 저잣거리에 숨는다.
그러나 진정한 거물급 은자는 간신배와 권력의 암투가
가장 치열한 조정에 숨는 자들이다.

　다시 말해 산속이나 들판에서 속세와 떨어져 사는 사람은 작은 은

자이고, 오히려 치열한 경쟁 현장에서 자신의 삶의 방식을 포기하지 않고 뚝심 있게 사는 사람이 거물급 은자라는 것입니다. 호랑이를 잡을 수 있는 사람은 호랑이 굴을 찾아가 호랑이와 당당하게 대면하고 정면승부를 벌이는 사람이듯, 진정 자신의 뜻을 고고하게 펼치며 살 수 있는 사람은 가장 치열한 경쟁의 한가운데인 도심 속에서 속물들과 한판승부를 벌일 수 있는 사람입니다. 물리적으로 몸을 숨기는 사람이 아니라 세상과 제대로 소통하면서도 자신을 지킬 줄 아는 사람이 진정 위대한 은자라는 뜻입니다. 저 시골 초야에 묻혀 세속에 물들지 않고 살아가는 사람도 은자지만, 속세에 살면서 때 묻지 않고 자신을 지키며 살아가는 사람이 진짜 '고수高手 은자'입니다.

> 세상과 제대로 소통하면서도 자신을 지킬 줄 아는 사람이
> 진정 위대한 은자입니다.

大 隱 隱 於 朝
클 대   숨을 은   숨을 은   어조사 어   조정 조

직업을 선택할 때 고려해야 할 것

시 인 함 인
矢人函人
〈맹자〉

    세상살이에서 어떤 직업을 가지고 사느냐는 참으로 중요한 일 중하나입니다. 세상의 많은 일 가운데 어떤 일은 많은 사람에게 도움이 되고 행복을 주기도 하지만 어떤 일은 사람들에게 불행과 상처를남기기도 합니다. 따라서 직업을 선택할 때 그 결과를 신중히 고민해보는 것이 무엇보다도 중요합니다. 《맹자》에서는 활 만드는 사람과 방패 만드는 사람의 이야기를 통해 직업 선택의 중요함을 말하고있습니다.

시 인 개 불 인 어 함 인 재
矢人豈不仁於函人哉
시 인 유 공 불 상 인
矢人惟恐不傷人
함 인 유 공 상 인
函人惟恐傷人

활을 만드는 사람이 방패를 만드는 사람보다 착하지 않은 것은 아니다.
화살을 만드는 사람은 어떻게 하면 그가 만든 화살이
사람을 상처 나게 할 수 있을까 고민한다.
방패를 만드는 사람은 어떻게 하면 사람을 보호할 수 있을까 고민한다.

    극단적인 비교이기는 하지만 직업 선택에 대한 맹자의 생각을 정확히 엿볼 수 있는 구절입니다. 화살 장인과 방패 장인은 모두 착한 천성을 타고났지만, 평소 하는 일이 그들의 생각과 마음을 바꿀 수 있다는 것입니다.

세상에 어떤 일이든 의미 없는 일은 없습니다. 남에게 피해를 주지 않는 일이라면 어떤 직업이든 소중합니다. 그러나 어떻게든 사람들에게 상처를 주려고 하는 직업보다는 어떻게 하면 사람을 잘 보호할 수 있을지 고민하는 직업을 선택해야 하지 않을까요? 현대사회에서 직업의 종류는 수만 가지나 된다고 합니다. 직업마다 존재해야 할 이유가 있기에 그토록 많은 직업이 생겼겠지요. 그러나 직업을 선택할 때 신중해야 하는 이유는 그 일이 자신의 본성과 성격을 바꾸는 것은 물론이고 사회에 영향을 주기 때문입니다.

세속의 기준보다는 사회에 기여할 만한 일인지를
고민해서 직업을 선택하세요.

矢　人　函　人
화살 시　사람 인　방패 함　사람 인

묻는 것이 경쟁력이다

호 문
好問
《중용》

    똑똑한 사람이 자신의 지식에 얽매이지 않고 늘 겸손한 마음으로 세상을 살아가기란 결코 쉬운 일이 아닙니다. 비록 자신이 남보다 지식이 풍부하더라도 나는 아직도 배울 것이 많다는 자세로 자신을 낮추고 묻고 또 물어야 더 크고 값진 지식을 얻을 수 있는데, 이러한 자세를 갖추기가 쉽지 않지요. 지혜는 '묻는 것'이라고 합니다. 알아도 묻고, 몰라도 물어야 합니다. 그 물음의 깊이만큼 더 큰 지혜를 얻을 수 있기 때문입니다.

    《중용》은 순舜 임금을 평가하면서, 그가 묻기를 좋아한 지도자였다는 점을 중요하게 여겼습니다. 순 임금은 천자라는 높은 자리에 있으면서도 언제나 주위 사람들에게 묻는 것을 좋아했다고 합니다.

순 기 대 지 야 여
舜其大智也與
순 호 문 이 호 찰 이 언
舜好問而好察邇言

순 임금은 큰 지혜를 가진 사람이다.
그는 묻기를 좋아하고 주변 사람들의 말을 경청하기를 좋아했다.

    순 임금을 진정 지혜로운 지도자라고 말하는 이유는 바로 그가 묻기를 좋아한 '호문형好問形 리더'였기 때문이라는 것입니다. 묻기를 좋아하는 경청의 자세를 '호문 정신'이라고 합니다. 불치하문不恥下問은 '지위나 학식, 나이 따위 면에서 자기보다 못한 사람에게 묻는 것을 부끄럽게 여기지 않는다'는 뜻의 호문 정신을 담은 말입니다. '로마에 가면 로마의 법에 대해 물어라. 이미 알고 있더라도 그곳 사람에게 다시 묻는 것이 진정한 예의 정신이다.' 공자가 말하는 '매사 문每事問'의 호문 정신입니다.

물음의 깊이가 결국 그 사람의 질質과 격格을 만든다고 합니다. 묻기를 좋아하는 호문 정신. 이순신 장군은 자신에게나 다른 사람에게나 묻기를 좋아했기에 난세의 영웅이 되었고, 다산 선생은 묻기를 좋아했기에 실학의 꽃을 피울 수 있었습니다. 우리보다 먼저 살다 간 위대한 사람들의 가장 중요한 특징은 묻는 것을 좋아한 호문 정신의 수호자였다는 것을 잊어서는 안 됩니다.

물음은 좋은 답을 얻는 가장 중요한 방법입니다.

好　　問
좋아할 호　물을 문

어떤 짓을 해도 좋은 친구

막 역 지 우
莫逆之友
《장자》

우리는 둘도 없는 친구 사이를 '막역지우莫逆之友'라고 합니다. 막역莫逆은 글자 그대로 '거스를 것이 없다'는 뜻입니다. 상대방이 어떤 말을 하고 어떤 행동을 해도 내 마음에 거슬리지 않을 정도로 친한 친구를 '막역한 사이'라고 표현합니다.

'막역지우'라는 말은《장자》에서 비롯되었습니다.《장자》에 이런 이야기가 나옵니다. 자상호, 맹자반, 자금장 세 사람이 모여 담소했는데, 그중 한 사람이 이렇게 물었습니다. "이 세상에 서로 친하지 않은 듯하면서도 서로 친하고, 서로 위하지 않는 듯하면서도 서로 위하는 그런 친구가 있을까?" 세 사람은 서로 마주 보면서 어느 누구도 마음에 거슬리는 사람이 없음을 깨닫고 드디어 서로 막역한 친구가 되었다고 합니다.

막 역 지 우
莫逆之友

서로에게 거슬리지 않는 친구

막역어심莫逆於心, 즉 '마음心에 거슬리는逆 것이 없다莫'는 뜻에서 '막역지우'라는 고사가 유래되었습니다. 서로 친하지 않은 듯하면서도 친한 사이, 참으로 부러운 사이 아닐까요? 당신은 내 친구여야만 한다는 강요나 구속을 하는 사이가 아니라 서로 자유롭게 해주면서 동시에 서로의 행동에 어떤 원망도 하지 않는 사이는 정말 보통 사이는 아닌 듯합니다. 서로 위하지 않는 듯하면서 진심으로 위하는 사이, 내가 무언가를 주면 상대방이 부담을 느끼는 것이 아니라 무언가를 받았다는 것도 느끼지 못할 정도로 편안한 사이, 그런 사이야말로 막역지우의 참모습이 아닐까요?

진정한 친구 사이에는 상대방이 누구이며 나에게 어떻게 하느냐가 중요한 것이 아니고, 마음에 거슬림 없이 서로를 인정하고 존중하며 배려할 줄 아는 것이 중요합니다. 막역함이 점점 희미해지고 이것저것 깐깐하게 조건을 따지며 인간관계를 맺는 요즘, '막역'의 의미를 진지하게 되짚어봅니다.

> 무엇을 주고도 상대로 하여금 무엇을 받았다는
> 생각이 들지 않게 하는 사이가 진정한 친구 사이입니다.

莫 逆 之 友
없을 막   거스를 역   갈 지   벗 우

덕을 쌓으면 도와주는 사람이 많다

득 도 다 조
得道多助
《맹자》

세상에서 가장 강한 사람은 힘이 센 사람도 아니고 지위가 높은 사람도 아닙니다. 엄청난 부를 소유하거나 학력이 높은 사람도 아니지요. 세상에서 가장 강한 사람은 도와주는助 사람이 많은多 사람입니다. 아무리 힘 센 사람이라도 도와주는 사람이 많은 사람을 이기지는 못합니다. 그 사람이 잘되기를 바라는 사람이 많고, 쓰러지지 말라고 응원해주는 사람이 많으면 그 사람은 절대로 쓰러지지 않습니다.

《맹자》는 주위에 이렇게 도와주는 사람을 많이 두려면 인심人心을 얻어야 한다고 말합니다. 평소에 주위 사람들의 마음을 얻어야만 도와주는 사람이 많아진다는 것이지요. 이것을 '득도다조得道多助'라고 합니다. '도道를 얻은得 사람은 도와주는助 사람이 많다多'라는 뜻입니다. 도는 평소에 남에게 베풀고 인간답게 사는 길을 걸어가는 것입니다. 평소에 남에게 덕을 베풀었기에 그가 잘되기를 응원해주는 사람이 그만큼 많을 수밖에 없다는 것이지요.

득 도 다 조
得道多助

사람의 마음을 얻으면 도와주는 사람이 많다.

여기서 '도道'란 사람의 마음입니다. '득도得道'란 산에 가서 도를 깨닫는 것이 아니라 사람의 마음을 얻는다는 뜻입니다. 지도자가 도를 얻었다는 것은 민심을 얻었다는 뜻이 됩니다. 기업가가 도를 얻었다면 고객의 마음을 사로잡은 것입니다. 평소에 주위 사람을 따뜻하게 대하고 배려해주었기에 상대방의 마음을 얻을 수 있는 것입니다.

요즈음 세상을 보면 주위 사람의 마음을 잃은 사람이 참 많은 것 같습니다. 심지어 가장 가까운 사람들까지 등을 돌리는 경우도 꽤 있습니다. 평소에 그만큼 가까운 사람들을 모질게 대했기에 결정적일 때 자신에게 등을 돌리는 것이겠지요. 평소에 사람의 마음을 얻은 사람이라면 아무리 어렵고 힘든 상황이 되어도 결코 무너지지 않습니다. 그가 무너지지 않기를 바라는 사람이 주변에 많기 때문입니다.

사람의 마음을 얻은 사람은 절대로 무너지지 않습니다.

得 道 多 助
얻을 득　길 도　많을 다　도울 조

오랜 시간이 지나도 공경하는 마음을 잃지 말라!

구 이 경 지
久而敬之
《논어》

세상에서 가장 힘든 일 중 하나가 바로 인간관계입니다. 주위 사람들과 조화로운 상태를 유지하면서 서로 배려하고 존중하며 살아가기가 말처럼 쉬운 일이 아니기 때문입니다. 부모와 자식 간의 믿음, 부부간의 애정, 형제간의 우애, 직장 상사와 부하직원 간의 화합, 노인과 젊은이 간의 존중, 이 모든 것이 결국 올바른 인간관계에서 비롯됩니다. 아무리 크게 출세를 하고 돈을 많이 벌어도 주위 사람들과 인간관계가 원만하지 못하면 그 성공이 아름답다고 말하지 않습니다. 왜일까요? 인간이란 결국 매우 다양하고 복잡다단한 인간관계망 속에서 살아가는 존재이기 때문입니다.

《논어》에서는 관계를 원만하게 유지하기 위한 가장 중요하고도 효과적인 방법으로 '구이경지久而敬之'의 자세를 제시합니다. 구이경지는 오랜 시간이 지나도 서로 공경하는 자세를 잃지 않는다는 뜻입니다. 공자는 당시 안평중이라는 사람에 대해 평가하면서, 그가 가진 가장 위대한 장점 중 하나는 주위 사람들과 아름답고 원만한 관계를 유지하는 것이라고 말합니다. 그리고 그 원만한 관계 유지의 핵심은 '공경'이라고 강조하지요.

안 평 중 선 여 인 교 , 구 이 경 지
晏平仲善與人交, 久而敬之

안평중이라는 사람은 주변과 좋은 관계를 유지하고 있다.
그것은 주변 사람과 오랜 시간을 교류해도 서로 공경하기 때문이다.

처음에 좋게 맺어진 관계도 시간이 지날수록 피차 공경하는 마음이 옅어지면서 막 대하는 관계로 변하는 경우가 종종 있습니다. 부부가 오래 같이 살았다고 해서 서로 막말을 하고, 친구가 오래 사귀었다고 해서 서로 아무렇게나 대한다면 그 관계가 원만하게 유지될 수 없습니다. 세상을 산다는 것은 결국 좋은 인간관계를 맺고 유지하는 일입니다. 세상을 올바르게 살아가는 비결이란 서로가 서로를 공경하며 배려하는 마음을 갖고, 아름다운 인간관계를 유지하는 것입니다.

당신은 당신과 가장 가까운 사람을
늘 공경하는 자세로 대하고 있습니까?

久   而   敬   之
오랠 구   말 이을 이   공경할 경   갈 지

길은 산속에 있지 않다

도 불 원 인
道不遠人
《중용》

　도道는 동양에서 다양한 모습으로 전개되는 중요한 개념 중 하나입니다. 어떤 때는 도를 우주의 원리로 설명하기도 하고, 어떤 때는 도를 지도자의 리더십으로 보기도 합니다. 어떤 이들은 도를 우주의 본질이자 인간이 깨달아야 할 진리라고 설명하기도 하지요. 동양의 경전에는 도에 대한 이야기가 빠지지 않고 나옵니다. 특히 《중용》에서 말하는 도는 매우 의미심장합니다.

　도는 인간을 빼놓고는 설명할 수 없다는 사실을 깨닫습니다. 도는 산속에 있는 것도, 저 높은 곳 어딘가에 있는 것도 아닙니다. 도란 그저 인간이 매일을 살아가는 데 필요한 삶의 지표와 가야 할 길이 되어야 합니다. 부모에게 효도하고, 타인을 배려하고 존중하며, 염치와 분수를 알고 살아가는 것이 진정 도를 닦는 길이며 도를 실천하는 방식인 것입니다.

도 불 원 인
道不遠人

도는 인간에게서 멀어져 있어서는 안 된다.

인 지 위 도 이 원 인 , 불 가 이 위 도
人之爲道而遠人, 不可以爲道

사람이 도를 닦는다고 하면서 인간에게서 멀어져 있다면,
그것은 진정 도를 닦는 것이 아니다.

도는 인간이 되는 도리이며, 인간으로서 마땅히 걸어야 할 쉽고도 평범한 길이라는 의미입니다. 내 자식이 나에게 해주기를 바라는 바대로 부모를 모시면 그것이 '효도'가 되고, 내 동생이 나에게 해주기를 바라는 바대로 형을 섬기면 그것이 '공경'이 될 것입니다. 내가 얻고자 하면 먼저 상대방에게 주는 것이 진정한 도인 것이지요. 도는 인간이 반드시 실천하고 지켜야 할 평범한 상식과도 같은 것입니다. 따라서 평생 남에게 손해 끼치지 않으며 타인을 존중하고 배려하는 마음으로 살아가는 평범한 분들에게서 도인의 모습을 더 많이 발견할 수 있는 것입니다.

도는 먼 곳에 있는 것이 아니라 내 일상의 삶 속에 있습니다.

道　　不　　遠　　人
길 도　　아니 불　　멀 원　　사람 인

금슬이 좋아야 오래간다

금 슬
琴瑟
〈시경〉

　부부간에 사이가 좋고 화목한 것을 우리는 "금슬琴瑟이 좋다"라고
말합니다. 금슬은 악기 이름으로 금은 '거문고'를, 슬은 '비파'를 의
미합니다. 그러니까 거문고와 비파가 서로 잘 맞는 것처럼 부부간에
잘 맞는 관계를 '금슬 좋은 부부'라고 표현하는 것이지요. '금슬'이라
는 단어의 어원은 《시경》〈주남〉 편에 나옵니다. '금슬'이 나오는 시
의 내용을 간단히 정리하면 이렇습니다.

요조숙녀 군자호구
窈窕淑女 君子好逑
요조숙녀 오매구지
窈窕淑女 寤寐求之
오매사복 전전반측
寤寐思服 輾轉反側
요조숙녀 금슬우지
窈窕淑女 琴瑟友之

아리따운 아가씨여, 총각들의 좋은 짝이로다!
아리따운 아가씨여, 자나 깨나 보고 싶구나!
자나 깨나 그대 생각, 이리 뒤척이고 저리 뒤척이며 잠 못 이루네.
아리따운 아가씨여, 거문고와 비파처럼 잘 어울리도다!

　젊은 남자가 어떤 여자를 가슴속에 그리며 밤마다 뒤척이느라 잠

못 이루는 애절함과 남녀 사이에 느낄 수 있는 기쁨이 가득 담긴 시입니다. 여기서 사용된 '금슬'이라는 단어는 남녀 간의 만남이 서로를 존중하고 배려하는 관계가 되어야 한다는 뜻을 담고 있습니다. 거문고와 비파가 만나 좋은 소리를 내려면 상대 악기에 대한 배려가 있어야만 합니다. 마찬가지로 남녀 사이도 상대방에 대한 존중과 배려가 있을 때에만 그 만남이 더욱 아름다워질 수 있지요.

공자는 이 시를 평가하면서 "기쁨이 가득하지만 음란하지는 않고樂而不淫(낙이불음), 애절함이 있지만 상처를 내지 않는다哀而不傷(애이불상)"라고 이야기했습니다. 요즘 남녀 간의 만남을 보면 격식도 배려도 없어 보입니다. 그저 마음이 동하면 쉽게 만났다가 싫증이 나면 뒤도 한번 안 돌아보고 외면해버리지요. 이러한 모습은 진정한 사랑이라고 할 수 없습니다.

> 아름다운 음악은 악기가 각자 자신을 뽐내지 않고
> 상대에게 자신을 맞출 때 탄생합니다.

琴　　　瑟
거문고 금　　비파 슬

윗사람의 용서와 관용은 큰 힘을 발휘한다

절 영 지 연
絶纓之宴
《사기세가》

세상에 완벽한 사람은 없습니다. 사람은 완벽하지 않은 존재이기에 누구나 실수를 할 수 있습니다. 그래서 다른 사람이 저지른 실수를 너그럽게 용서해주는 것도 인생을 살아가는 데 꼭 필요한 지혜입니다. 이런 너그러운 용서의 마음을 '절영지연絶纓之宴'이라고 합니다. '잔치宴에서 갓끈纓을 끊어絶 상대방의 잘못을 감추고 용서한다'는 의미의 사자성어입니다. 사마천의 《사기세가》에 소개된 이 절영지연의 고사는 초나라 장공의 일화에 나옵니다.

절 영 지 연
絶纓之宴

갓끈을 끊어 상대방의 잘못을 숨겨준 연회

어느 날 초나라 왕이 장군들과 연회를 열었는데, 느닷없이 강풍이 불어와 촛불을 꺼뜨렸습니다. 그때 왕이 총애하는 한 여인이 갑자기 소리를 질렀습니다. 방이 깜깜해진 틈을 타 누군가가 자신의 몸을 만졌는데, 자기가 그 사람의 갓끈을 잡아 끊어놓았다는 것이었지요. 이제 불만 켜면 누가 그런 엄청난 무례를 범했는지 밝힐 수 있는 그 순간, 놀랍게도 왕은 모든 장군에게 갓끈을 끊어 모자를 바닥에 집

어던지라는 명을 내렸습니다. 결국 왕의 여인을 범한 장군은 위기
상황에서 목숨을 건질 수 있었습니다.

훗날 전쟁터에서 왕이 궁지에 몰리자 그 장군은 사력을 다해 왕을
구출했고 전쟁에서도 승리를 거두었습니다. 왕이 장군의 용기를 칭
찬하자 그는 오래전 연회에서 무례를 범한 장군이 바로 자신이라고
고백하며 오늘 비로소 그 은혜를 갚게 되었다고 말했습니다. 술자리
에서 신하가 저지른 큰 잘못을 너그럽게 감싸고 덮어주었던 왕은 결
국 그 너그러움 덕분에 목숨을 건지게 된 것이지요. 절영지연, '갓끈
을 끊어 부하의 잘못을 용서해주는 잔치'라는 뜻의 이 사자성어는
윗사람의 용서와 관용이 얼마나 큰 힘을 발휘할 수 있는지를 잘 보
여줍니다.

> 다른 사람의 잘못과 허물을 덮어줄 줄 아는
> 넓은 마음이 필요합니다.

絶　　纓　　之　　宴
끊을 절　　갓끈 영　　갈 지　　잔치 연

부모의 뜻을 계승하고 발전시키는 것이 효도

계 지 술 사
繼志述事
〈중용〉

효도는 인간으로서 반드시 실천해야 할 덕목이라는 생각은 우리 민족이 전통적으로 지켜온 오래된 가치입니다. 그런데 자칫 부모님께 맛있는 음식과 좋은 옷을 드리는 물질적인 봉양만 효도라고 생각하기 쉽습니다. 효도는 나를 낳아준 부모에 대하여 자식으로서 마땅히 지켜야 할 의무와 도리를 되새기는 일입니다. 나는 부모님의 뜻에 어긋나지 않게 잘 살고 있는지, 부모님이 기대하는 모습으로 살고 있는지 고민해보는 것이 효도의 시작입니다.

《중용》에서는 효의 개념을 이렇게 정의합니다.

효 자 선 계 인 지 지, 선 술 인 지 사 자 야
孝者善繼人之志, 善述人之事者也

효도라고 하는 것은 부모의 뜻을 잘 계승하여,
부모가 하고자 했던 업을 잘 펼치는 것이다.

그렇습니다. 효란 '세대에서 세대로 이어지는 문명을 계승하고 발전시키는 것'입니다. 한 가정의 범주로 볼 때 부모의 뜻과 업을 잘 이어받아 바르게 펼쳐나가는 것이 바로 효입니다. 같은 맥락에서, 사회라는 범주로 이 개념을 확장할 때 이전 세대가 가슴에 품고 이루고 자 했던 꿈志을 잘 계승繼하여 펼쳐나가는 것 또한 효에 내포된 의미이자 효의 도리라고 할 것입니다. 고로 효에는 한 가정에서 부모로부터 자식으로 이어지는 원활한 가업 계승이라는 의미가 있습니다. 또한 사회라는 큰 틀에서 이전 세대의 문명을 계승하고 발전시켜야 한다는 측면도 있는 것입니다. 효도하는 사회는 원만하고 바람직한 세대교체가 이루어지는 사회라고 할 수 있습니다. 이 같은 관점에서 지나간 세대를 부정하고 단절함으로써 나를 부각시키고 돋보이고자 하는 것은 불효라고 할 수 있겠지요.

하늘 아래 새로운 것은 없습니다. 과거를 기반으로 새로운 것을 아는 '온고이지신溫故而知新'이나 지나간 세대의 업적을 본받아 새로운 것을 창조해내는 '법고창신法古創新'이야말로 위대한 효의 정신입니다. 효도는 오로지 자신의 부모만 봉양하는 것을 넘어 세대와 세대를 이어주는 위대한 계승과 발전의 윤리라는 넓은 의미로 받아들여야 합니다.

효도하는 사회는 원만한 세대교체가
이루어지는 건강한 사회입니다.

繼　志　述　事
이을 계　뜻 지　펼칠 술　일 사

형제가 상처를 입으면 나도 상처 입는다

외 어 기 모
外禦其侮
〈시경〉

"아무리 미워도 형제자매의 정은 끊을 수 없다"라는 말이 있습니다. 인생을 살다가 만난 친구나 사람들은 때에 따라 의견이 안 맞으면 관계를 끊고 헤어질 수도 있지만, 피와 살을 나누고 어린 시절을 함께 보낸 형제자매 사이에는 끊으려야 끊을 수 없는 진한 혈육의 정이 있습니다. 그래서 형제자매들은 어려움을 당하면 서로 합심하여 그 어려움을 함께 이겨나가야 합니다.

《시경》에는 형제들이 비록 집 안에서는 서로 사이가 나쁘고 다퉈도 집 밖에서 다른 사람들이 자기 형제를 욕하면 함께 나서서 손봐준다는 구절이 있습니다.

형 제 혁 우 장 , 외 어 기 모
兄弟鬪于墙, 外禦其侮

형제들이 집 담장 안에서는 서로 싸우고 헐뜯어도,
집 밖에서 형제가 모욕을 당하면 함께 협력해서 막는다.

비록 집 안에서는 서로 싸움을 할지언정 외부의 공격이 있으면 형제자매는 공동으로 대응한다는 것입니다. 내가 형제를 욕하는 것은 괜찮지만 남이 내 형제를 욕하는 것은 두고 볼 수 없다는 뜻이기도

294 • 2부 | 내 인생을 돌아보는 모멘텀

하지요. 형제, 참으로 멀고도 가까운 사이입니다.

　부모는 집 밖에 나가 자식의 단점을 남에게 말해서는 안 되고, 자식 역시 부모의 문제를 이야기하고 다녀서는 안 된다고 합니다. 그만큼 내 가족 중 누군가가 상처를 입으면 그것이 당연히 내게도 상처가 될 수밖에 없기 때문입니다.

　세상의 수많은 인간관계 중에서 부모와 자식, 형제와 자매, 남편과 아내 관계가 가장 중요하다고 해서 '삼친三親'이라고 합니다. 어떤 일이 있어도 서로를 지켜주어야 하는, 세상에서 가장 친한 관계라는 뜻이지요. 종종 형제들끼리 재산 문제로 법정에서 원수가 되고, 부모와 자식이 서로를 고소하고 고발하는 사건들을 보면서 혈육 간의 정이 더욱 절실한 때임을 새삼 느낍니다.

집 안에서는 비록 싸워도 집 밖에 나가서는
서로 감싸주고 칭찬하는 것이 형제자매입니다.

外　禦　其　侮
바깥 외　막을 어　그 기　모욕 모

형제간에 충고할 때는 더욱 조심하라!

형 제 이 이
兄弟怡怡
《논어》

　　우리는 자주 "가정의 화목이 결국 인생의 행복이 된다"라고 이야기합니다. '가화만사성家和萬事成'이라고도 하지요. 가정이 안정되고 화목하면 만사가 잘 풀린다는 뜻입니다. 가정의 화목 중에서도 형제간의 화목은 특히 쉬운 일이 아닙니다. 같은 피를 나누고 태어났지만 서로 다른 인생을 살아가는, 어쩌면 가장 가깝고도 먼 사이일 수 있기 때문입니다. 그래서 형제들끼리 화목하고 단합하며 사는 모습은 행복한 가정을 만드는 초석이 되기도 합니다.

　　《논어》에서는 이렇듯 형제간의 화목한 모습을 '형제이이兄弟怡怡'라고 표현합니다. '이怡'는 화합하는 모습입니다. 형제들끼리 단합해 뭉쳐 있는 모습을 표현한 말이 바로 '형제이이'입니다. 그런데《퇴계언행록》에서 퇴계 선생은 형제간의 화합을 위해서는 충고하는 일을 서로 조심하라고 강조합니다. 아무리 바른 말이라고 해도 형제간에 잘못 충고하면 틈이 벌어지고 사이가 멀어질 수 있다는 뜻입니다.

치 오 성 의 ,　사 지 감 오 연 후 시 득 무 해 어 의
致吾誠意, 使之感悟然後始得無害於義

(형제간에 올바른 이야기로 충고할 때는)

내가 가지고 있는 성실한 뜻을 극진히 해야 한다.

그래서 형제로 하여금 충분히 납득이 되도록 한 뒤라야
비로소 형제간의 의가 상처 나지 않게 된다.

  형제간에는 화목이 유지되어야 합니다. 형제간의 화합을 깨는 것 중 하나가 바로 성심과 믿음 없이 그저 말로만 상대방을 충고하는 것입니다. 형제에 대한 믿음이 뒷받침되지 않은 상태에서는 아무리 옳은 말을 한다고 해도 형제가 그 충고를 수용하기란 쉽지 않습니다. 형제간의 화목은 무엇보다도 중요합니다. 같은 부모 밑에서 태어나 멀어질 수 없는 천륜이기에 더 그렇습니다.

피를 나눈 가까운 사이일수록
서로에 대한 배려가 더욱 필요합니다.

兄	弟	怡	怡
형 형	아우 제	기쁠 이	기쁠 이

오래 사느냐보다 어떻게 늙느냐가 더 중요하다

수 즉 다 욕
壽則多辱
〈장자〉

오래 살고 싶은 것은 인간의 기본 욕망이며 너무나도 당연한 바람입니다. 한국인의 평균수명이 80세를 넘어섰다는 통계를 보면 평균수명 100세 시대도 그리 멀지 않은 것 같습니다. 불과 몇십 년 전과 비교해보면 인생을 두 번 사는 거라고 생각해도 될 정도입니다.

오래 산다는 것은 대다수 인간의 간절한 희망이자 꿈입니다. 그러나 오래 사는 것이 그리 좋은 일만은 아닐 수도 있습니다. 오래 살다보면 좋은 일도 많이 있겠지만 반대로 못 볼 꼴도 많이 보고 망신스러운 일도 많이 겪게 되겠지요. 가끔 연세 드신 분들이 "내가 너무 오래 살아서 못 볼 꼴을 본다"라고 한탄하시는 것을 보면 장수가 그리 행복한 일만은 아닌 듯합니다. 《장자》〈천지〉 편에 '수즉다욕壽則多辱'이라는 구절이 나옵니다. '장수하면 욕된 일을 많이 겪을 수 있다'라는 뜻이지요.

수 즉 다 욕
壽則多辱

오래 살수록 그만큼 욕됨이 많다.

요堯 임금이 전국을 돌아다니다가 화華라는 국경 지역에 이르자 그곳의 관원이 공손히 맞으며 말했습니다. "임금님, 장수하시옵소서!" 그러자 임금은 미소를 지으며 이렇게 답했습니다. "나는 장수하기를 원치 않네. 왜냐하면 수즉다욕, 즉 오래 살면 욕된 일이 많아지기 때문이라네." 노인들과 젊은이들의 갈등이 곳곳에서 일어나고 있습니다. 앞으로 세대 간의 갈등은 더욱 심화될 거라고 하는데요, 이럴수록 얼마나 오래 사느냐보다 어떻게 늙느냐가 더욱 중요하다는 깨달음이 필요한 것 같습니다.

오래 살아도 부끄럽지 않기 위해서는
끝없이 자신을 갈고닦는 수밖에 없습니다.

壽　　則　　多　　辱
오래 살 수　곧 즉　많을 다　수치스러울 욕·

가시 같은 혀, 솜 같은 말

상 인 지 어
傷人之語
⟨명심보감⟩

원만한 대인관계를 위해 신경 쓰고 조심해야 할 일이 많지만, 세 치 혀로 상대방에게 상처 주지 않도록 조심하는 일이 그 무엇보다 중요합니다. 말은 상대방을 행복하게도 하지만 아프게도 합니다. 인 간은 말 한 마디로 다른 사람에게 기쁨과 행복을 줄 수도 있고 슬픔 과 절망을 줄 수도 있는 존재입니다. 극단적으로 말하자면, 인간은 칼이나 창이 아닌 세 치 혀로 사람을 죽일 수도 살릴 수도 있는 유일 한 존재인 것이지요. 우리가 자신의 혀를 잘 다스려 말을 지혜롭게 해야 하는 이유가 여기에 있습니다.

고의로 다른 사람에게 상처 주는 말을 하는 것은 말할 것도 없고, 비록 의도하지는 않았더라도 무심코 내뱉은 말로 상대방의 마음을 아프게 하는 일이 없도록 주의하고 또 주의해야 합니다. 오랜 시간 보지 못하고 지내던 사람을 만나서 대뜸 왜 아직까지 결혼을 안 했 느냐는 등 왜 직장을 안 잡고 그렇게 방황만 하느냐는 등, 상대방의 가슴을 헤집는 이야기만 골라서 하는 사람은 결코 지혜로운 사람이 아닙니다.

⟨명심보감⟩에서도 사람의 마음을 가장 아프게 하는 것이 한 마디 말로 가슴을 찌르는 것이라고 이야기합니다.

이 인 지 언 , 난 여 면 서 , 상 인 지 어 , 리 여 형 극
利人之言, 煖如綿絮, 傷人之語, 利如荊棘

상대방의 마음을 행복하게 해주는 말 한 마디는,
따뜻하기가 마치 솜과 같고, 상대방의 가슴에 상처를 주는 말 한 마디는,
날카롭기가 마치 가시와 같다.

　한 마디 말이 가시가 되어 상대방을 찌르기도 하고 솜이 되어 상대방의 마음을 따뜻하게 덥혀주기도 한다는 것입니다. 갈수록 삶이 팍팍해지는 요즘, 상대방의 마음을 따뜻하게 해주는 축복의 말 한 마디가 더욱 그립고 절실한 것 같습니다. 오늘 하루 종일 따뜻한 말로 사람을 대하는 것, 그것이 바로 당신이 사람들에게 줄 수 있는 가장 큰 선물이자 당신을 좀 더 성숙하고 근사한 사람으로 만들어주는 길입니다.

　말의 가시에 찔리는 사람이 없어야 합니다.

傷 人 之 語
다칠 상　사람 인　갈 지　말씀 어

인재를 놓치지 않는 법

호선망세
好善忘勢
《맹자》

한 조직을 이끄는 지도자가 갖춰야 할 능력 중 가장 중요한 것이 '우수한 인재를 선발하여 조직에 오래 머물게 하는 능력'이라고 합니다. 인재가 떠나지 않고 머무는 조직은 미래가 밝을 수밖에 없습니다. 그래서 지도자의 역할 가운데 하나는 끊임없이 다양한 인재를 찾아내 선발하고 그 인재가 오래 조직에 머물게 하는 것이지요. 인재를 오래 머물게 하려면 어떻게 해야 할까요? 선행되어야 할 몇 가지 조건이 있습니다. 좋은 근무조건과 높은 연봉, 조직의 미래, 인재에 대한 대우 등입니다. 대단한 잠재력을 가진 인재들은 바로 이런 조건들을 보고 자신이 그 조직에 얼마나 머물지를 결정한다고 합니다. 그러나 인재를 떠나지 않게 하는 가장 중요한 요소는 리더가 얼마나 그 인재를 가치 있게 여기느냐 하는 것입니다.

《맹자》에서는 훌륭한 왕은 인재를 알아보고 그 인재를 오래 머물게 할 줄 아는 사람이라면서, 인재를 감동시키려면 '호선망세好善忘勢'의 자세를 취해야 한다고 강조합니다. 호선망세는 '자신이 아끼는 인재 앞에서 옳은 가치善를 중요시好하고 자신의 지위와 권세勢를 잊는다忘'라는 뜻입니다. 즉, 도덕성을 중시하고 자신의 권세를 잊은 지도자 옆에 훌륭한 인재가 오래 머문다는 것이지요.

고 지 현 왕 호 선 망 세
古之賢王好善忘勢

옛날 훌륭한 지도자들은 선을 좋아하고
자신의 지위를 잊고 신하를 대하였다.

　자신이 월급을 주니까 막말을 해도 괜찮다고 생각하고, 부도덕하게 행동하며, 자기 마음 내키는 대로 군림하려는 리더에게 자신의 열정과 능력을 온전히 바치고 싶어 하는 사람은 아마 없을 것입니다. 반면 리더가 탄탄한 도덕성과 마음속 깊은 곳에서 우러나오는 부하에 대한 존중을 보여준다면 훌륭한 인재는 오래 머물며 자신의 능력을 발휘하겠지요. 리더가 도덕적이면 부하들은 존경심을 갖게 될 것이고, 리더가 직원들을 존중하면 그들의 마음을 얻을 수 있을 것입니다.

지도자의 도덕성과 인재에 대한 존중이
인재를 오래 머물게 합니다.

好	善	忘	勢
좋아할 호	착할 선	잊을 망	권세 세

사랑은 일방적이지 않다

애 마 지 도
愛馬之道
《장자》

　사랑은 위대하다고들 말합니다. 부모가 자식을 사랑하고, 부부가 평생 사랑하며 해로하고, 이웃 간에 서로 사랑을 실천하는 등 사람 사이에서 이루어지는 모든 사랑은 위대하고 아름답습니다. 그러나 상대방의 기분은 생각하지 않은 채 오직 나의 입장과 관점에서만 사랑을 강요한다면 상대방은 그 사랑을 받아들이기 어렵고 부담스러워하기까지 합니다. 상대방의 생각을 늘 존중하고 배려하면서 사랑을 실천해야 한다는 내용의 우화가《장자》에 나옵니다.

　장자는 말馬을 사랑하고 아끼는 사육사를 예로 들었습니다. 자신의 말을 지극히 사랑하는 한 사육사가 있었습니다. 그의 사랑이 어찌나 지극했던지 말의 똥을 광주리에 정성껏 받아내고, 말의 오줌을 큰 조개로 만든 그릇에 담아 처리할 정도였습니다. 그는 말에 대단한 애정을 쏟았습니다. 그러던 어느 날, 자신이 사랑하는 말의 등에 모기 한 마리가 앉아서 피를 빨고 있는 모습을 우연히 보았지요. 그는 자신이 그토록 사랑하는 말의 등에서 피를 빠는 모기가 너무도 미웠습니다. 그래서 살며시 다가가 있는 힘껏 그 모기를 내리쳤습니다. 그러자 말은 주인이 자신이 미워 등을 때리는 줄 잘못 알고는 재갈을 물어뜯고 주인을 발로 걷어차 그의 머리와 가슴을 부서뜨렸다고 합니다. 자신을 향한 사육사의 사랑을 제대로 이해하지 못하고 화가 나서 발로 걷어찬 것이지요. 장자는 이 이야기를 하면서 우리에게 다음과 같이 묻습니다.

의 유 소 지 이 애 유 소 망, 가 불 신 야
意有所至而愛有所亡, 可不愼邪

(사육사의 사랑하는) 뜻은 지극하였지만 사랑의 방식이 잘못되었다.
그러니 사랑을 할 때 신중하지 않을 수 있겠는가!

사랑이 아무리 지극하다 해도 상대방의 마음을 헤아리지 못하고 오직 자기만의 방식으로 일방적으로 표현한다면 상대방은 그것을 온전한 사랑으로 받아들이지 않는다는 뜻입니다. 그러니 상대방을 무조건 사랑하는 것이 진정한 사랑은 아닙니다.

사랑은 상대방이 원하는 방식으로 해야 합니다.

愛	馬	之	道
사랑 애	말 마	갈 지	도리 도

꿈속에서 나비가 된 장자

호 접 지 몽
胡蝶之夢
〈장자〉

인생은 한바탕 꿈이라고 합니다. 100년을 살더라도 지나고 보면 잠깐 잠든 사이에 꾼 꿈과 같다는 것이지요. 그토록 많은 일과 사건이 일어났음에도 지나고 보면 마치 한여름 밤의 꿈과 같은 인생, 이런 찰나에 가까운 인생을 표현한 말이 바로 장자의 '호접지몽胡蝶之夢'입니다. 글자 그대로 '호랑胡나비蝶의 꿈夢'이라는 뜻이지요.

《장자》에 호접지몽의 이야기가 나옵니다. 장자가 어느 날 꿈을 꾸었습니다. 꿈속에서 장자는 호랑나비가 되었지요. 즐겁게 날갯짓하며 꽃 사이를 날아다니는 호랑나비가 된 장자는 자신이 진짜 나비인 양 너무나 행복했습니다. 그러다가 문득 깨보니 별 볼 일 없는 장자 자신이었습니다. 장자는 생각했습니다.

부 지 주 지 몽 위 호 접, 호 접 지 몽 위 주 여
不知周之夢爲胡蝶, 胡蝶之夢爲周與

내가 꿈을 꿔서 호랑나비가 된 것인지,
호랑나비가 꿈을 꿔서 지금의 내가 된 것인지 알지 못하겠구나!

장자의 '호접지몽'이 나오는 너무도 유명한 구절입니다. 세상을 살다 보면 지금의 나와 꿈속의 내가 불분명할 때가 있습니다. 어떤

때는 지금 이 현실이 꿈이었으면 좋겠다고 생각하고, 또 어떤 때는 빨리 꿈에서 깨고 싶다고 생각합니다. 장자는 나비와 현실의 내가 서로 엇갈려 존재하는 모습을 '물화物化'라고 이야기합니다. 즉, 세상의 모든 사물物은 끊임없이 변화化하고 있다는 뜻이지요. 계절이 바뀔 즈음이면 세상은 쉼 없이 변화하고 있다고 문득 생각하게 됩니다. 세상에 영원한 것은 없으며 지금의 나와 미래의 나 사이에 어떠한 구별도 존재하지 않는다는 생각이 들기도 하지요.

경제도 끊임없이 물화되어 호경기와 불경기의 양극단 사이를 오가고, 인생도 비단옷과 삼베옷을 갈아입는 물화 가운데에 있습니다. 중요한 것은 꿈속에서 꽃 사이를 날아다니는 나비의 모습이든 현실 속에 존재하는 초라한 장자의 모습이든, 어떤 모습이 더 위대하거나 좋다고 결론지을 수 없다는 것입니다. 그저 세상의 변화와 추이에 순응하며 사는 인생의 방법을 '호접지몽'에서 찾아봅니다.

세상의 모든 것은 끊임없이 변화하고 있습니다.

胡	蝶	之	夢
호랑나비 호	나비 접	갈 지	꿈 몽

2장

지혜롭게 생각하는 법

군자는 혼자 있을 때 더욱 신중하고 조심한다

신 독
愼獨
《대학》《중용》

남이 보지 않을 때 나 자신을 속이지 않는 것, 인생을 살면서 실천하기 어려운 일 중 하나입니다. 남들이 보는 앞에서 잘하는 사람도 남들이 안 볼 때는 나태해지고 해이해지기 쉽지요.

남들이 보지 않는 곳에서 더욱 잘 처신해야 한다는 '신독愼獨의 철학'은 오늘날 우리가 한 번쯤 진지하게 돌아보아야 할 화두입니다. '신독'은《대학》과《중용》에 모두 나오는 말입니다. 사람들은 남이 볼 때는 정중하고, 신중하고, 엄격합니다. 그러나 혼자 있게 되면 자신을 검속鈐束함에 느슨해질 수밖에 없습니다.

신독은 조선조 선비들의 삶의 방식이었습니다. 조선의 지식인들은 종종 자신들의 호나 재각齋閣에 '신독'이라는 이름을 붙여 사용하곤 하였습니다. 나에게 엄밀하고, 나에게 엄격하고, 나에게 솔직할 수 있는가가 그들의 가장 중요한 물음 중 하나였기 때문입니다.

군 자 신 기 독 야
君子愼其獨也

군자는 홀로 있을 때 가장 신중하고 조심한다.

자동차 공장에서 부품을 조립하는 사람이 신독의 자세로 일한다면 그 사람이 만든 자동차는 최고가 될 수밖에 없습니다. 주방에서 음식을 만드는 사람이 아무도 없는 상황에서 신독의 자세로 일한다면 그가 요리한 음식은 최고가 될 수밖에 없습니다. 남이 보든 보지 않든 자신에게 떳떳하고 당당하고 진실했기에 그 결과물이 명품이 되어 나오는 것입니다. 어쩌면 성공은 멀리 있는 것이 아니라 바로 우리 곁에 있는지도 모릅니다. 남들이 보지 않는 곳에서 더욱 성실하게 임하고 최선의 노력을 다할 때 많은 사람의 신뢰와 지지를 얻게 되고 그 신뢰와 지지가 마침내 성공으로 이어질 테니 말입니다.

자신에게 떳떳하고 진실했다면
무슨 일에서든 최고의 결과가 나올 것입니다.

愼　　獨
삼갈 신　　홀로 독

현명한 새는 나무를 가려서 둥지를 짓는다

양 금 택 목
良禽擇木
《춘추좌씨전》

사람이 자신이 있어야 할 자리를 제대로 알고 선택한다는 것은 말처럼 쉬운 일이 아닙니다. 내가 있어야 할 자리가 아닌데 그 자리에 연연하여 머물러 있다면, 아름다운 선택이 아닐 뿐만 아니라 다른 사람들의 눈에도 그리 곱게 보이지는 않을 겁니다. 내가 머물러야 할 자리인지 떠나야 할 자리인지 정확하게 분별할 줄 아는 것을 '양금택목良禽擇木의 능력'이라고 합니다. 공자가 쓴 노魯나라 역사책 《춘추》에 "똑똑하고 현명한良 새禽는 자신이 앉을 만한 나무木를 잘 가려서擇 둥지를 튼다"라는 말이 있습니다.

양 금 택 목
良禽擇木

현명한 새는 나무를 가려서 둥지를 튼다.

한낱 미물에 지나지 않는 새도 자신이 어떤 나무에 앉을지 잘 가려서 앉는데, 하물며 만물의 영장인 인간이 자신이 있어야 할 자리를 모르면 안 된다는 것입니다. 이 말은 공자가 세상을 돌아다니며 자신의 경륜을 펼칠 벼슬자리를 구하는 가운데 나온 말입니다.

공자는 자신이 섬길 유력한 지도자를 찾아다니다가 위衛나라에서 공문자公文子라는 귀족을 만났습니다. 공자는 그 지도자와 몇 가지 이야기를 나눈 뒤 그곳을 미련 없이 떠나며 '양금택목'이라는 말을 처음 사용했습니다. 즉, 똑똑한 새가 나무를 가려 앉듯이, 위나라 조정은 자신이 큰 뜻을 펼칠 좋은 나무가 아니라고 판단하여 떠난다는 의미였지요. 자신이 원하는 자리를 준다는 사람을 뒤로하고 떠나며 던진 공자의 이 한 마디는 그 후 사람들이 거취를 결정할 때마다 떠올리는 중요한 말이 되었습니다.

세상을 살다 보면 떠나야 할 때와 머물러야 할 때가 있고, 있어야 할 곳과 떠나야 할 곳이 있습니다. 정말 기본으로 돌아가 내가 머물러야 할 자리인지 아닌지를 고민하는 것은 인생을 현명하게 사는 방법이기도 합니다. 아무리 좋은 조건과 미래가 보장되어 있더라도 내가 머물러서는 안 될 곳이면 미련 없이 떠나는 것이 긴 안목에서 봤을 때 더 좋을 것입니다.

내 자리가 어디인지를 제대로 찾는 것이 중요합니다.

良 禽 擇 木
훌륭할 양　　새 금　　가릴 택　　나무 목

아름다운 가죽을 경계하라

피 위 지 재
皮爲之災
《장자》

아마존에 사는 재규어는 한때 정글의 최강자였다고 합니다. 먹이 사슬의 가장 꼭대기에 있었던 재규어는 헤엄을 잘 쳐서 물에서도 당할 자가 없었고, 나무도 잘 타서 정글의 어떤 동물도 녀석을 당해내지 못했습니다. 그러나 인간이라는 천적 때문에 현재 재규어는 멸종 위기에 처해 있다고 합니다. 재규어는 어쩌다 인간의 표적이 된 걸까요? 바로 아름다운 가죽 때문입니다. 아름다운 무늬가 있는 가죽을 얻기 위해 인간이 매년 수천 마리의 재규어를 죽인다는 것입니다. 아름다운 무늬의 가죽을 가진 것이 재규어에게는 커다란 불행의 씨앗이 된 셈이지요.

《장자》에 강한 표범이 인간에게 죽임을 당하는 것은 결국 그 가죽이 아름답기 때문이라는 구절이 있습니다.

피 위 지 재
皮爲之災

아름다운 무늬의 재앙

멋진 가죽皮이 재앙災이 되어 표범이 목숨을 잃는다는 뜻입니다. 세상에는 쓸모없는 것이 쓸모 있는 것보다 오히려 오래 살고 온전하게 자신을 지키는 경우가 많습니다. 쓸모 있는 나무는 쓸모가 있기 때문에 일찍 잘려 재목이 되고, 쓸모없는 나무는 쓸 곳이 없기 때문에 자신의 수명이 다할 때까지 살 수 있지요. 표범은 아름다운 가죽 때문에 제명에 죽지 못하고 일찍 죽을 수밖에 없었습니다. 남들이 보기에 아름답고 훌륭한 것을 가지고 있어도 그것이 꼭 행복을 가져다주는 것은 아닙니다. 역설적이지만 남에게 부러움을 사는 아름다움이 오히려 해가 될 수 있습니다.

'교자졸지노巧者拙之奴'라는 말이 있습니다. '재주巧 많은 사람이 결국 재주 없는拙 사람의 종奴이 된다'는 뜻입니다. 재주가 많기에 많은 사람이 찾게 되고, 내 몸과 인생을 남을 위해 쓰다가 결국 평생 죽도록 일만 하다 가는 노예 같은 처지가 된다는 것이지요.

여유가 필요한 시절입니다. 모두 남보다 더 잘나가기 위해 정신없이 앞만 보고 달려가는 세상에서 좀 못나고 일을 덜 하는 것이 어쩌면 인생을 넓은 시야에서 봤을 때 나를 구제하는 동아줄이 될 수도 있습니다.

못생긴 나무가 선산을 오래오래 지킬 수도 있습니다.

皮	爲	之	災
가죽 피	될 위	갈 지	재앙 재

남에게 보이기 위한 배움을 멀리하라!

위 기 지 학
爲己之學
《논어》

요즘 배움의 열풍이 대단합니다. 조직의 리더들은 물론이고 일반 직원들도 새벽부터 저녁까지 학습 모임에 참석하여 배움의 열기를 뿜어내고 있습니다. 공부의 목적은 경쟁력을 키워 조직에서 살아남기 위함일 수도 있고, 조직의 생존 가능성을 높이기 위해서일 수도 있습니다. 학습의 내용도 다양합니다. 오랫동안 경제나 경영 분야 위주로 공부했으나 요즘은 문화와 예술, 철학, 역사, 과학 등 다양한 분야의 지식을 공부합니다. 이제 어느 한 분야만 알고 있으면, 다양한 분야에 대한 통섭統攝과 융합融合의 능력이 없으면 생존 자체가 불가능하다는 것을 모두 아는 것이지요.

《논어》에서는 배움의 이유를 두 가지로 정의합니다. 하나는 '나己를 위한爲 배움學', 즉 위기지학爲己之學이며, 또 하나는 '남人을 위한爲 배움學', 즉 위인지학爲人之學입니다. 위기지학은 말 그대로 나를 위한 배움입니다. 새로운 생각과 인식에 눈 뜨고, 더 크고 더 넓은 공간과 시간으로 항해하기 위한 배움을 말하지요. 반면 위인지학은 남에게 보이기 위한 배움입니다. 대학은 어디를 나왔는지, 대학에서 어떤 과정을 공부했는지 등을 남에게 과시하거나 자랑하려는 의도에서 비롯된 배움입니다. 공자는 이렇게 배움을 구별했습니다.

고 지 학 자 위 기 , 금 지 학 자 위 인
古之學者爲己, 今之學者爲人

옛날에 배우는 사람들은 자신을 위한 배움이었고,
요즘에 배우는 사람들은 오로지 남을 위한 배움이다.

 남에게 보이기 위한 위인지학의 배움이 아닌 나를 위한 위기지학의 배움이 진정 참된 배움의 모습입니다. 또한 배움을 통해 내가 행복해지고 내 주변도 행복하게 만들어나가는 것이 위기지학을 실천하는 군자의 모습입니다.

 배움의 기쁨은 과시가 아니라 내 안의 행복입니다.

爲 己 之 學
위할 위　내 몸 기　갈 지　배울 학

능력이 오히려 삶을 고생스럽게 한다

이 능 고 생
以能苦生
《장자》

우리나라 교육 현실에 대해 많은 사람이 안타까워합니다. 학교는 경쟁의 장으로 변한 지 오래되었고, 교육 현장에서는 그 경쟁에서 살아남아야만 성공한 인생을 살 수 있다는 점만 강조되고 있습니다. 시험 성적이 인생의 행복과 불행을 나누는 기준이 되다 보니, 학교는 점점 경쟁에서 살아남은 소수를 위한 전쟁터가 되어버렸습니다. 여기서 탈락한 학생들은 설 자리를 잃어버린 채 패배감에 젖어 힘들어합니다. 참으로 안타까운 현실이 아닐 수 없습니다.

사회에 필요한 유능한 사람이 되는 것은 기쁜 일이지만, 한편으로는 사회가 요구하는 능력만 갖추는 것이 행복의 척도는 아니라는 생각이 듭니다.

《장자》에 '이능고생以能苦生'이라는 구절이 있습니다. 능력能이 오히려 인생生을 고통스럽게苦 할 수 있다는 뜻입니다. 장자가 각자 가지고 있는 능력이 오히려 자신의 인생을 고생스럽게 할 수도 있다는 역설을 강조한 이유는 그가 살았던 시대적 상황과 관련이 있습니다. 오늘날과 마찬가지로 당시도 오로지 능력 있는 자만이 우대를 받던 시대였습니다. 그런데 결국 그렇게 우대를 해주던 분위기가 한 사람의 인생을 더욱 고통스럽고 힘들게 만드는 경우가 많았지요. 장자는 능력 있는 사람이 다른 사람들의 주목을 받으며 높은 자리에 올라

'충신'과 '열사'의 칭호를 얻지만, 개인의 삶으로 봤을 때는 죽도록 고생만 하다가 정상적으로 삶을 마무리하지 못하게 된다고 생각했습니다.

이 능 고 생
以能苦生

능력이 오히려 삶을 고생스럽게 한다.

"쓸모 있는 나무는 도끼에 찍히고 쓸모없는 나무는 오히려 오랫동안 생명을 유지한다"라는 말이 있습니다. 이 역시 장자가 한 말입니다. 인간의 시각으로 본 '쓸모 있음'이 나무의 입장에서 보면 수명을 단축시키는 원인이라는 것입니다. 오로지 사회가 만들어놓은 획일적인 관점에서의 능력은 오히려 그 사람의 인생을 더욱 힘들게 한다는 '이능고생'의 의미를 새기며, 경쟁에서 승리한 사람이 진정한 승자는 아니라는 생각을 해봅니다.

경쟁에서 승리한 사람만이 반드시 진정한 승자는 아닙니다.

以　能　苦　生
써 이　능력 능　쓸 고　삶 생

어떤 상황에서도 흔들리지 않는 마음

자 득
自得
《맹자》

　어느 시대든 불확실한 상황은 늘 존재해왔지만 요즘처럼 자연재해가 빈번히 발생하고 세계정세가 요동을 친 적은 드문 것 같습니다. 이런 때일수록 마음을 굳게 먹고 더욱 단단히 정신을 조여매야 합니다. 어렵고 불확실한 환경일수록 마음을 더 굳게 다잡아야 한다는 것이지요. 이렇게 어떤 상황에서도 흔들리지 않는 마음을 갖고 사는 것을 '자득自得의 경지'라고 합니다. 스스로 완전한 마음의 평정을 찾고 지혜롭게 감정을 조절할 수 있는 경지를 말하지요.《맹자》에서는 자득의 경지가 되어야 사는 것이 안정되고 일상이 편안하다고 말합니다.

군 자 심 조 지 이 도, 욕 기 자 득 지 야, 자 득 지 즉 거 지 안
君子深造之以道, 欲其自得之也, 自得之則居之安

군자가 원칙과 목표를 가지고 앞으로 나아가는 것은,
자득의 경지에 이르기 위함이다.
자득의 경지에 이르면 사는 것이 안정되고 편안해진다.

　인생을 살다가 갑작스러운 사고 등으로 불운을 겪기도 하고 잘나가던 사람이 곤경에 빠지기도 합니다. 그럴 때마다 마음이 흔들리고

방황한다면 인생은 고통스러울 수밖에 없습니다. 다산 정약용 선생은 강진에서 18년 동안 유배생활을 하였지만, 자신自의 강인한 정신과 용기를 잃지 않고 간직했습니다得. 추사 김정희 선생은 제주에서 8년 동안 유배생활을 하였지만, 스스로自 최고의 서예가가 되기 위해 노력하였고 그 결과 추사체라는 위대한 글씨체를 완성했습니다得.

위대한 사람들의 공통적인 특징은 어떤 상황에서도 자신自을 잃지 않고 지킨다得는 것입니다. 이것이 맹자가 말하는 '자득의 경지'입니다. 어떤 어려운 상황에서도 목표를 향해 나아갈 때 자득의 경지에 이르게 되고, 그러면 삶이 편안해지고 목표도 달성할 수 있는 것이지요. 무엇에도 흔들리지 않는 강인한 마음을 갖는 것도 자득할 수 있기에 가능한 일입니다. 자득, 어떤 상황에서도 흔들리지 않는 성숙한 인간의 삶의 자세이자 철학입니다.

어떤 상황에서도 흔들리지 않는 나를 만들어야 합니다.

自　　得
스스로 자　　얻을 득

한 자를 구부려 여덟 자를 편다면?

왕 척 직 심
枉尺直尋
《맹자》

가끔은 자신의 원칙을 버리고 세상의 상식과 맞춰야 한다고들 합니다. 내가 생각하는 것이 아무리 옳다고 하더라도 세상이 받아들일 준비가 되어 있지 않으면 때로는 자신의 생각을 고집하지 않고 추세를 따르는 것이 현명한 방법이라는 것이지요. 이런 생각을 세상 사람들은 유연성이니 권도權道니 칭하며 시류를 따르는 것이 현명하다고 자위합니다.

그러나 《맹자》에서는 명분 없이 세상을 사는 것을 강하게 부정합니다. 맹자의 제자 진대가 맹자에게 이렇게 주장했습니다. "선생님! 지금 선생님은 너무 옳은 것만 추구하십니다. 옛말에 '한 자尺를 구부려枉 여덟 자尋를 편다면 마땅히 그리해야 한다'라고 했습니다. 선생님, 부디 세상을 탓하지 마시고 선생님의 조그만 절개를 구부려 세상을 구제하소서!' '왕척직심枉尺直尋'이라는 고사가 나오는 구절입니다. 지금 한 자 정도 되는 나의 조그만 절개를 구부려 시류에 따라 여덟 자를 펴는 큰 결과를 얻는다면 마땅히 그렇게 해야 한다는 것입니다.

이 말에 맹자가 어떻게 대응했을까요? 맹자는 진대의 제안을 단호히 거부하며 다음과 같이 말합니다.

지 사 불 망 재 구 학 , 용 사 불 망 상 기 원

志士不忘在溝壑, 勇士不忘喪其元

뜻이 있는 선비는 자신이 어디서든 죽을 수 있다는 것을 잊지 않는다.
용기 있는 선비는 자신의 머리가 언제든지 잘릴 수 있다는 것을 잊지 않는다.

한 자를 구부려 여덟 자를 편다고 하면 누구나 마땅히 그래야 할
것 같고, 또 그것이 상식적이고 합리적으로 보입니다. 하지만 맹자는
그것이 구차한 자기합리화에 지나지 않는다고 말합니다. 세상을 단
순히 이익의 관점에서 보기 시작하면 결국 수단이라는 명분 아래 못
할 일이 없게 된다는 것입니다. 절개를 헌신짝처럼 버리고 세상에
아부하는 것이 유연성이라는 이름으로 그럴듯하게 포장되는 시대에
살고 있습니다.

세상에는 어떠한 상황에서도 구부려서는 안 될
원칙과 정도가 있습니다.

枉	尺	直	尋
구부릴 왕	한 자 척	펼 직	여덟 자 심

미인은 가만히 있어도 사람이 모여든다

미 녀 불 출 인 다 구 지
美女不出人多求之
《묵자》

"주머니囊 속中 뾰족한 송곳錐은 반드시 주머니 밖으로 그 끝이
튀어나올 수밖에 없다"라는 말이 있습니다. 바로 '낭중지추囊中之錐'
라는 사자성어인데, 특별한 재주나 능력을 가진 사람은 억지로 과시
하지 않아도 반드시 그 재능을 알아주는 사람이 있다는 의미입니다.
능력과 재능은 당장 남에게 보여줄 수는 없어도 세월이 지나면 언젠
가는 반드시 드러날 수밖에 없다는 뜻이지요. 고전에 "미인은 밖에
나가지 않아도 남자들이 모여든다"라는 구절이 있습니다.

미 녀 불 출 , 인 다 구 지
美女不出, 人多求之

미인은 밖에 나가지 않아도, 많은 사람이 미녀에게 구애를 한다.

《묵자》에 나오는 이 구절은 아름다운 여인은 남에게 일부러 내보
이지 않아도 남자들이 그 여인을 쫓아다닐 수밖에 없다는 뜻을 담고
있습니다. 그런데 요즘은 내가 능력이 있다고, 나 좀 알아달라고 돌
아다니는 사람이 참 많습니다. 이 당 저 당 돌아다니며 자신을 알아
달라고 구애를 하는 정치인이나 여기저기 명함을 뿌리며 나 좀 알아
달라고 소리치는 사람들이 넘쳐납니다.

324 • 2부 | 내 인생을 돌아보는 모멘텀

사람의 입에서 입으로 전해지는 것이 진정 사람의 마음을 움직이는 홍보라고 합니다. '노상행인구승비路上行人口勝碑'라는 말이 있습니다. '길路 가는 행인行人의 입口을 통해 전해지는 소문이 비석碑에 새겨 자신을 알리는 것보다 훨씬 낫다勝'는 뜻입니다. 큰 비석에 자신의 이름 석 자를 써놓고 알리는 것보다 타인이 자신의 이름 석 자를 기억할 수 있도록 선행을 베푸는 것이 훨씬 위대하다는 의미입니다.

나 좀 알아달라고 길가에서 시간 낭비하고 있는 사람이 넘쳐나는 요즘, '미인은 밖에 나가지 않아도 많은 남자가 구애를 한다'는《묵자》의 구절을 떠올리며 조용히 자신의 일에 몰두하는 것이 오히려 상책인 듯싶습니다.

> 자신의 재능을 알아주지 않는다고 한탄하지 말고
> 실력을 기르세요.

美	女	不	出	人	多	求	之
아름다울 미	여자 녀	아니 불	날 출	사람 인	많을 다	구할 구	갈 지

군자는 횡재를 바라지 않는다

거 이 사 명
居易俟命
〈중용〉

    사람의 이름을 짓는 방법에는 여러 가지가 있지만 고전에서 좋은 글귀를 따 짓는 경우가 많습니다. 조선조 매월당 김시습 선생의 이름은 때 시時 자에 익힐 습習 자를 씁니다. 그는 《논어》의 첫 구절 '학이시습지불역열호學而時習之不亦說乎'에서 따 자신의 이름을 '시습'이라고 지었습니다. 열심히 배우는 것도 중요하지만 부지런히 수시로時 익히는 것習이 더욱 중요하다는 철학이 담겨 있는 이름입니다.

    비련으로 끝나는 당 현종과 양귀비의 사랑을 주제로 〈장한가〉를 지은 백거이白居易 선생의 이름도 고전의 한 구절에서 따왔습니다. 거할 거居 자에 평범할 이易 자로 '평범한 곳에 거한다'라는 뜻이지요. '거이'라는 이름은 《중용》 14장에 나오는 '군자 거이사명君子居易俟命'이라는 구절에서 따온 것으로, '군자는 평범한易 자리에 거하면서居 다가오는 운명命을 기다리는俟 사람이다'라는 의미입니다.

군 자 거 이 사 명 , 소 인 행 험 요 행
君子居易俟命, 小人行險徼幸

군자는 평범한 삶 속에서 운명을 맞이하는 사람이고,
소인은 험한 곳에서 요행을 찾아 헤매는 사람이다.

군자는 평범한 일상을 살면서 자신에게 다가오는 운명이 어떤 것이든 담담히 기다리는 사람인데, 그 운명이 오면 인생에서 가장 최적의 방법을 찾아냅니다. 반면 소인은 행험요행行險徼幸, 즉 '험險한 곳에 가서行 요행幸을 구하는徼 위태로운 삶을 사는 사람'이라고 했습니다. 인생을 살면서 끊임없이 역경에 부딪히는데, 때로는 거세게 바람이 불고 비가 내리다가 어느덧 따스한 햇볕으로 충만한 날도 있습니다. 만약 역경에 부닥칠 때마다 울고 웃으며 휘둘린다면 인생은 고달플 수밖에 없겠지요. 가장 평범한 일상의 자리에 거하면서 자신에게 다가온 운명을 주시하고 최적의 삶의 방법을 찾아내는 사람이야말로 환경의 변화에 휘둘리지 않고 당당하게 인생을 살아가는 사람이라고 할 것입니다.

가장 평범해 보이는 삶이 가장 위대한 삶입니다.

居　易　俟　命
살 거　평범할 이　기다릴 사　운명 명

홀로 있을 때 더욱 자신을 속이지 말라!

독 처 무 자 기
獨處無自欺
《해동소학》

세상에서 가장 힘든 일 중 하나가 '아무도 보지 않는 곳에서 나를 속이지 않는 것'이라고 합니다. 다른 사람들이 지켜보는 곳에서는 아무래도 타인의 눈과 귀를 의식할 수밖에 없습니다. 그래서 더욱 조심하고 경계하게 되지요. 그러나 홀로 있을 때는 아무래도 마음이 풀리고 느슨해질 수밖에 없습니다. 그래서 옛 선현들은 혼자獨 있는 곳處에서 더욱 삼가야 한다고 강조했습니다. 조선 명종 때 문신 임권任權 선생 역시 홀로 있을 때 자신을 속이지 않는 것을 삶의 철학으로 삼았다고 합니다.《해동소학》에 인용된 임권 선생의 인생 화두는 '독처무자기獨處無自欺'입니다.

독 처 무 자 기
獨處無自欺

홀로 있는 곳에서 자신을 속이지 말라.

참으로 뜻깊은 인생철학입니다.《대학》에서는 자기 자신을 속이지 않는 '무자기毋自欺'를 '신독愼獨'이라고 정의합니다. '홀로獨 있을 때 삼가야愼 한다'는 뜻입니다. 홀로 있을 때 삼가라는 신독과 자기 자신을 속이지 말라는 무자기의 철학은 조선의 선비들에게 가장 중요한 인생철학이었습니다. 그래서 저 산속 깊은 곳, 아무도 없는 곳에 홀로 머물더라도 자신의 마음을 단단히 지키며 당당하게 인생을 살아갔던 것입니다.

다산 정약용 선생은 18년의 기나긴 유배생활과 극도로 어려운 환경 속에서도 끝까지 자신을 지켜냈습니다. 선생이 자신을 지킬 수 있도록 도와준 것이 바로 이 독처무자기의 철학이었습니다. 남들이 보는 곳에서는 남의 눈에 들기 위하여 온갖 노력을 다하다가 홀로 있을 때는 여지없이 양심을 팔고 결심을 무너뜨리는 것이 요즘 세태입니다. '독처무자기, 홀로 있는 곳에서 더욱 나를 속이지 말라.' 평생 가슴에 새기고 실천해야 할 선현의 말씀입니다.

> 세상 사람을 모두 속일 수 있어도
> 나를 속일 수는 없습니다.

獨　處　無　自　欺
홀로 독　곳 처　없을 무　스스로 자　속일 기

비단옷을 입고 그 위에 홑옷을 걸쳐라!

의 금 상 경
衣錦尙絅
(중용)

어떤 사람의 성공을 주위 사람들이 곱게 보지 않을 때가 있습니다. 그럴 땐 실망과 질시의 감정이 어지럽게 교차합니다. 오랜만에 만난 친구가 그동안 돈 좀 벌었다고 최고급 외제 승용차를 타고 명품 옷을 입고 나타나 말할 때마다 잘난 체한다면 겉으로는 그 성공을 축하해주더라도 마음속으로는 흉보고 미워하지 않겠습니까? 자신의 성공을 으스대고 자랑하기만 할 뿐 특별히 도움을 주지 않는다면 누구든 그 성공을 기분 좋게 축하해주기는 쉽지 않습니다.

그래서 성공을 하더라도 그 성공을 지나치게 자랑하거나 으스대서는 안 된다는 뜻의 '의금상경衣錦尙絅'이라는 사자성어가 생겼습니다. 원래 뜻은 '비단錦옷을衣 입고 그 위에 다시 홑옷絅을 걸친다尙'는 것입니다. 즉, 비단옷을 입은 것을 으스대거나 뽐내지 말고 그 위에 홑옷을 걸쳐 비단옷을 가리라는 것입니다. 이는《중용》에 인용된 시구절로, 옛사람들이 즐겨 부르던 노래 가사였습니다.

의 금 상 경　오 기 문 지 저 야
衣錦尙絅　惡其文之著也
군 자 지 도　암 연 이 일 장
君子之道　闇然而日章
소 인 지 도　적 연 이 일 망
小人之道　的然而日亡

비단옷을 입고서 그 위에 홑옷을 걸치는 것은
화려한 빛을 보이고 싶지 않기 때문이네.
군자들의 인생은 은은하지만 날마다 빛이 더욱 강해지고,
소인들의 인생은 한때 화끈하지만 날마다 빛을 잃어가네.

　군자는 당장 눈에 띄지는 않아도 은은히 빛나거나 시간이 갈수록
더 빛나고, 소인들은 눈에 확 띄지만 시간이 갈수록 빛이 바랜다는
뜻입니다. 비단옷을 입고 그 위에 홑옷을 걸치라는 말을 일상 속에서
실천해보세요. 누구를 만나든지 자신의 빛을 감추고 항상 겸손한 자
세로 대한다면 그 빛은 시간이 갈수록 더욱 찬란하게 빛날 것입니다.

　내 빛이 너무 강하면 주변 사람들은 눈이 부십니다.

衣	錦	尙	絅
옷 의	비단 금	더할 상	홑옷 경

즐거움이 지나쳐서 음란해지면 안 된다

낙 이 불 음
樂而不淫
〈논어〉

기쁨과 슬픔은 우리 인생에서 빼놓을 수 없는 감정입니다. 인간은 때로는 기쁨에 세상을 다 얻은 듯 행복해하다가, 때로는 슬픔에 젖어 마치 세상에 혼자 버려진 듯 고통스러워합니다. 인생을 산다는 것은 기쁨과 슬픔 두 가지를 모두 겪는 것입니다. 기쁨과 슬픔이 늘 교대로 나를 흔들어댑니다. 기쁨이 지나쳐서 음란해지기도 하고, 슬픔이 지나쳐서 상처를 입기도 하지요. 기뻐하되 너무 지나쳐 음란해지지 않아야 하고, 슬퍼하되 너무 지나쳐 내 마음과 몸에 상처가 나지 않게 하는 것이 인간이 지혜롭게 애락哀樂을 관리하는 것입니다.

《논어》에 공자가 기쁨과 슬픔의 중용에 대해 언급한 대목이 있습니다.

낙 이 불 음, 애 이 불 상
樂而不淫, 哀而不傷

기뻐하라, 그러나 그 기쁨이 너무 넘쳐 음란한 즐거움으로 발전되면 안 된다.
슬퍼하라, 그러나 그 슬픔이 너무 지나쳐 마음에 상처가 되어서는 안 된다.

우리는 가끔 기쁨이 지나쳐서 결코 해서는 안 될 음란함에 빠지기도 하고, 슬픔이 지나쳐 몸과 마음에 상처를 내기도 합니다. 이런 애락의 불균형은 결국 인간을 파멸로 이끌기도 하고, 인간이 차마 해서는 안 될 극단적인 생각을 하게 만들기도 합니다.

《논어》의 이 구절은 당시 유행하던 노래 〈관저〉에 대한 평가에서 나온 말입니다. 〈관저〉의 가사에 대해 공자는 기쁨의 감정을 노래하되 음란해지지 않고, 애절함을 노래하되 상처받지 않는다고 평론했습니다. 세상에 어찌 기쁨만 있고, 또 어찌 슬픔만 있겠습니까? 애락이 늘 교차하는 것이 인생이겠지요. 그러나 기쁨과 슬픔의 균형을 유지하고 산다면 결코 감정에 휘둘리지 않는 품격 있는 인생이 될 것입니다.

<u>슬픔이 지나쳐 마음에 상처가 되어서는 안 됩니다.</u>

樂　　而　　不　　淫
즐길 낙　　말 이을 이　　아니 불　　음난할 음

만족을 알면 치욕을 당하지 않는다

지 족 불 욕
知足不辱
⟨도덕경⟩

　세상살이에서 가장 어려운 일 중 하나가 늘 만족하며 사는 일입니다. 아무리 지위가 높고 돈이 많더라도 자신의 현실에 만족하지 못하면 불행한 사람일 수밖에 없고, 아무리 지위가 낮고 돈이 없더라도 자신의 현실에 만족하고 산다면 그야말로 행복한 사람입니다. 자신이 만족하는 지점을 알고 욕심을 그만 부려야겠다는 지점도 정확히 안다면 평생 후회하지 않고 살 수 있겠지요.

　노자의 ⟪도덕경⟫에서는 명예와 돈에 대한 집착에 대해 이렇게 경고합니다.

명 여 신 숙 친, 신 여 화 숙 다, 심 애 필 대 비, 다 장 필 후 망
名與身孰親, 身與貨孰多, 甚愛必大費, 多藏必厚亡

명예와 내 몸 중 어떤 것을 더 가까이해야 할 것인가.
몸과 재물 중 어느 것이 더 중한가.
너무 인색하면 그만큼 반드시 내 인생은 낭비될 것이며,
많이 모으면 그만큼 반드시 크게 잃는 것이 있다.

　노자는 명예와 돈에 지나치게 집착하다 보면 반드시 크게 잃을 것이라고 경고합니다. 권력과 출세를 위해 내 몸을 바쳐서 눈앞의 성

과는 얻었지만 인생의 마지막 순간에 회한의 눈물을 흘리는 가련한 인간의 이야기는 역사 속에 수없이 많이 등장합니다. 그래서 노자는 '지족불욕知足不辱'이요, '지지불태知止不殆'라고 강조합니다. 지족불 욕은 '만족足을 알면知 치욕辱이 없을不 것'이라는 뜻이고, 지지불태 는 '그쳐야止 할 곳을 알면知 인생이 위태롭지殆 않을不 것'이라는 뜻입니다. 이는 쉽지만 실천하기는 어려운 화두입니다. 지족과 지지, 인생살이에서 반드시 염두에 두고 살아야 하는 가치입니다.

만족을 알고 어디에서 그쳐야 하는지를 알면
인생이 위태로워지지 않습니다.

知　足　不　辱
알 지　만족할 족　아니 불　수치스러울 욕

행복의 한 수 위는 쾌족

쾌 족
快足
《대학장구》

 우리가 자주 사용하는 '행복'이라는 단어는 동양에서 쓰기 시작한 지 그리 오래된 말이 아닙니다. 동양 문화권에서 행복이라는 단어가 생겨난 시기는 근대로 비교적 최근이고, 영어 해피니스happiness를 직역한 말입니다. 행복의 '행幸'은 운이 좋다는 뜻으로 자주 사용되기 때문에 행복은 운과 관련된 인생의 복을 뜻합니다. 즉, 운이 좋아 나에게 복이 다가온다는 것이지요. 그러나 운 좋은 지금의 내가 늘 만족스러운 것만은 아닙니다. 운이 좋고 복은 받았지만 어쩌면 마음 한구석에 불만족스럽거나 심지어 불쾌한 기분이 무겁게 자리하고 있을지도 모릅니다. 반면 인생에 운도 없고 복도 받지 못했지만 오히려 내 마음은 만족스러울 수도 있습니다. 결국 나에게 온 행운과 복이 반드시 내 마음의 만족도를 높이는 것만은 아니라는 것입니다. 높은 지위에 오르고 돈을 많이 벌었다 해도 만족을 얻지 못할 수도 있으니까요.

 고전에서 '행복'을 대신해 쓰인 말로 '쾌족快足'이라는 단어가 있습니다. 지금의 내 마음 상태가 상쾌하고快 만족스럽다足는 뜻입니다. 비록 운은 없더라도 쾌족을 느낄 수 있고, 비록 복을 받지는 못했더라도 마음이 상쾌할 수 있습니다. 그러니까 쾌족이라는 말은 근심거리나 걱정거리가 있든, 운이 좋든 나쁘든 마음이 상쾌하고 만족스러운 상태를 뜻합니다. '쾌족'은《대학장구》의 〈성의〉 장에 나옵니다.

성 기 의 무 자 기 , 차 지 위 자 겸 , 겸 쾌 족
誠其意毋自欺, 此之謂自慊, 慊快足

내 뜻을 성실하게 갖는 것은 나 자신을 속이지 않는 것이다.
이것을 스스로 만족스러운 상태라고 한다.
겸은 쾌족한 것이다.

인생을 살아가다 보면 운이 좋을 때도 있고 나쁠 때도 있습니다.
복이 올 때도 있고 불행이 찾아올 때도 있습니다. 그러나 행복이 온
다고 해서 반드시 마음이 상쾌하고 만족스러운 것은 아닙니다.

부귀와 빈천에 관계없이 늘 마음이 상쾌하고
만족스러운 '쾌족의 삶'을 사세요.

快　　足
상쾌할 쾌　　만족할 족

인생을 성찰하는 세 가지 질문

묵 이 지 지
黙而識之
《논어》

빠르게 흘러가는 세월 속에서 가끔 한 번씩 자신의 삶을 냉철하게 돌아보는 것은 의미 있는 일입니다. 내가 인생을 살아가는 방법에 문제가 있는 것은 아닌지, 나는 어제와 다른 오늘의 나를 만들기 위해 노력하고 있는지 등에 대한 성찰은 우리의 삶을 좀 더 윤택하고 의미 있게 만들어줍니다.

《논어》에 공자가 자신의 인생을 세 가지 질문으로 성찰하는 구절이 있습니다. 첫째, '묵이지지黙而識之, 나는 인생을 살면서 좋은 생각을 묵묵히黙 가슴속에 간직識하며 나의 길을 가고 있는가?' 둘째, '학이불염學而不厭, 배움學에 싫증 내지厭 않으며不 배움이 충만한 삶을 살고 있는가?' 셋째, '회인불권誨人不倦, 남人을 가르치는誨 데에도 게으르지倦 않은不 삶을 살고 있는가?'

묵 이 지 지, 학 이 불 염, 회 인 불 권
黙而識之, 學而不厭, 誨人不倦

묵묵히 좋은 말씀을 가슴속 깊이 간직하고 있는가?

배움에 싫증 내지는 않는가?

남을 가르치기에 게으름 피우지는 않는가?

이 세 가지는 공자도 스스로 실천하기 힘든 것이라고 말합니다. 인간은 기본적으로 배웠다고 으스대고, 한 번 배우면 더는 배울 것이 없다고 여기고, 내가 아는 것을 남에게 알려주기를 꺼리는 속성이 있습니다. 그렇기 때문에 부지런히 배우고, 그 배움을 묵묵히 가슴에 새기며, 남과 공유하는 일은 결코 쉽지 않습니다. 공자도 실천하기 어렵다고 한 이 세 가지 인생의 질문을 나에게 반복해서 물어보는 것이 바로 배움의 자세입니다.

배움을 좋아하고 배움을 나누는 것이
진정 위대한 배움입니다.

黙　而　識　之
묵묵할 묵　　말 이을 이　　기억할 지　　갈 지

성실함과 인내가 답이다

일 일 여 삼 추
一日如三秋
〈시경〉

　세상을 살다 보면 시간이 정말 안 갈 때가 있습니다. 이런 기분을 '일일여삼추一日如三秋'라고 할 수 있겠지요. 하루一日가 마치如 세三 번의 가을秋을 보내듯 길게 느껴진다는 뜻입니다. 기다리는 소식은 오지 않고 답답할 만큼 시간이 더디게 흐르는 것처럼 느껴질 때 사용하는 말입니다. 《시경》에 나오는 구절로, 어느 여인이 들에 나갔다 가 사랑하는 임을 만난 뒤 다시 만나고 싶은 감정을 솔직하게 표현한 〈채갈〉이라는 시입니다. 칡葛을 캐러采 산에 갔다가 사랑하는 사람을 만난 뒤 그 사람을 몹시 그리는 내용이지요.

피 채 갈 혜　일 일 불 견 여 삼 월 혜
彼采葛兮 一日不見如三月兮
피 채 소 혜　일 일 불 견 여 삼 추 혜
彼采蕭兮 一日不見如三秋兮

산에서 저 칡을 캐서 옷감을 만들어야지.
그대를 만난 지 하루밖에 안 됐는데 석 달이 흐른 듯하구나.
저 들판에서 쑥을 뜯어 향을 만들어야지.
그대를 만난 지 하루밖에 안 됐는데 가을이 세 번 지나간 듯하구나.

　생각이 사악하지 않고 솔직하다고 한 공자의 평가대로 순수한 사랑의 감정을 잘 표현한 시입니다. 사랑하는 사람을 하루만 못 보아도 마치 3년의 시간이 흐른 것 같다는 여인의 애절한 감정이 잘 담겨 있는데요. 그래서 우리가 그토록 바라는 일이 바로 이루어지지 않고 더디게 진행되는 것처럼 느껴질 때 '일일여삼추'라는 말을 사용합니다.

요즘은 정말 '일일이 여삼추'입니다. 일자리는 많아지고, 물가는 좀 내려가고, 부동산 시장은 안정되면 좋겠는데… 하루하루가 마치 3년처럼 길게 느껴집니다. 하루빨리 우리가 원하는 바가 모두 이루어지는 그런 시절이 왔으면 좋겠습니다.

> 순간순간 성실하게 일하고 끈기 있게 기다리다 보면
> 원하는 일이 반드시 이루어질 것입니다.

一	日	如	三	秋
한 일	날 일	같을 여	석 삼	가을 추

아침의 근심에 무너지지 말라!

일 조 지 환
一朝之患
《맹자》

세상살이가 온통 근심거리라고 합니다. 자식에 대한 근심부터 경제적인 문제로 인한 근심에 이르기까지, 세상을 산다는 것은 곧 근심에 싸여 살아가는 것이라고들 이야기합니다. 한 설문조사에 따르면, 한국인의 80퍼센트 이상이 자신의 삶이 근심스럽다고 응답했다고 합니다. 즉, 한국인은 근심 속에 살아간다고 해도 지나친 말이 아닐 것입니다.

문제는 근심이 지나치면 화로 변한다는 것입니다. 근심이 깊어져서 분노가 일어나면 나 자신이 미워지고 주변 사람들이 원망스러워집니다. 그리고 결국 나와 다른 사람들에 대한 적개심으로 인해 인간으로서 결코 해서는 안 될 충동적인 행동을 저지르게 됩니다.

《맹자》는 인간의 근심 가운데 어느 날 아침 잠깐 왔다가 사라지는 것을 '일조지환一朝之患'이라고 했습니다. '어느 날 아침一朝 나를 힘들게 하다가 시간이 지나면 사라지는 근심患'이라는 뜻입니다. 물질적 불만이나 욕구, 주변 사람과의 불화, 나 자신에 대한 불만 같은 것들은 잠깐 나를 흔들고 지나가는 근심이지 인생의 근본적인 근심이 되어서는 안 된다는 말입니다.

일 조 지 환
一朝之患

어느 하루 아침에 잠깐 왔다 가는 근심

요즘 갈수록 늘어나는 자살과 특별한 이유 없는 폭력은 결국 인간의 근심에서 시작되는 것 같습니다. 《맹자》는 이렇게 말합니다. "인생을 살다가 근심스러워지는 때가 있으나 근심은 일시적인 마음의 불안이므로 마음이 거기에 휘둘려서는 안 된다." 어느 날 아침 나의 마음을 흔들고 지나가는 잠깐의 근심, 일조지환에 휘둘리지 않고 살아야 한다는 것입니다. 그런 근심에서 자유로울 때 비로소 완전한 마음의 평정을 얻을 수 있을 것입니다.

어느 날 아침, 잠시 내 마음을 흔들고 지나가는 근심에
굴복해서는 안 됩니다.

一	朝	之	患
한 일	아침 조	갈 지	근심 환

남들이 버릴 때 나는 산다

인 기 아 취
人棄我取
《사기》

　투자의 귀재 워런 버핏의 가장 중요한 투자 원칙은 '남들과 반대로 가는 것'이라고 합니다. 주가가 올라서 남들이 사들일 때 과감하게 팔아버리고, 남들이 포기하고 던질 때 과감하게 사들이는 이 역발상의 투자 원칙이야말로 워런 버핏을 금세기 최고의 투자가로 만든 비결이라는 것이지요.

　이렇듯 남들과 반대의 길을 가겠다는 투자 원칙을 지켜서 엄청난 부자가 된 역사적 인물로 백규白圭가 있습니다. 중국에서 재물의 원조라는 뜻의 '생조生祖'로 불리는 인물이지요. 상황의 미묘한 변화를 잘 읽어내고 적재적소에 자금과 물자를 운용할 줄 알았던 그는 2천여 년 전 전국시대에 활동한 금융의 대가였습니다. 중국 최고의 역사서 《사기》에는 백규가 어떻게 돈을 벌었는지, 그 투자 원칙이 자세히 소개되어 있습니다. 워런 버핏처럼, 백규가 가장 중요하게 여긴 투자 원칙 중 하나가 바로 '남들과 반대로 가는 것'이었습니다.

인 기 아 취 ,　인 취 아 여
人棄我取, 人取我與

남들이 버릴 때 나는 사들인다.
남들이 사들일 때 나는 준다.

버리고 사들이는 시점이 남들과 같지 않았을 때, 즉 일반적인 상식과 반대로 갔을 때 높은 수익을 올릴 수 있다는 것입니다. 이것이 어찌 돈을 벌기 위한 투자에만 적용되는 원칙이겠습니까! 인생도 어쩌면 남들과 반대로 갔을 때 더 많은 것을 얻을 수 있습니다. 남들이 모두 눈앞의 이익을 추구할 때 뚝심 있게 손해를 감수하며 사는, 일명 '바보'가 나중에는 정말 크고 귀한 것을 얻는 가장 현명한 사람이 될 수도 있습니다. 예컨대, 환자를 사람으로 생각하고 치료하므로 당장 수익을 올리지 못하는 병원이 환자를 오로지 이익으로만 보고 수익을 올리는 병원보다 훨씬 오래갈 수 있다는 생각이 바로 역발상의 원칙입니다. 똑똑한 사람이 넘쳐나는 세상, 어쩌면 거꾸로 가는 사람이 최후의 승자가 될 수 있을지도 모릅니다.

지금 손해를 보는 것이 나중에 이익이 될 수도 있습니다.

人 棄 我 取
사람 인   버릴 기   나 아   가질 취

선후를 아는 것이 도에 통하는 길

지 소 선 후
知所先後
《대학》

세상을 살면서 누구나 늘 고민하는 것 중 하나가 무엇을 먼저 하고 무엇을 나중에 할 것인가 하는 문제입니다. 가정이 더 중요한가, 직장이 더 중요한가? 장사를 하면서 고객의 행복을 추구하는 것이 중요한가, 아니면 이익을 남기는 것이 중요한가? 어떤 것이 먼저先이고 어떤 것이 나중後인지 우선순위를 정하기가 정말 쉽지 않습니다. 일의 선후先後를 잘 판단하고 실천에 옮기는 것은 인생을 살아가는 데 매우 중요한 문제입니다. 《대학》에서는 선후를 정확히 알고 결정하는 것이야말로 도통道通하는 방법이라고 강조합니다.

물 유 본 말, 사 유 종 시, 지 소 선 후, 즉 근 도 의
物有本末, 事有終始, 知所先後, 則近道矣

세상의 모든 것에는 근본과 말단이 있다.
세상의 어떤 일이든 처음과 끝이 있다.
어떤 것을 먼저하고 어떤 것을 나중에 할 것인가를 안다면
이것이 인간이 도에 통하는 가까운 길이다.

세상에 존재하는 모든 것에는 선후, 시종始終, 본말本末이 있다는 것입니다. 그래서 인간이라면 그 선후를 잘 알고 행동해야 한다고

조언합니다. 그러면 무엇을 먼저 하고 무엇을 나중에 할 것인가 하는 질문이 남습니다.《대학》에서 말하는 선후는 분명합니다.

선 신 호 덕, 유 덕 유 인, 유 인 유 토, 유 토 유 재, 유 재 유 용
先愼乎德, 有德有人, 有人有土, 有土有財, 有財有用

먼저 덕을 쌓아야 한다. 덕이 있으면 사람이 모여들 것이다.
사람이 모여들면 영역이 생길 것이다. 영역이 생기면 돈이 만들어진다.
돈이 만들어지면 결국 좋은 곳에 쓸 일이 생긴다.

선후에 대한 간단하지만 명확한 판단입니다. 돈을 벌려면 먼저 덕을 쌓아야 한다는 것이지요. 지소선후知所先後, 즉 먼저 할 것과 나중에 할 것을 정확히 알아야 합니다. 선후를 무시하고 본말이 전도된 요즘 세상에 절실하게 필요한 생각입니다.

일의 선후와 인생의 본말을 아는 것이 중요합니다.

知　　所　　先　　後
알 지　　바 소　　먼저 선　　뒤 후

사람이 도를 넓혀나가는 것이다

인 능 홍 도
人能弘道
《논어》

　동양에서 '도道'의 뜻은 다양하게 해석됩니다. 그래서 도를 닦는다는 '수도修道'의 의미 역시 매우 다양합니다. 물질이 아닌 정신적 가치를 높인다는 뜻으로 해석되기도 하고, 우주의 본질을 깨치기 위한 과정으로 해석되기도 하지요. 그러나 인본주의와 현세주의의 관점에서 보면, 도는 어떤 위대한 정신적 가치나 우주의 원리를 의미하는 것이 아닙니다. '길 도道'라는 글자 그대로 길입니다. 인도人道는 사람이 반드시 걸어가야 할 길이고, 천도天道는 하늘이 운행하는 길입니다. 또 지도자가 걸어가야 할 길도 있고, 부모가 걸어가야 할 길도 있습니다. 도는 결코 저 먼 하늘에 있는 것이 아니라 바로 우리 인간들이 사는 세상에, 인간들이 살아가는 과정에 있는 것입니다.

　송나라 때 유명한 철학자 소강절 선생도 도道를 저 먼 푸른 하늘蒼天에서 찾을 것이 아니라 바로 우리 인간의 마음속人心에서 찾아야 한다고 강조했습니다. 인간이 인간답게 살기 위해 반드시 가야 할 바른 길이 바로 도의 참된 뜻입니다.

　《논어》에서는 사람이 도를 넓히고 확장해나가야지, 그 도가 사람의 일에 간섭해서는 안 된다고 했습니다.

인 능 홍 도 , 비 도 홍 인
人能弘道, 非道弘人

사람이 도를 넓히고 실천하는 것이다.
그 도가 사람을 간섭하거나 통제해서는 안 된다.

참 의미심장한 글입니다. 인간이 만든 도가 오히려 인간 위에 군림한다면 그것은 진정한 도가 아니라는 것입니다. 우리는 때로 주객이 전도되는 상황을 목격합니다. 인간이 유용하게 사용해야 할 돈이 오히려 인간을 통제하고, 인간을 행복하게 해주어야 할 지식이 오히려 인생을 옭아맨다면 그 돈과 지식은 더는 인간에게 유용한 존재가 아닙니다. 내가 있고 나서 도가 있는 것이고, 내가 있고 나서 부와 지식이 있는 것이므로, 그것에 의해 내가 구속되거나 통제되어서는 안 될 것입니다.

사람이 '도'를 넓히고 확장시키는 것이지
'도'가 사람을 간섭하고 규제해서는 안 됩니다.

人	能	弘	道
사람 인	능할 능	넓힐 홍	길 도

선비는 뜻을 숭상하는 사람

상 지
尚志
《맹자》

선비는 우리 조상들이 꿈꾸었던 이상적인 모습과 가까운 삶을 살았습니다. 세상의 영욕에 연연하지 않으며 자신이 처한 삶에서 최적의 답을 찾아 긍정적인 시각으로 세상을 살아가는 사람을 '선비'라고 부릅니다. 배움의 열정을 놓지 않고, 남을 배려하며, 옳고 그른 것을 객관적으로 분별할 줄 아는 사람의 표상인 선비는 어느 시대에나 사람들의 삶의 이상이었으며 가치의 기준이었습니다.

조선이 그토록 부패한 신료들과 무능한 왕들이 다스렸음에도 오랜 시간 망하지 않고 유지된 것은 선비라는 계층이 도덕적·윤리적으로 사회의 중심을 잡아주었기 때문입니다. 평범한 사람들과 구별되는 선비의 가장 중요한 특징이자 그들이 추구하는 인생의 중요한 가치 중 하나가 바로 '뜻을 숭상한다尚志'는 것이었습니다.

상 지
尚志

내 뜻을 소중히 여겨야 한다.

《맹자》에 제나라 왕자가 맹자에게 선비란 어떤 사람이냐고 묻는 장면이 나옵니다. 맹자는 선비는 뜻志을 소중하게 여기며尚 자신의 의지와 꿈을 추구하는 사람이라고 답합니다. 왕자가 선비가 추구하는 뜻이 구체적으로 무엇이냐고 되묻자 맹자는 '인仁'과 '의義'라고 대답합니다. 인은 사랑입니다. 타인을 존중하고 배려하는 선비의 마음을 인이라고 합니다. 의는 정의입니다. 혼자만 독식하는 것이 아니라 함께 나누는 정의, 내 것이 아니면 눈도 돌리지 않는 선비의 올바른 선택이 바로 의입니다.

선비는 사랑과 정의를 소중히 여기며 사는 사람입니다.

尚　　志
숭상할 상　　뜻 지

통합과 융합의 위대한 소리

집 대 성
集大成
《맹자》

　세상에는 기술의 종류가 매우 다양하고 각 분야의 전문가도 굉장히 많습니다. 그런데 아무리 좋은 기술을 가진 전문가라도 자신의 기술을 집적하여 새로운 기술로 만들지 못하면 최고 기술자로 인정받을 수 없습니다. 이런 종합과 통합의 능력을 《맹자》에서는 '집대성集大成'이라고 정의합니다. 집대성이란 '여러 가지를 모아서集 크게大 완성해낸다成'는 뜻입니다.

　맹자는 수많은 역사적 인물을 비교 분석하면서 공자야말로 이전 성현들의 능력을 종합하고 통합해낸 인물이라고 결론 내렸습니다. 오로지 청백하게 인생을 살다 간 백이伯夷의 청렴함과, 세상의 평화와 안정을 평생의 목표로 삼았던 은나라 이윤伊尹의 책임감, 화합과 화해의 정치를 주장했던 노나라 유하혜柳下惠의 화합 능력… 이것들이 모두 모여 하나로 집대성된 사람이 바로 공자라는 것입니다.

집 대 성 야 자 , 금 성 이 옥 진 지 야
集大成也者, 金聲而玉振之也

집대성을 한다는 것은
마치 음악에서 종소리를 옥의 소리로 완결하여 마감하는 것과 같다.

'집대성'이라는 말을 음악에 비유하자면 '음악의 종결자'라는 뜻입니다. 인간에게 필요한 가장 중요한 능력 중 하나가 바로 집대성하는 능력입니다. 불교의 다양한 논설을 융합하여 집대성한 원효스님, 인문학과 과학기술, 문화를 완벽하게 집대성해낸 세종대왕, 다양한 학문을 실학으로 집대성한 다산 정약용… 다양한 분야를 섭렵하고 넘나들며 하나로 묶어내는 집대성의 능력이 이 분들의 위대한 업적을 뒷받침했습니다. 애플사의 스티브 잡스는 방대한 지식과 콘텐츠를 집대성했기에 역사를 빛낸 한 사람으로 기억되는 것입니다. 과학과 인문학, 예술, 문화를 꿰뚫어보는 통찰력을 지니고 집대성할 수 있는 인재가 정말 아쉬운 시대입니다.

여러 분야를 꿰뚫고 섭렵하여 하나로 아우르는
집대성의 능력을 키우세요.

集　大　成
모을 집　클 대　이룰 성

오늘 하루, 신선이 되는 법

일 일 청 한
一日淸閑
《명심보감》

인생을 산다는 것은 복잡하고 어려운 일임에 분명합니다. 만나야 할 사람도 많고, 해야 할 일도 많고, 고민해야 할 것도 많습니다. 한 번쯤 지금 내가 있는 곳을 떠나서 유유자적 발길 닿는 대로 살고 싶은 것은 모든 사람이 간직하고 있는 꿈일 것입니다. 그래서 예로부터 신선처럼 살고 싶다는 꿈이 우리 가슴속 깊은 곳에 자리 잡고 있습니다.

재미있게도 《명심보감》에 신선이 되는 아주 간단한 방법이 제시되어 있습니다. 오늘 하루 신선처럼 살면 오늘만큼은 신선이라는 겁니다. 하루 동안 마음을 맑고 깨끗하게 하면 적어도 오늘 하루만큼은 신선이 될 수 있다는 것이지요. 이렇게 매일 신선처럼 살면 그 사람이 바로 신선이라는 것입니다.

일 일 청 한 일 일 선
一日淸閑一日仙

오늘 하루 맑고 한가롭게 산다면 오늘 하루 동안은 신선이다.

참 간단한 방법입니다. 내가 먼 훗날 신선이 된다고 생각하지 말고 바로 오늘 신선처럼 살면 된다는 것입니다. 신선처럼 사는 것은 어려운 일이 아닙니다. 맑고淸 편안한閑 마음으로 여유로움만 잃지 않는다면 얼마든지 신선의 모습으로 살 수 있습니다.

언제나 어렵고 힘든 것이 세상살이라고 합니다. 어렵고 힘든 세상이라고 화만 낸다면 인생은 언제나 고통스러울 수밖에 없습니다. 어려울 때일수록 마음을 더욱 여유롭게 먹고 맑고 깨끗한 삶의 태도를 유지해야 합니다. 이리저리 휩쓸려다니다 보면 도저히 회복할 수 없는 지경에 이르러 신선은커녕 가장 평범한 인간도 되지 못할 수 있습니다.

신선이 되고 싶다면《명심보감》의 이 구절을 외워보세요. '일일청한일일선一日淸閑一日仙, 오늘 하루一日를 맑고淸 한가롭게閑 살았다면 오늘 하루一日, 나는 신선仙이 된 것이다!' 매일 이 구절을 외우고 산다면 몸은 비록 세파에 시달리더라도 마음만큼은 유유자적하는 신선처럼 살 수 있을 것입니다.

오늘 하루 신선이면 평생 신선이 됩니다.

一	日	淸	閑
한 일	날 일	맑을 청	한가할 한

편작도 고칠 수 없는 여섯 가지 불치병

육 불 치
六不治
《사기》

사마천이 쓴 《사기》의 〈편작열전〉을 보면 제아무리 뛰어난 명의라도 도저히 고칠 수 없는 여섯 가지 불치병이 있습니다.

첫째, 환자가 교만하고 방자하여 내 병은 내가 안다고 주장하는 경우입니다驕恣不論於理(교자불론어리). 내 병은 내가 안다고 하면서 주관적인 판단만 중요시하고 정확한 의사의 진료와 충고를 따르지 않는 교만한 사람은 그 어떤 명의라도 치료할 수 없다는 뜻입니다.

둘째, 자신의 몸을 가벼이 여기고 돈과 재물을 더욱 소중하게 여기는 사람입니다輕身重財(경신중재). 사람의 몸은 세상 그 무엇과도 바꿀 수 없는 가장 소중한 것입니다. 돈과 명예만을 중시하여 몸을 가벼이 취급하면 이 또한 불치병이라고 지적합니다.

셋째, 음식을 제대로 조절하지 못하는 사람입니다衣食不能適(의식불능적). 옷은 추위를 견딜 정도만 있으면 되고, 음식은 배고픔을 채울 정도만 있으면 되는 것인데, 지나치게 음식을 탐하고 편안한 것만 찾는 환자는 어떤 명의도 고칠 수 없습니다.

넷째, 음양의 평형이 깨져서 오장의 기가 안정되지 않는 사람입니다陰陽幷藏氣不定(음양병장기부정). 음양이 장기를 장악하여 혈맥의 연결이 끊어지면 기가 불안정해져서 돌이킬 수 없는 상태로 진행된다는 것입니다.

다섯째, 몸이 극도로 쇠약해져서 도저히 약을 받아들일 수 없는 상태인 사람입니다形羸不能服藥(형리불능복약). 어떤 명약을 쓰더라도 그 약을 받아들일 만한 기본 체력이 뒷받침되지 못한다면 이 또한 고치기 어려운 병입니다.

여섯째, 무당의 말만 믿고 의사를 믿지 못하는 환자입니다信巫不信醫(신무불신의). 요즘도 과학적인 치료보다는 신비적이고 주술적인 치료에 더 매달리는 사람이 있습니다.

편작은 '육불치六不治'의 난치병을 말하면서 이 중에서 한 가지만 있더라도 병이 중한 것이고 고치기 어렵다고 강조합니다. 병에 걸린 사람이 빨리 나아 다시 건강해지려면 겸손하게 자신을 낮추고 전문가인 의사에게 최상의 방법을 묻는 것이 상책일 것입니다.

> 내 병은 내가 안다며 의사를 무시하는 환자는
> 그 어떤 명의도 고칠 수 없습니다.

六　　不　　治
여섯 육　아니 불　다스릴 치

부자가 되는 네 가지 비법

부 자 사 계 명
富者四誡命
《사기》

　돈은 인간을 파멸의 길로 인도하기도 하지만 삶을 자유롭게 해주기도 합니다. 잘 벌고 잘 쓰면 인간에게 자유를 주지만 잘못 쓰면 인생을 망치는 독이 되지요. 예나 지금이나 돈을 벌어 부자가 되고 싶은 인간의 욕망은 다르지 않은 것 같습니다. 사마천의 《사기》〈화식열전〉에는 부자가 되기 위한 네 가지 필수 조건이 일목요연하게 정리되어 있습니다.

지 족 여 권 변 , 인 능 이 취 여 , 용 족 이 결 단 , 강 능 유 소 수
智足與權變, 仁能以取予, 勇足以決斷, 强能有所守

지혜는 변화를 살필 수 있어야 한다.
인격은 남에게 가진 것을 줄 수 있어야 한다.
용기는 결단을 내릴 수 있어야 한다.
강단은 가진 걸 지킬 수 있어야 한다.

　춘추전국시대 백규라는 재벌이 제시한, 부자가 되기 위한 필수 조건입니다. 첫째, '변화權變를 읽어내는 지혜'가 있어야 합니다. 세상이 어떻게 변해가고 있는지, 앞으로 어떤 상황이 닥칠지 미리 알고 대비하는 지혜가 있어야 부자가 될 수 있다는 뜻입니다. 둘째, '남에

게 베풀 수 있는 인격'이 있어야 합니다. 돈은 벌고 싶다고 해서 벌수 있는 것이 아니라 남에게 베풀 때 나에게 다시 돌아온다는 것을 이해해야 한다는 뜻입니다. 셋째, '결단決斷할 수 있는 용기'가 있어야 합니다. 때가 왔다고 생각했을 때 주저하지 말고 결단하여 부를 잡아챌 수 있는 용기가 있어야 한다는 뜻입니다. 넷째, '내가 얻은 부를 어떤 상황에서도 끝까지 지켜낼 수 있는 강인함'이 있어야 합니다. 일단 지키겠다고 마음먹었으면 끝까지 놓지 않는 강단이 있어야 한다는 뜻입니다. 상황을 읽어내는 지혜, 베푸는 인격, 결단의 용기, 지키는 강인함, '지智, 인仁, 용勇, 강強', 이 네 가지만 있다면 천하의 부자가 될 수 있다는 사마천의《사기》에 담긴 생각, 오늘날에도 그대로 적용되는 철학입니다.

부자는 운이 아니라 노력에 의해서 됩니다.

富	者	四	誡	命
부유할 부	사람 자	넉 사	경계할 계	목숨 명

3장

긍정의 힘

역경 속에 피는 화려한 꽃

고 신 얼 자
孤臣孼子
《맹자》

꽃은 가장 절박할 때 가장 화려하게 핀다고 합니다. 어려운 환경이 오히려 화려한 꽃과 열매를 맺게 하는 계기가 될 수도 있다는 것입니다. 인생도 마찬가지여서 위대한 사람들은 공통적으로 인생에서 큰 역경을 겪었다고 하지요. 《맹자》에서는 어렵고 힘든 상황을 잘 견뎌내면 오히려 위대한 인물이 될 수 있다고 강조합니다. 역사 속 위인들은 모두 역경에 굴하지 않고 그것을 용기 있게 극복한 사람들이라는 것입니다.

'고신얼자孤臣孼子'는 '임금에게 외면당한 외로운孤 신하臣와 부모의 사랑을 받지 못한 서자孼로 태어난 자식子이 누구보다 큰 사람이 될 수 있다'는 의미의 사자성어입니다. '고신孤臣'은 임금의 총애를 받지 못하고 멀리 유배되거나 조정에서 소외된 신하를 말합니다. 그리고 '얼자孼子'는 부모의 사랑을 받지 못하고 서자로 태어난 사람을 말합니다. 이렇듯 남보다 어렵고 힘든 환경에 처해 있는 사람이 결국에는 위대한 사람이 될 수 있다는 뜻입니다.

고 신 얼 자, 기 조 심 야 위, 기 여 환 야 심, 고 달
孤臣孼子, 其操心也危, 其慮患也深, 故達

외로운 신하와 서자로 태어난 사람은,

그들의 마음가짐이 절실할 수밖에 없고,

그 어려움을 극복하는 생각이 깊을 수밖에 없다.

그러므로 그런 사람들은 남보다 뛰어난 사람이 되는 것이다.

　남보다 부족하고 어려운 상황에 처해 있기에 오히려 마음가짐과 생각이 남다를 수밖에 없고, 남보다 몇 배 더 고민하고 조심하기에 결국 큰 인간이 될 수밖에 없다는 것입니다. 위대함은 역경을 극복해내고 얻은 결과라고 합니다. 요즘처럼 어려운 시기에 주저앉거나 낙담하고 있을 것이 아니라 고난이 나를 더욱 강하게 만들 수 있는 기회라고 생각하고 다른 때보다 더욱 분발하고 깊이 생각하여 답을 찾아내야 할 것입니다.

　　역경 속에 실망하지 않는 긍정의 힘은 위대합니다.

孤　臣　孽　子

외로울 고　신하 신　서자 얼　아들 자

물은 흐르다 웅덩이를 만나면 채워지고 다시 흐른다

영 과 후 진
盈科後進
〈맹자〉

인간사를 '물水'에 비유하는 경우가 많습니다.《도덕경》에서 볼 수 있는 노자의 물의 철학은, 물이 자신을 낮추고 아래로 흐르며處下 새로운 모습으로 변화하는 데 주저함이 없다는 것입니다.《논어》에 제시된 공자의 물의 철학은 물이 밤낮을 쉬지 않고 흐른다는 것입니다. 자연에 존재하는 물은 인간과 너무나도 밀접하게 연관되어 있기에 다양한 철학자가 물을 인간사와 비유한 것이 아닌가 싶습니다. 《맹자》에도 물의 철학이 나옵니다. 맹자의 제자 서자가 물의 철학에 대하여 물었을 때 맹자는 물의 의미를 자세히 설명합니다.

원 천 혼 혼, 불 사 주 야, 영 과 후 진, 방 호 사 해
原泉混混, 不舍晝夜, 盈科後進, 放乎四海

샘이 깊은 물은 끝없이 용솟음친다.
그렇기에 밤낮을 쉬지 않고 흐를 수 있는 것이다.
흐르다 웅덩이에 갇히면 그 웅덩이를 가득 채우고 다시 흐른다.
그리하여 사해까지 멀리 흘러갈 수 있는 것이다.

참으로 의미심장한 물의 철학이 아닐 수 없습니다. 근원이 깊은 물이 바다까지 이를 수 있다는 뜻입니다. 그만큼 근본이 중요하다는

것이지요. 그러나 그 물은 바다로 흘러갈 때 무리하지 않습니다. 가다가 웅덩이를 만나면 그 웅덩이를 다 채우고 흘러갑니다. 급하다고 웅덩이를 다 채우지 않고 흘러간다면 가뭄에 그 물은 말라버리고 말 것입니다.

비록 물에 대한 설명이지만 인생을 살아가는 지혜이기도 합니다. 인생을 살다가 어려움을 만나거나 힘든 상황에 처하면 곧바로 나아가지 말고 차분하게 기다리면서 그 상황을 겪고, 힘을 쌓은 다음 비로소 새로운 길로 나아가라는 의미입니다. '영과후진盈科後進, 물은 흐르다 웅덩이를 만나면 채우고 다시 흐른다!' 어려운 상황을 만났을 때 한 번쯤 되새겨볼 만한 물의 철학입니다.

> 인생을 살다가 어려움을 만나면
> 잠시 쉬었다 가는 것도 방법입니다.

盈　科　後　進
찰 영　웅덩이 과　뒤 후　나아갈 진

회오리바람은 아침 내내 불지 못한다

표 풍 부 종 조
飄風不終朝
《도덕경》

인생을 살다 보면 누구나 고난과 역경을 만나게 됩니다. 심지어 아무리 지위가 높고 돈이 많아도 역경은 비켜가지 않습니다. 그러고 보면 역경은 피하려 한다고 해서 피할 수 있는 것이 아닌 것 같습니다. 오히려 당당하게 맞서거나 그 무서운 폭풍이 멈추기를 기다리는 것이 인생을 사는 지혜일 것입니다. 《도덕경》에 아무리 회오리바람이 심하게 불어도 아침나절 내내 계속해서 불 수 없고, 아무리 소나기가 내려도 하루 종일 내리지는 않는다는 말이 있습니다.

표 풍 부 종 조, 취 우 부 종 일
飄風不終朝, 驟雨不終日

회오리바람이라도 아침나절을 넘기지 못하고,
소나기라도 하루 종일 내리지 못한다.

어느 추운 날 회오리바람이 불어와 온 세상을 뒤흔들어놓더라도 결국 아침나절이 지나면 바람은 그칠 수밖에 없고, 여름날 세찬 소나기가 내려 세상이 물에 잠길 것 같아도 그 비가 하루 종일 내리지는 않는다는 의미입니다. 인생을 살다가 예기치 않게 힘든 상황이 닥쳐오면 조급해하지 말고 마음의 여유를 갖고 바람이 멈추고 비가 멎기를 기다린다면, 결국 문제는 풀리고 상황은 좋아질 것입니다.

　참 살기 힘든 세상입니다. 인간의 역사가 시작된 이래로 힘들지 않은 적이 한 번이라도 있었겠습니까마는 그래도 요즘 특히 더 힘들다고 합니다. 하지만 이런 때일수록 어렵다, 힘들다 한탄만 할 것이 아니라 이 시기가 지나가기를 조용히 기다리는 지혜가 필요합니다. 천운순환天運循環, 무왕불복無往不復. 하늘天의 운명運은 순환循環하여 한 번 가면往 결국 다시復 돌아온다고 합니다. 인생을 살다가 만나는 어려움과 역경도 결국 끝이 있다는 생각으로, 어려운 시절을 느긋하게 기다리며 넘어가는 것도 명철한 지혜입니다. 역경이 다가왔을 때 직접 부딪쳐 극복하기보다는 마음을 비우고 기다리는 것도 좋은 방법입니다.

　　세상의 어떤 어려움이든 결국 끝은 있습니다.

飄	風	不	終	朝
회오리바람 표	바람 풍	아니 부	끝날 종	아침 조

나를 버리면 결국 나를 얻는다

무 사 성 사
無私成私
《도덕경》

인생에서 성공하는 방법은 다양합니다. 성공을 향해 용맹하게 정진하여 목표를 달성하는 방법도 있고, 성실과 근면으로 차근차근 성공을 이루는 방법도 있습니다. 한데 성공에 대한 집착을 버리고 마음을 비우면 오히려 성공이 한 발짝 더 가까워질 수 있다는 역발상의 철학이 있습니다. 바로 노자 《도덕경》에 나오는 '무사성사無私成私'의 철학입니다. 나의 사사로운私 마음을 버리면無 오히려 사사로운私 성공을 이룰成 수 있다는 뜻입니다.

《도덕경》에 담긴 이 구절의 논리는 간단합니다. 나의 성공을 위해서는 사사로운 나의 마음과 의도를 버리라는 것입니다. 성공한 사람들의 이야기를 들어보면, 많은 경우 성공하고자 의도했던 것이 아니라 그저 마음을 비우고 열심히 하다 보니 지금처럼 성공했다는 것입니다. 겸손의 표현일 수도 있지만 성공을 향해 의도적으로 노력했다기보다는 나를 비우고 지금의 일을 충분히 즐기며 살았기에 어느덧 성공하게 되었다는 것이지요.

노자는 성공을 의식하지 않을 때 오히려 성공이 다가온다는 말을 다음과 같이 표현합니다.

성 인 후 기 신 이 신 선, 외 기 신 이 신 존
聖人後其身而身先, 外其身而身存
비 이 기 무 사 야, 고 능 성 기 사
非以其無私邪, 故能成其私

성인은 자신의 몸을 뒤로하려 하지만 어느덧 몸은 앞에 있게 되고,
내 몸을 밖으로 하려 하지만 어느덧 내 몸은
중앙에 들어와 있게 되는 것이다.
이것은 결국 나를 버렸기 때문에 그런 것이 아닐까?
그러므로 나의 성공을 이룰 수 있는 것이다.

세속의 성공은 내가 반드시 무엇을 하려고 해서 이룰 수 있는 것
이 아닙니다. 오히려 나를 낮추고, 마음을 비우고, 성공에 대한 지나
친 의도나 집착을 버리고, 묵묵히 지금의 나에게 몰입하고 열중하다
보면 결국 성공이 다가온다는 것입니다. 무사성사, '나私를 버린無
자가 결국 나私를 얻으리라成'는 역발상의 철학입니다.

욕심을 버리고 성공에 대한 집착을 버리면
성공은 다가옵니다.

無 私 成 私
없을 무 사사로울 사 이룰 성 사사로울 사

날면 반드시 저 하늘 높이 날아오르리라

비 필 충 천
飛必冲天
《한비자》

어려운 경제 상황에 젊은이들이 고통을 받고 있습니다. 취업은 갈수록 힘들어지고 한창 열심히 일할 나이에 직장을 잡지 못해 방황하는 젊은 세대를 바라보며 그들의 미래를 걱정하는 사람이 많습니다. 그러나 학교를 졸업하고 당장 취직하지 못한다고 해서 그들의 미래가 어두운 것만은 아닙니다. 어쩌면 그들은 더 큰 미래를 위하여 내공을 쌓고 있는 것일 수도 있기 때문입니다. 당장은 직장을 구하지 못하더라도, 미래를 준비하면서 지금의 고통을 감내하고 꿈을 키워나가는 젊은이가 많습니다.

《한비자》에 "높이 날기 위해서는 그만큼 준비할 시간이 필요하다"라는 말이 나옵니다. 비필충천飛必冲天, '날면飛 반드시必 저 하늘天 높이冲 날아오르리라'라는 뜻입니다. 초나라 장왕莊王은 왕위에 오른 뒤 3년간 아무 일도 하지 않고 놀았습니다. 보다못한 신하들이 왕이 되신 몸으로 열심히 일을 하고 국정을 챙겨야지 태만하게 놀기만 해서 되겠느냐고 직언을 하였습니다. 그때 장왕의 대답이 참 걸작입니다.

불 비 불 명, 비 필 충 천, 일 명 경 인
不飛不鳴, 飛必冲天, 一鳴驚人

지금 어떤 새가 날지도 울지도 않고 있다.
그러나 이 새가 날기 시작하면 반드시 저 하늘까지 올라갈 것이다.
이 새가 한 번 울면 온 천하의 사람들이 놀랄 것이다.

울지도 않고 날지도 않는 새가 일단 날기 시작하면 저 하늘까지 솟아오를 것이라는 말은 자기 자신을 비유한 것이었습니다. 결국 장왕은 자신의 호언장담대로 국정에 전념하여 춘추시대 최고의 지도자로 급부상했습니다.

잘 놀아야 성공한다고 합니다. 때를 기다리며 더 높이 솟아오르기 위해 내공을 쌓을 시간도 필요합니다. 그러니 지금 주변에 취직하지 않은 젊은이가 있더라도 너무 몰아세우지 마십시오. 누가 압니까? 그 젊은이가 초나라 장왕처럼 일단 날기 시작하면 저 높은 하늘까지 솟구쳐오르는 붕새가 될지. 높이 날려면 그만큼 시간이 필요합니다.

눈앞의 이익에 연연하지 말고
하늘 높이 날기 위해 준비하세요.

飛　　必　　冲　　天
날 비　　반드시 필　　찌를 충　　하늘 천

Stay hungry! Stay foolish!

2011년, 스티브 잡스의 사망 소식에 전 세계가 놀랐고 또 슬퍼했습니다. 그는 애플사를 세계적인 기업으로 만든 뛰어난 경영자이면서 어떤 역경과 시련에도 좌절하지 않고 꽃을 피워낸 멋진 사람이었습니다. 그래서 그는 많은 사람에게 귀감이 되는 존재였지요. 2005년 스탠퍼드대학교 졸업식에서 그가 한 연설 중에 "Stay hungry! Stay foolish!"라는 구절은 우리에게 인생을 어떻게 살아야 하는지를 명확히 제시해준 말입니다. '배부름보다 배고픔hungry에 머물라! 그 고통이 나를 깨어 있게 하리라! 늘 나 자신을 똑똑하다기보다는 모자라다고foolish 생각하라! 그렇게 비우면 나는 더 많이 채워질 것이다!'

《맹자》는 힘든 현실이 오히려 나를 살리는 길로 인도할 것이고, 편안하고 즐거운 현실이 나를 죽음의 길로 인도할 것이라고 경고합니다. 일명 '역경이론'입니다.

생 어 우 환, 사 어 안 락
生於憂患, 死於安樂

지금 어렵고 근심스러운 것이 나를 살리는 길로 인도할 것이요,
지금 편안하고 즐거운 것이 나를 죽음의 길로 인도할 것이다.

맹자는 위대한 이들은 늘 역경을 견뎌낸 사람들이라고 강조합니다. "하늘이 위대한 사람을 내려면 반드시 역경을 주어 견디게 한다. 먼저 그 사람의 마음을 고통스럽게 만들고, 그 사람의 근육과 뼈를 수고롭게 하고, 그 사람의 배를 굶주리게 하고, 그 사람의 생활을 궁핍하게 하여 그가 그 역경을 견뎌낼 수 있는 힘을 키우게 하는 것이다!"

스티브 잡스는 부모를 잘 만나서 비싼 등록금 내고 졸업하는 스탠퍼드대학교 졸업생들에게 편안함에 안주하지 말고 역경을 즐겨 위대한 가치를 창출하라고 강조한 것입니다. 안락한 삶이 나를 편안하게 하지만 그로 인해 성장은 멈출 수밖에 없고, 우환과 고통이 나를 힘들게 하지만 그것이 다시 성공할 수 있는 계기가 되어줄 것입니다. 우리는 안락을 추구하고 채워지면 안주하기도 합니다. 그래서 안락이 나를 죽이고 교만이 나를 정체시킨다는 생각을 한시라도 놓지 말아야 합니다.

> 편안함이 나를 죽이고 고통이 나를 살린다는 것을
> 늘 명심하세요.

死 於 安 樂
죽을 사 어조사 어 편안할 안 즐거울 락

망할 수밖에 없는 곳에 자신을 던져라!

투 지 망 지
投之亡地
《손자병법》

　　인생에서 큰 실패를 겪어보지 못한 사람이 크게 되는 경우는 참으로 드뭅니다. 바닥을 쳐보고 막다른 곳에 가보았기에 웬만한 충격과 공포에는 눈 하나 꿈쩍하지 않는 강한 사람으로 거듭날 수 있는 것이겠지요. 조직도 마찬가지입니다. 위기에 처하여 처절한 바닥을 경험해본 조직이 더욱 경쟁력도 생기고 생존율도 높아질 것입니다. 그래서 죽을 수밖에 없는 곳에서 더 큰 용기가 나오고, 망할 수밖에 없는 곳에서 더 큰 삶의 의지가 생겨난다고 합니다.

　　《손자병법》에서는 거칠고 험한 상황에 처해본 군대의 경쟁력에 대해 이렇게 이야기합니다.

투 지 망 지　연 후 존,　함 지 사 지　연 후 생
投之亡地 然後存, 陷之死地 然後生

망할 수밖에 없는 곳에 던져진 후에 생존할 것이다.
죽을 수밖에 없는 곳에 빠진 후에 살아남을 것이다.

　　참으로 의미심장한 말이 아닐 수 없습니다. 사지死地와 망지亡地에 빠져 어려운 상황에 내몰린 이후 더욱 생존력과 경쟁력이 높아진다는 것입니다. 조직은 동류의식을 가질 때 힘이 더욱 강해진다고

합니다. 동류의식은 어려움을 함께할 때 솟구쳐나오는 정신적 일체
감입니다. 즉, 막다른 골목에서 더는 후퇴할 곳이 없을 때 오히려 더
큰 일체감을 갖고 강한 힘이 솟아나오게 되는 것이지요. 장군이었던
손자의 고민은 어떻게 하면 군대의 힘을 극대화할 수 있는가 하는
것이었고, 그 답 중 하나가 바로 모든 장졸이 일체감을 갖도록 하는
것이었습니다. 그리고 그 일체감을 갖게 하는 구체적인 방법으로 군
대를 막다른 상황으로 몰아넣은 것이었죠.

　절박하면 모두가 하나가 되고 형제가 됩니다. 같은 배를 타면 원
수도 형제가 된다고 합니다. 파도가 높고 풍랑이 거세면 절박감 속
에서 나오는, 생존을 갈망하는 동류의식이 생긴다는 것이지요. 일명
'오월동주嗚越同舟'의 화두입니다. 거칠고 험난한 환경, 죽음의 땅에
자신을 던져보아야 합니다. 그럼으로써 오히려 그곳에서 죽을 길이
아닌 살 길을 발견하게 될 것입니다. 어려울 때마다 되뇌어야 할 철
학입니다.

　　죽음의 땅에 빠지면 살 길이 보입니다.

投　　之　　亡　　地
던질 투　　갈 지　　망할 망　　땅 지

구하면 얻을 것이요, 버리면 잃을 것이다

구 즉 득 지
求則得之
《맹자》

《맹자》에서는 인간이라면 누구나 가지고 태어나는 착한 본성이 있다고 합니다. 이는 동양에서 인간을 바라보는 기본 관점이기도 하지요. 비록 지금 내 앞에 있는 사람이 나쁜 말과 이해하기 힘든 행동을 하고 있지만 그것은 그 사람의 본성이 악해서 그런 것이 아니라 세파에 찌들고 모진 풍파를 겪으며 상처가 나서 그렇게 변한 것이라고 생각하는 겁니다. 맹자는 이렇게 말합니다.

측 은 지 심　인 개 유 지, 수 오 지 심　인 개 유 지
惻隱之心 人皆有之, 羞惡之心 人皆有之
공 경 지 심　인 개 유 지, 시 비 지 심　인 개 유 지
恭敬之心 人皆有之, 是非之心 人皆有之

남의 불행을 측은하게 생각하는 마음은 인간이라면 누구나 가지고 있다.
해서는 안 될 짓을 하는 것을 부끄러워할 줄 아는 마음은
인간이라면 누구나 가지고 있다.
남을 공경하고 배려하는 마음은 인간이라면 누구나 가지고 있다.
옳고 그른 것을 따질 줄 아는 마음은 인간이라면 누구나 가지고 있다.

《맹자》〈고자〉에 나오는 인간 본성의 본질을 표현한 글입니다. 사람들은 이렇듯 위대한 본성을 가지고 태어나는데도 그 본성을 인정

하려고도 찾으려고도 하지 않기 때문에 위대한 자기 자신을 모르고 산다는 것입니다. 그래서 맹자는 "구즉득지求則得之, 사즉실지舍則失之, 즉 구하라求 얻을得 것이요, 버리면舍 잃을失 것이다"라고 말합니다. 정말 아름다운 선언입니다. 인간은 누구든 간절히 원하고 구하면 자신의 훌륭한 본성을 회복할 것이고 위대한 사람으로 거듭날 수 있다는 뜻입니다.

세상을 살다 보면 자신감을 잃거나 자기 자신이 보잘것없게 느껴질 때가 있습니다. 그럴 때는 맹자의 말을 떠올려보십시오.

간절히 바라고 구하면 훌륭한 본성을 회복하여
큰사람으로 거듭날 수 있습니다.

求　　則　　得　　之
구할구　곧즉　얻을득　갈지

하늘이 큰일을 맡기기 전에 주는 것

천 강 대 임
天降大任
《맹자》

  역사적으로 성공한 사람들의 공통점 중 하나는 역경을 딛고 일어섰다는 것입니다. 자신에게 닥친 어려움에 흔들리거나 무너지지 않고 주어진 임무를 묵묵히 수행하여 큰일을 이룩한 사람들, 역경 속에서도 위대해진 사람들을 맹자는 '천강대임天降大任' 이론으로 설명합니다. 하늘天이 어떤 사람을 선택하여 큰大 임무任를 맡길 때에는 반드시 역경과 시련을 먼저 주어 시험한다는 것입니다.《맹자》에서는 그 시련을 네 가지로 정리합니다.

고 기 심 지, 노 기 근 골, 아 기 체 부, 공 핍 기 신
苦其心志, 勞其筋骨, 餓其體膚, 空乏其身

첫째, 그 사람의 마음과 뜻을 고통스럽게 한다.
둘째, 그 사람의 뼈와 근육을 수고롭게 한다.
셋째, 그 사람의 몸과 피부를 굶주리게 한다.
넷째, 그 사람의 신세를 궁핍하게 한다.

  하늘이 어떤 사람에게 큰 임무를 내리기 전에 먼저 마음을 뒤흔들고 배를 굶주리게 하고 몸을 고통스럽게 한 뒤에, 그 시련과 역경을 모두 견뎌낸 사람에게 비로소 큰 임무를 내린다는 것입니다. 그런데 하늘은 왜 사람에게 그토록 고통스러운 시련과 아픔을 줄까요? 그에 대한 대답은 간단합니다. 시련을 통해 사람의 마음을 단련시키고 타고난 본성을 회복시킴으로써 능력을 발휘할 수 있는 계기를 만들어주기 위해서라는 겁니다.

역경을 통해 위대한 인물이 탄생한다는 《맹자》의 관점에서 본다면 지금 나에게 닥쳐온 궁핍과 어려움은 오히려 나를 성장시키고 탄탄하게 만드는 단련의 과정이라고 생각할 수 있습니다. 요즘 대내외적으로 어렵다고들 이야기합니다. 하늘이 역경을 극복한 사람에게 큰일을 맡기듯 고난을 당당히 극복해낸 국민에게 밝은 미래를 열어주는 것은 당연한 이치일 것입니다. 역경은 잘 견뎌내기만 한다면 재앙이 아니라 오히려 값진 선물이 될 수도 있습니다.

마음의 아픔과 육신의 고통은
더 큰 내가 되기 위한 과정입니다.

天　降　大　任
하늘 천　내릴 강　클 대　맡길 임

가장 중요한 일부터 먼저 하라

급 선 무
急先務
《맹자》

현대 경영의 구루 피터 드러커는 자기경영의 핵심 과제로 무엇을 먼저 해야 할지 정확히 알아야 한다고 강조했습니다. 내 앞에 놓여 있는 수많은 일 가운데 무엇이 가장 중요하고 시급히 해야 할 일인지 결정하는 것이 경영에서 매우 중요하다는 것입니다. 인생을 살다 보면 가장 급하게 해야 할 일들이 있습니다. 그런데 정작 중요한 일은 제쳐두고 다른 일에 매달려 시간을 낭비한다면 성과가 효율적으로 나오기 어렵습니다. 《맹자》에 '급선무'라는 말이 있습니다. 급하게 먼저 힘써야 할 일은 제대로 하지 못하고 당장 급하지 않은 일에 매달리는 것을 경계하는 글입니다.

지 자 무 부 지 야 , 당 무 지 위 급
知者無不知也, 當務之爲急
인 자 무 불 애 야 , 급 친 현 지 위 무
仁者無不愛也, 急親賢之爲務

똑똑한 사람은 모든 것을 다 알아야 하지만,
마땅히 급히 먼저 알아야 할 것이 있다.
인자한 사람은 모든 사람을 다 사랑해야 하지만,
능력 있는 사람을 먼저 챙기는 것이 급선무이다.

리더는 세상의 모든 것을 챙기고 주변의 모든 사람을 사랑해야 하지만, 무엇보다 먼저 챙겨야 할 일이 있고 누구보다 먼저 발탁해야 할 사람이 있다는 뜻입니다. 세상 모든 사람을 만나고 사랑하는 것도 중요하지만 가장 먼저 만나야 할 사람이 있는 것이지요. 모든 직원을 다 좋은 자리에 앉히고 싶어도 먼저 승진시키고 가까이 두어야 할 직원이 있는 것입니다. 세상에서 가장 중요하고 급急하게 먼저先 힘써야務 할 일이 무엇인지 정확히 알고 실천하는 것이 사람의 도리입니다. 가정과 친지, 인생과 행복, 친구와 동료… 모두 급선무로 생각해야 할 대상입니다.

급한 일인데 힘들다고 뒤로 미루지 마세요.

急　先　務
급할 급　먼저 선　힘쓸 무

물을 건넌 뒤 배를 불태워라!

제 하 분 주
濟河焚舟
《춘추좌씨전》

행복한 인생을 살고 싶은데 예기치 않게 발목을 잡는 것들에 대해 생각해봅니다. 게으름과 나태함, 불만과 질투, 술과 흡연 등 많은 것이 우리가 행복한 인생을 살지 못하도록 하는 복병들입니다. 그래서 때로는 이런 것들을 과감하게 끊어버리고 새로운 마음가짐으로 인생을 살겠다는 결단이 필요합니다.

조선 중기 문신이자 학자 우복愚伏 정경세鄭經世 선생은 임진왜란 당시 공을 세워 학식과 무용武勇을 크게 떨친 분입니다. 평소 술 때문에 건강이 좋지 않았던 선생은 술을 끊기 위해 온갖 노력을 다했습니다. 어느 날 선생은 '제하분주濟河焚舟'라는 말과 함께 중대한 결심을 합니다. '강河을 건너고濟 나면 배舟를 불태워버린다焚'는 뜻입니다. 이제 술을 끊겠다고 결심한다면 타고 갈 배가 없다는 생각으로 하겠다는 것입니다. 제하분주는 원래 《춘추좌씨전》 등 동양의 병법서에 나오는 말로, 결전의 날 타고 갈 배를 불태워 더 이상 돌아갈 방법이 없다는 뜻입니다. 그야말로 배수진의 전략이지요. 우복 선생은 술을 끊기에 앞서 이런 말을 남깁니다.

주 살 인 지 탐 독 , 보 양 정 신 안 향 수 고
酒殺人之酖毒, 保養精神安享壽考

파 부 증 소 여 사 , 제 하 분 주
破釜甑燒廬舍, 濟河焚舟

술은 사람을 죽이는 독이다.

내 정신을 잘 보양하고 내 목숨을 제대로 지키려면 술을 끊어야 한다.

밥 해먹을 솥을 깨고 잠 잘 집을 불태우듯이,

강을 건너고 배를 불태우듯이! (이번이 마지막이라고 생각하라!)

정말 대단한 결심입니다. 누구에게나 세상을 살면서 인생의 전기가 될 만한 결단의 순간이 필요합니다. 우복 선생이 제하분주의 화두로 술을 끊은 것처럼, 인생을 살다가 갑자기 장애물을 만났을 때 죽음을 각오하고 배수진을 치는 것 또한 장애물을 넘기 위한 방법 중 하나입니다.

누구에게나 한 번쯤 사생결단이 필요합니다.

濟	河	焚	舟
건널 제	강물 하	불사를 분	배 주

창자를 끊어내는 아픔

단 장
斷腸
《세설신어》

　　우리는 인생을 살다가 슬픈 일을 당하면 창자가 끊어진다는 뜻의 '단장'이라는 단어를 사용합니다. 가수 황금심이 노래한 〈단장의 미아리고개〉 역시 잡혀가는 자신의 남편을 생각하며 창자가 끊어질 듯한 '단장'의 애절함을 읊은 것이지요. '단장'의 어원은 《세설신어》 〈출면〉 편에 나옵니다. 환온桓溫이라는 진나라 장수가 지금의 사천성 지역을 정벌하기 위해 군사를 이끌고 가면서 배를 타고 양자강을 건너게 되었습니다. 군대가 삼협三峽 부근을 지날 무렵, 한 병사가 새끼 원숭이 한 마리를 잡아왔습니다. 그러자 어미 원숭이는 자신의 새끼가 잡혀가는 것을 보고 배를 쫓아오며 울부짖었습니다. 그러다가 배가 좁은 지역을 통과할 때 필사적으로 몸을 날려 배 안으로 뛰어들었습니다. 그러나 슬픔에 지친 어미 원숭이는 이내 죽고 말았습니다. 병사들이 원숭이의 배를 가르자 창자가 끊어져 있었습니다. 자식을 잃은 어미의 슬픔에 창자가 끊어져버린 것이지요. 여기서 '창자가 끊어지는 듯한 아픔'이라는 뜻의 '단장'이 유래했습니다.

야 우 문 령 단 장 성
夜雨聞鈴斷腸聲

밤비에 들리는 저 풍경 소리는 내 창자를 끊어놓는 듯하구나!

당나라 시인 백거이가 지은, 당 현종이 양귀비를 그리는 아픔을 노래한 〈장한가〉의 한 구절입니다.

인생을 살다 보면 '단장의 슬픔'이 찾아올 때가 더러 있습니다. 사랑하는 사람과의 원치 않는 이별이나 예기치 않게 닥치는 역경, 철석같이 믿었던 사람들의 배신은 우리를 단장의 고통으로 몰아넣기도 합니다. 좋은 사회는 창자가 끊어지는 듯한 단장의 슬픔이 없는 사회입니다. 물질적 풍요로움이나 거창한 발전이라는 장밋빛 꿈보다는 모든 국민이 단장의 슬픔 없이 살아갈 수 있는 그런 대한민국이 되길 꿈꿔봅니다.

'단장의 슬픔'이 없는 삶을 살면 좋겠습니다.

斷　腸
끊을 단　창자 장

흙먼지 일으키며 다시 돌아오리라

권 토 중 래
捲土重來
⟨제오강정시⟩

'서초패왕'으로 유명한 초나라의 항우는 한나라 유방과의 전쟁에서 결국 패하고 말았습니다. 병력과 물자 등 모든 면에서 우세했던 항우가 패배한 이유는 여러 가지입니다.《초한지》에는 승리에 대한 전략도 없이 무리하게 군대를 운용했고, 승리의 성과와 이익을 자신의 장졸들과 나누지 않았으며, 잦은 감정 기복과 분노로 인해 무리한 결정과 판단을 내리는 등 다양한 이유가 있었다고 기록되어 있습니다. 항우는 마지막 해하성 전투에서 사면초가四面楚歌의 상황에 빠져 결국 사랑하는 여인 우미인과 서른한 살의 나이로 인생을 마감했는데, 그의 가장 큰 패착은 새로운 기회에 대한 희망을 포기했다는 것입니다. 잠깐의 분노와 수치를 참고 다시 병사들을 모아 새로운 기회를 모색하는 '권토중래捲土重來'의 결단을 내렸더라면 얼마든지 재기할 수 있었을 텐데, 자신에게 닥쳐온 위기에 절망하여 힘없이 무너진 항우는 결국 역사의 패배자로 남게 되었습니다. 천 년이 지난 어느 날 당나라 시인 두목杜牧은 항우가 마지막 숨을 거둔 오강을 지나면서 ⟨제오강정시⟩를 통해 아쉬움을 노래했습니다.

승 패 불 가 병 가 기, 포 수 인 치 시 남 아
勝敗不可兵家期, 包羞忍恥是男兒

강 동 자 제 다 재 준 , 권 토 중 래 미 가 지
江東子弟多才俊, 捲土重來未可知

이기고 지는 것은 병가에서도 기약할 수 없는 것이다.
부끄러움을 가슴에 안고 치욕을 참는 것이 진정한 남아로다.
강동의 젊은이 중에 준걸이 많은데,
흙먼지를 휘날리면서 다시 올 것을 왜 알지 못하였는가?

'권토중래'라는 말이 나온 시구절입니다. 잠시 치욕과 분노를 참
고 훗날을 기약하며 희망을 잃지 않는다는 '권토중래의 철학'을 통
해 포기하지만 않는다면 반드시 기회는 있다는 것을 우리는 알 수
있습니다. 절망하지 않으면 새로운 희망이 자랍니다.

패배를 견디고 다시 일어나는 것이 병법의 기본 철학입니다.

捲	土	重	來
말 권	흙 토	거듭할 중	올 래

하늘을 나는 용처럼 마음껏 꿈을 펼쳐라!

비 룡 재 천
飛龍在天
《주역》

용은 12간지 중 유일하게 현실세계에 존재하지 않는 상상 속의 동물입니다. 용은 왕의 상징으로, 태몽으로 용꿈을 꾸면 훌륭한 지도자가 태어난다는 이야기가 오래전부터 전해왔습니다. 또한 용은 가뭄이 들었을 때 비를 내려주는 고마운 동물이기도 합니다. 그래서 순우리말로 '미르'라고 부르는 용을 한국인은 상서롭고 큰 도움을 주는 동물로 여겨왔습니다.

《주역》건괘에서는 용을 인간에 비유하여 한 인간의 성장과 몰락의 과정으로 설명합니다.《주역》의 관점에서 보면 용은 인간을 상징하는 동물입니다. 용의 일생 중 물속에 잠긴 채 때를 기다리며 내공을 닦는 시기를 '잠룡潛龍의 시기'라고 합니다. '물속에 잠겨潛 있는 용龍'이라는 뜻으로, 아직 때를 만나지 못해 실력을 갈고 닦아야 하는 시기로 해석합니다.

잠룡이 때를 만나서 수면 밖으로 나와 자신의 능력을 본격적으로 발휘하는 시기를 '현룡見龍의 시기'라고 합니다. 이때는 용龍이 세상에 나타나見 자신의 능력을 최대한 발휘하기 위해 하루 종일 뛰고 또 뛰어야 하는 시기입니다.

그리고 어느 순간 새로운 모습으로 도약躍하는데, 이를 '약룡躍龍의 시기'라고 하지요. 하늘 높이 올라가 날아다니는 '비룡飛龍의 시

기'가 있고, 끝까지 올라가 더는 올라갈 데가 없는 '항룡亢龍의 시기'
가 있습니다. 이렇듯 용의 일생은 인간의 일생과 너무나 닮아 있습
니다.

비 룡 재 천 , 항 룡 유 회
飛龍在天, 亢龍有悔

나는 용은 하늘에 있다. 끝까지 올라간 용이 후회를 한다.

    그렇다면 이렇듯 다양한 용의 모습 중에서 가장 아름다운 시기는
언제일까요? 바로 '비룡재천飛龍在天'의 시기입니다. 하늘 높이 구름
을 타고 날아오르는 '비룡승운飛龍乘雲'의 모습을 담고 있습니다. 그
런데 가장 높이亢 올라간 용龍은 후회悔를 합니다. 결국 세상의 가장
높은 곳에 올라간다는 것이 행복하거나 즐거운 일만은 아닌 것 같습
니다.

끝까지 올라간 용보다 높이 날고 있는 용이

가장 아름다운 용입니다.

飛　龍　在　天
날 비　　용 룡　　있을 재　　하늘 천

둘이 하나가 되면 그 날카로움이 쇠도 자른다

이 인 동 심
二人同心
《주역》

"한 사람의 힘은 비록 미약하지만 두 사람의 힘이 모이면 아무리 강한 쇠라도 능히 자를 수 있다"라는 말이 있습니다. 미약한 힘이라도 그것이 모이면 시너지 효과를 내 무한한 에너지가 발생한다는 뜻입니다. 모든 일은 함께 하면 빨리 하고 잘할 수 있습니다. 아무리 능력이 출중한 사람이라도 혼자 하는 것은 한계가 있습니다. 1 + 1은 단순히 2가 되는 것이 아니라 무한대의 힘이 나올 수 있다는 말이 《주역》에 있습니다. 두 사람의 마음이 하나가 되면 그 날카로움으로 쇠도 자를 수 있다는 구절입니다.

이 인 동 심, 기 리 단 금
二人同心, 其利斷金

두 사람의 마음이 하나가 된다면,
그 날카로움으로 쇠도 자를 수 있다.

아무리 어렵고 힘든 일이라도 두 사람의 마음이 하나가 된다면 얼마든지 해결하고 극복할 수 있다는 뜻입니다. 어려운 시대를 살아가는 비법 중 하나가 바로 '똘똘 뭉치는 것'입니다. 나 혼자가 아니라 여러 사람의 힘과 능력이 하나로 합쳐지면 이 세상에 해내지 못할 일이 없습니다. 가족이 하나로 똘똘 뭉치고, 사회가 하나로 똘똘 뭉치고, 국가가 하나로 똘똘 뭉친다면 그 어떤 어려움도 극복할 수 있고 그 어떤 도전에도 대항할 수 있습니다.

이인동심二人同心, '두 사람의 마음이 하나가 된다면 우리 앞의 어떤 위기도 극복할 수 있다'는 의미입니다. 힐러리 클린턴 전 미국 국무장관도 중미전략회의에서 《주역》의 이 말을 인용하여 중국 대표단에게 중국과 미국의 공조를 제안한 바 있습니다. 《주역》에는 또 '동심지언同心之言, 기취여란其臭如蘭'이라는 말도 나옵니다. '같은 마음을 가진 사람들이 주고받는 말의 향기가 마치 난초와 같다'는 뜻입니다. 서로 신뢰하기에 늘 긍정적일 수밖에 없다는 것이지요. 그런 긍정적인 사람들의 말은 난초처럼 향기로워서 어떤 문제라도 얼마든지 해결할 수 있다는 의미입니다.

"두 사람의 마음이 하나가 된다면 그 날카로움으로 쇠도 자를 수 있다." 동서양을 막론하고 누구나 공감하는, 위기 극복에 관한 위대한 화두입니다.

> 어떤 어려움이 닥쳐도 하나로 똘똘 뭉치기만 한다면
> 얼마든지 이겨낼 수 있습니다.

二 人 同 心
두 이   사람 인   같을 동   마음 심

술잔 속의 뱀을 무서워하지 말라!

배 중 사 영
杯中蛇影
《진서》

인생을 살다 보면 다른 사람이 나를 어떻게 생각하는지 깊이 고민할 때가 간혹 있습니다. 상대방은 별 생각 없이 무심코 내뱉은 말 한마디에 깊은 마음의 상처를 입고 밤새 고민하기도 하고, 심지어 상대방은 아무런 의도도 없었는데 스스로 상상하여 상대방의 의도를 만들어내기도 합니다. 이런 경우를 사자성어로 '배중사영杯中蛇影'이라고 합니다. '술잔杯 속中의 뱀蛇 그림자影'라는 뜻으로, 쓸데없이 의심을 품고 고민하는 상황을 두고 하는 말입니다. 실제로 뱀이 없음에도 술잔에 비친 뱀 그림자를 보고 놀란다는 것이지요. 실체도 없는 일에 괜히 걱정하고 고민한다는 의미입니다.

의 심 생 암 귀 , 배 중 사 영
疑心生暗鬼, 杯中蛇影

의심하는 마음에서 어두운 귀신이 나오고,
술잔 가운데 없는 뱀 그림자가 보인다.

진나라 역사책인 《진서》의 〈악광전〉에는 악광이라는 사람의 이야기가 나옵니다. 그가 하남 태수로 일하고 있을 때 자주 놀러오던 친구가 언제부턴가 발을 딱 끊고 찾아오지 않았습니다. 악광은 이상한 생각이 들어 그를 찾아가 이유를 물었습니다. 그러자 그 친구는 이렇게 대답했습니다. "지난번 술을 마실 때 술잔 속에 뱀이 보이는 게 아니겠나. 한데 그 후로 몸이 좋지 않다네!" 악광은 그 일을 이상하게 여겨 친구가 앉아 있던 자리를 면밀히 조사했습니다. 결국 그것은 친구가 앉아 있던 자리의 벽에 걸린 활에 그려진 뱀이라는 사실을 알게 되었습니다. 고로 친구는 활에 그려진 뱀의 그림자에 놀랐던 것입니다. 악광은 다시 그 친구를 자신의 집에 초청한 다음 뱀 그림자의 실체에 대해 설명해주었고, 그제야 친구의 병이 씻은 듯이 나았다고 합니다.

이렇듯 실체도 없는 뱀 그림자 때문에 병이 든 친구처럼 우리도 어쩌면 실체가 없는 일로 인해 지나치게 두려움에 떨거나 근심에 젖어 살아가는지 모르겠습니다. 마음이 흔들리면 인생도 흔들리기 마련입니다. 술잔 속에 비친 실체 없는 뱀의 그림자에 놀랄 필요가 없듯이, 실체 없는 남의 평가와 의도에 지나치게 연연하며 살아갈 필요가 없는 것입니다.

실체도 없는 남의 평가에 연연하며 휘둘려서는 안 됩니다.

杯　中　蛇　影
잔 배　가운데 중　뱀 사　그림자 영

경거망동하지 말고 산처럼 신중하라

물 령 망 동
勿令妄動
이순신

모든 사람에게 모범이 되고 어려운 난국을 돌파할 수 있는 지도자가 그 어느 때보다 절실한 시절입니다. 이런 시절이면 우리는 조선을 절체절명의 위기에서 구해낸 성웅聖雄 이순신 장군을 떠올립니다. 나라가 혼란에 빠지고 위기를 만났을 때 결코 포기하지 않고 그 모든 난국과 시련을 돌파해나갔던 이순신 장군은 우리 겨레의 영웅으로, 위대한 지도자의 모습을 그대로 보여준 인물입니다.

이순신 장군은 병력과 물자가 열세인데도 왜군과 맞선 스물세 차례의 전투에서 단 한 번도 패하지 않고 모두 완벽하게 승리했습니다. 이것은 나라의 안위를 깊이 걱정하고 백성을 진심으로 아끼는 장군의 보국保國과 애민愛民의 정신이 든든히 뒷받침하고 있었기에 가능한 일이었을 것입니다. 장군은 탁월한 전략과 정확한 지식, 풍부한 현장경험 등 명장이 갖춰야 할 능력을 모두 갖춘 사람이었습니다. 특히 첫 번째 전투였던 옥포해전에서 그가 병사들에게 내린 명령은 우리 기억 속에 영원히 남을 만한 명문 중의 명문입니다.

물 령 망 동, 정 중 여 산
勿令妄動, 靜重如山

함부로 망령되이 움직이지 말라!

고요하고 신중하기를 산처럼 하라.

공격에 앞서 경거망동하지 말고 조용히 때를 기다려야 하며 태산처럼 고요하고 신중하게 공격에 임하라는 장군의 엄명입니다. 이 구절은 요즘 같은 시대에도 한 번쯤 되새겨볼 만한 가치가 있습니다. 나라의 크고 작은 일들을 결정하는 모든 사람이 이 구절을 되새기고 또 되새겨야 합니다. 함부로 처신하여 망신을 당하거나 조급하게 결정하여 일을 그르치는 일이 없어야 하기 때문입니다. 나의 판단과 결정이 나 하나만의 문제가 아니라 여러 사람에게 영향을 미치는 일이라면 더욱더 이순신 장군의 엄명을 떠올려야 합니다. "물령망동 정중여산, 경거망동하지 말라! 산처럼 신중하라!" 수백 번 되새겨도 좋은 구절입니다.

어떤 상황에서나 경거망동하지 말고
산처럼 신중하면 큰일을 이룰 수 있습니다.

勿　令　妄　動
말 물　하여금 령　망령될 망　움직일 동

칭찬과 비난에 일희일비하지 말라!

구 전 지 훼
求全之毁
《맹자》

세상을 살다 보면 의도하지 않은 칭찬을 받을 수도 있고, 전혀 예 상치 못한 비방에 시달릴 수도 있습니다. 어느 날 갑자기 칭찬과 명 예가 나에게 주어질 때도 있고, 또 어느 날에는 실제와는 전혀 다른 일에 휘말려 구설수에 오르거나 실체 없는 비난을 감수해야 할 때도 있습니다. 칭찬과 비난은 어쩌면 실제 사실과는 별로 상관없는 일일 수도 있습니다.

《맹자》에서는 의도하지 않은 칭찬과 예상치 못한 비난을 '불우지 예不虞之譽'와 '구전지훼求全之毁'라고 말합니다. 불우지예는 '전혀 생각지도虞 못한不 칭찬과 명예譽'라는 뜻입니다. 가령 내가 한 행 동이 그렇게 큰 선행도 아닌데 언론에서 대서특필하면 실제보다 과 장된 칭찬과 명예가 따라올 수 있습니다. 구전지훼는 '온전하게全 나 자신을 지키려고求 했는데, 그와는 반대로 내게 다가오는 비난과 훼 방毁'이라는 의미입니다. 이런 경우에는 정말 하늘이 원망스러울 것 입니다. 근거도 없는 비난과 과장된 비방이 내 의지와 상관없이 여 기저기 난무한다면 어디 가서 하소연할 곳도 없겠지요.

불 우 지 예 , 구 전 지 훼
不虞之譽, 求全之毁

예상치 못한 칭찬, 온전히 하려다 당하는 비난.

    맹자는 이렇듯 칭찬과 비난이 내 의지대로 되는 것이 아니라고 하면서, 어떤 칭찬과 비난에도 마음이 들뜨거나 상처를 입어서는 안 된다고 말합니다. 나아가 누구에게 비난을 받거나 칭찬을 듣더라도 그것을 완전한 사실로 받아들여서도 안 된다고 강조합니다. 인생을 산다는 것은 참으로 녹록지 않은 일입니다. 생각지도 못한 칭찬, 즉 불우지예와 예상치 못한 비난, 즉 구전지훼가 우리 인생의 곳곳에 기다리고 있기 때문입니다. 혹시 인생을 살다가 예기치 않은 칭찬을 받는다고 우쭐해하지 말고, 생각지 못한 비난을 받더라도 너무 속상해하지 마십시오. 그것이 인생입니다.

칭찬과 비난에 연연하지 않고
묵묵히 내 인생의 길을 가야 합니다.

求　全　之　毁
구할 구　온전할 전　갈 지　훼방할 훼

병은 초기에 고쳐야 한다

치 병 막 여 적 시
治病莫如適時
《사기》

병은 초기에 잡아야 한다고 합니다. 사람이 이미 깊이 병들고 난 뒤에 그 병을 잘 고치고 다스리는 의사보다 미리 예방함으로써 병에 걸리지 않도록 돕는 의사가 진정한 명의라고 하지요. 세상의 명의는 병을 잘 고치는 의사가 아니라 병이 나기 전에 미리 병을 진단하고 예방하는 의사입니다. 병이 깊어지기 전, 가장 적절한 시기에 병을 발견하고 고치는 것이 가장 위대한 치료법입니다.

춘추전국시대의 명의 편작은 죽은 사람도 살리는 의사로 널리 알려졌지만, 실상 그의 의술의 핵심은 '예방의학'이었습니다. 병은 무엇보다도 초기에 잡아야 한다는 것이지요.

치 병 막 여 적 시
治病莫如適時

병을 고치는 데 적당한 때를 놓쳐서는 안 된다.

《사기》에 이 구절과 관련된 이야기가 나옵니다. 편작이 제나라에 갔을 때 왕을 보고 피부에 병이 있으니 지금 고치면 쉽게 고칠 수 있다고 조언했습니다. 하지만 왕은, 의사들은 괜한 병을 만들어 이익을 추구한다고 불평하며 그의 조언을 묵살했지요. 그 뒤 다시 왕을 만난 편작은 병이 이미 혈맥으로 파고들었으니 신속하게 손을 써야 한다고 간했지만, 이번에도 왕은 그의 진단을 무시했습니다. 그 후 병이 장기까지 번졌다고 다시 진단했지만 그때도 왕은 그의 말을 듣지 않았습니다. 결국 병이 골수로 침투했고, 편작은 이제는 무엇으로도 왕의 병을 고칠 수 없다며 제나라를 떠났습니다. 편작의 충고를 끝내 듣지 않은 왕은 결국 병이 골수로 깊이 파고들어 죽게 되었지요.

편작은 왕의 죽음을 두고 이렇게 말했습니다. "병이 피부에 머물렀을 때는 고약으로 쉽게 고칠 수 있었고, 혈맥으로 파고들었을 때는 침으로 고칠 수 있었으며, 장기로 번졌을 때는 탕약으로 고칠 수 있었다. 그러나 골수로 침투한 병은 어떤 수단으로도 고칠 수 없으니 병은 초기에 고치는 것만 한 것이 없다." 이것이 어디 병을 고치는 일에만 적용되는 이치겠습니까? 어떤 일이든 그 일이 커지기 전에 미리 조심하고 예방하는 것이 가장 상책입니다.

> 일이 커지기 전에 미리 조심하고 예방하는 것,
> 그것이 힘든 세상을 살아가는 지혜입니다.

治	病	莫	如	適	時
다스릴 치	병 병	없을 막	같을 여	딱 맞을 적	때 시

남이 보지 않는 곳에서 더욱 신중하고 경계하라!

은 미
隱微
〈중용〉

우리는 보이지 않는 곳이나 드러나지 않는 일을 '은미隱微하다'라고 말합니다. 은미는 '은밀하고隱 미세하다微'는 뜻입니다. 《중용》에 나오는 말로, 아무도 모르고 안 보는 곳이라는 의미가 담겨 있습니다. 그런데 세상일은 가장 은밀한 곳이 가장 잘 보이고 가장 미세한 일이 가장 잘 드러나는 법입니다. 아무도 보지 않는 은미한 곳에서 해서는 안 될 행동을 한다면, 시간이 지나면 결국 저절로 드러날 수밖에 없습니다. 그러니 세상을 살아가면서 아무도 보지 못하고 아무 소리도 새어 나오지 않는 은미한 곳에서 더욱 조심하고 경계해야 합니다. 가끔 어떤 사람들은 자신이 은미한 곳에 있다고 생각해 해서는 안 될 일을 저지르곤 합니다. 그러나 시간이 지나면 진실은 밝혀지게 마련이지요. 그 당시 아무도 모를 것이라고 생각했던 일이 결국 만천하에 드러남으로써 큰 망신을 당하고 인생을 망치기도 합니다.

'군자여, 은미한 곳에서 더욱 경계하고 조심하라!' 《중용》에 나오는 원문은 다음과 같습니다.

막 현 호 은,　막 현 호 미,　군 자 신 기 독 야
莫見乎隱, 莫顯乎微, 君子慎其獨也

은밀한 곳보다 더 잘 보이는 곳은 없다.
미세한 일보다 더 잘 드러나는 일은 없다.
군자는 아무도 안 보고 안 듣는, 혼자 있는 곳에서
더욱 조심하고 삼가야 한다.

홀로 있을 때 더욱 조심하고 경계해야 한다는 '신독'의 윤리도 바로 《중용》의 이 구절에서 나온 말입니다. 우리는 남이 보는 곳에서는 나무랄 데 없이 행동합니다. 그러나 아무도 안 보는 은미한 곳에서는 결코 해서는 안 될 짓을 서슴지 않고 저지르기도 하지요. 아무도 보지 않는 곳에서 비위생적인 음식을 만들고 함량 미달의 제품을 만들어도 결국 시간이 지나면 사실이 드러날 수밖에 없습니다. 선진국 국민, 강한 기업, 위대한 나라가 되려면 남들이 보지 않는 은미한 곳에서 더욱 조심하고 경계하는 윤리가 바탕이 되어야 합니다. '군자여! 은미한 곳에서 더욱 경계하고 조심하라!' 《중용》이 들려주는 아름다운 삶의 가치입니다.

남이 보지 않는 곳에서도
자신을 속이지 않는 사람이 진짜 군자입니다.

隱　　微
은밀한 은　　미세할 미

그 마을에서는 그 마을의 법도를 따르라

입 향 순 속
入鄕循俗
《한비자》

"로마에 가면 로마의 법을 따르라"라는 말이 있습니다. 넓은 세상에서 수많은 사람이 저마다 자신만의 가치관을 따라 살아갑니다. 때문에 내가 가진 생각과 문화가 반드시 옳다고 볼 수 없는 것입니다. 그래서 다른 나라나 다른 조직에 가면 늘 그곳의 문화와 법을 물어보고 존중하는 자세가 매우 중요합니다.

《한비자》의 〈제속훈〉에 '입향순속入鄕循俗'이라는 구절이 있습니다. 그 마을에 들어가면 그 마을의 법도를 따라야 한다는 뜻입니다. 나의 가치만 옳다고 주장하며 다른 사람의 생각과 가치를 인정하지 않으려고 한다면 어느 누구도 그 사람과 함께 있으려고 하지 않을 것입니다. 예컨대 외국에 나가서도 우리나라 음식만 고집하며 김치와 고추장을 싸가지고 다니기보다는 그 고장의 음식과 문화를 이해하고 체험하려고 노력하는 것이 입향순속에 부합하는 자세겠지요.

입 기 국 자 종 기 속 , 입 기 가 자 피 기 휘
入其國者從其俗, 入其家者避其諱

그 나라에 들어가면 그 나라 풍속을 따라야 한다.
그 집안에 들어가면 그 집안 조상의 이름을 부르지 않는다.

우리나라 속담에도 "남의 집 제사에 감 놔라 대추 놔라 하지 말라"라는 말이 있습니다. 남의 집 제사에 내가 알고 있는 예법과 예절을 내세워 지나치게 간섭하는 것은 그리 바람직하지 않다는 것입니다. 인생 역시 각자 자기 나름대로의 방식으로 살아갑니다. 따라서 내가 생각하는 인생의 모습만 정답은 아니며, 나와 다른 사람의 인생도 인정해주어야 합니다. 내 자녀가 자신의 인생을 잘 찾을 수 있도록 도와는 주지만 내가 생각하는 인생의 길을 강요할 수는 없습니다.

입향순속, 그 마을에 들어가면 그 마을의 법도를 따라야 합니다. 고집과 편견에 사로잡혀 세상을 보려고 하지 말고 열린 마음으로 다양성을 인정하라는 《한비자》의 이 구절을 음미하면서, 내 생각과 다르다는 이유로 남을 비난하고 공격하지는 않았는지 스스로 돌아보는 시간을 가져야 합니다.

<u>고집과 편견을 버리고 열린 마음으로 세상을 바라보세요.</u>

入　鄕　循　俗
들 입　마을 향　쫓을 순　풍속 속

귀로 듣는 것은 눈으로 보는 것만 못하다

이 문 불 여 목 견
耳聞不如目見
〈설원〉

'백문불여일견百聞不如一見'은 우리가 일상적으로 자주 쓰는 말입니다. '백 번 귀로 듣는 것이 눈으로 한 번 보는 것만 못하다'는 뜻이지요. 아무리 많은 정보를 귀로 들어도 현장에 가서 눈으로 한 번 확인하는 것이 낫다는 의미입니다. 특히 조직을 책임지고 있는 관리자들은 현장에 가서 눈으로 확인하고 그때그때 현실적인 대책을 세워야 합니다. 현장에는 나가보지도 않고 책상에 앉아 귀로만 듣고 판단하는 것은 조직을 위태롭게 하고, 나아가 조직의 존망까지 위협하는 치명적인 결과로 이어지기도 합니다. 현장을 제대로 파악하지 않고 오직 귀로만 거짓 정보를 듣고 판단하는 관리자들의 안일함 탓에 사회는 혼란에 빠지고 조직은 망하게 됩니다.

'백문불여일견'이라는 말은 평범해 보이지만 그 안에 담긴 뜻은 결코 평범하지 않습니다. 이 말의 어원은 한나라 때 유향劉向이 쓴 《설원》의 〈정리〉에 나옵니다. 위나라 문후가 그의 신하 서문표西門 豹를 업鄴 땅의 관리자로 보내면서 특별히 당부한 말이 바로 '백문불여일견'입니다. 원문은 이렇습니다.

이 문 지 불 여 목 견 지, 목 견 지 불 여 족 천 지, 족 천 지 불 여 수 변 지
耳聞之不如目見之, 目見之不如足踐之, 足踐之不如手辨之

귀로 듣는 것은 눈으로 보는 것만 못하다.
눈으로 보는 것은 발로 확인하는 것만 못하다.
발로 확인하는 것은 손으로 직접 실행하는 것만 못하다.

　귀로 듣지만 말고 눈으로 보고, 눈으로 보지만 말고 발로 뛰고, 발로 뛰지만 말고 손으로 직접 하라는 것입니다. 조직의 리더를 임명할 때 이 말을 꼭 당부해야 합니다. 그저 월급이나 타 밥이나 먹고 살라고 그 조직의 리더로 임명한다면 그것은 재앙을 부르는 일입니다. 눈으로 보고 발로 뛰고 손으로 직접 할 자신이 없는 사람은 높은 자리를 사양하고 낮은 자리에 머무르는 것이 그 자신과 조직, 국가를 위하는 일입니다.

　　　　눈으로 보고 발로 뛰고 손으로 직접 하는 것이
　　　　　　　　무엇보다 중요합니다.

耳	聞	不	如	目	見
귀 이	들을 문	아니 불	같을 여	눈 목	볼 견

일단 마음먹은 일은 포기하지 말라!

기 정
棄井
《맹자》

　해마다 연말이면 올 한 해 계획했던 일을 제대로 잘 마쳤는지 돌아보게 됩니다. 연초에 세운 계획을 포기하지 않고 순간순간 되새기며 지키려고 했다면 그 일의 성공 여부와 관계없이 의미 있는 한 해를 보냈다고 말할 수 있을 것입니다. 《맹자》에서는 어떤 목표를 세우고 그 목표를 달성해나가는 노력을 '우물 파는 일'에 비유하여 설명합니다. 우물을 아무리 깊게 팠더라도 샘을 만나지 못하고 중도에 그만둔다면 결국 우물을 전혀 파지 않은 것이나 다르지 않다는 것이지요.

유 위 자 비 약 굴 정, 굴 정 구 인 이 불 급 천, 유 위 기 정 야
有爲者譬若掘井, 掘井九軔而不及泉, 猶爲棄井也

어떤 목표를 세워 그 일을 완수하려고 하는 것은
비유하자면 우물을 파는 것과 같다.
우물을 아홉 길이나 깊이 팠더라도 샘을 발견하지 못하였다면,
그것은 우물 파는 것을 애초부터 포기한 것이나 마찬가지이다.

　결국 끝을 보지 못하면 애초에 시도조차 하지 않은 것과 마찬가지라는 것입니다. 우리는 꿈을 가지고 그 꿈을 실현해나가는 과정에서

최선을 다했지만 장애물이 많아 끝내 성공할 수 없었다고 이야기합니다. 물론 최선을 다했는데도 도저히 안 되는 일도 있지만, 정말 내가 그 일을 성공으로 이끌기 위해 얼마나 끝까지 최선을 다했는지 한 번쯤 진지하게 반성해보아야 합니다. 우물을 깊이 팠더라도 중도에 그만둔다면 결국 우물을 파지 않은 것이나 다름없기 때문입니다.

"일단 마음먹었다면 포기하지 말라!"《맹자》에서 강조하는 말입니다. 애초부터 불가능하다고 부정하는 것을 자기 자신自을 무시暴한다는 '자포自暴'라고 하고, 나는自 능력이 없다며 중도에 그만두는棄 것을 '자기自棄'라고 합니다. 이른바 '자포자기自暴自棄'입니다. 우물을 파다가 물이 안 나오더라도 포기하지 말고 더 깊이 파야 합니다.

> 우물을 파다가 중도에 포기하면
> 아예 파지 않은 것과 마찬가지입니다.

棄　　井
버릴 기　우물 정

맨손으로 호랑이를 때려잡을 수는 없다

전 전 긍 긍
戰戰兢兢
《시경》

　'전전긍긍戰戰兢兢'이라는 말은 《시경》에서 비롯되었습니다. 이 책에 서주西周 말엽 폭정이 계속될 때 그 불안한 정치에 대하여 신하가 비판하는 시가 나옵니다. "지도자여! 백성을 위한 정치를 해야 한다. 늘 조심하고 조심하며 전전긍긍해야 한다. 당신은 맨손으로 호랑이를 때려잡을 수 없고, 맨몸으로 황하를 건널 수는 없지 않은가? 늘 깊은 연못 앞에 서 있는 듯 조심하라! 늘 살얼음판 걷는 듯 신중하라!" 등골이 오싹해지는 시입니다. 당시 폭정을 일삼던 폭군들에게 늘 조심스럽게 백성을 위한 정치를 하라고 경고하는 내용입니다.

불 감 포 호, 불 감 빙 하, 전 전 긍 긍, 여 림 심 연, 여 리 박 빙
不敢暴虎, 不敢憑河, 戰戰兢兢, 如臨深淵, 如履薄氷

맨손으로 호랑이를 때려잡을 수 없도다. 맨몸으로 황하를 건널 수 없도다.
늘 전쟁에 나간 듯 조심하라! 깊은 연못 앞에 서 있는 듯 조심하라!
살얼음판 위를 걷는 듯 조심하라!

　전쟁에 임하는 병사처럼, 깊은 연못 앞에 서 있는 사람처럼, 겨울철 살얼음판 위를 걷는 사람처럼 하루하루 조심하고 또 조심하라는 뜻입니다. 요즘같이 어려운 때에는 늘 전쟁에 나간 듯이 전전긍긍해

야 합니다. 운전을 할 때도, 길을 걸을 때도, 일을 할 때도 신중하지 않으면 한순간 큰 화를 당하기 때문입니다. 날마다 전쟁터에 나가듯 조심스럽고 신중하게 하루하루를 살아야 합니다. 그래야만 훗날 전전긍긍하지 않고 여유 있게 자신에게 찾아온 복을 누릴 수 있습니다.

중요한 순간에 '전전긍긍'하지 않으려면
매일매일 조심스럽고 신중하게 살아야 합니다.

戰　　戰　　兢　　兢
싸울 전　싸울 전　삼갈 긍　삼갈 긍

위기 속에서 영웅이 나온다

주 복 내 견 선 유
舟覆乃見善游
《회남자》

"날씨가 추워져야 소나무와 잣나무가 가장 늦게 시든다는 것을 알 수 있다!"《논어》에 나오는 구절입니다. 여름철에는 모든 나무에 잎이 무성하고 푸르지만 추운 겨울이 되면 그 나무의 진면목을 알 수 있다는 뜻입니다. 나무에 잎이 아무리 무성해도 겨울이 오면 다 떨어지는데, 소나무와 잣나무는 여름에 잎이 무성해 보이지 않지만 추운 겨울 동안은 잎이 푸르다는 것입니다.

사람도 나라도 어려운 상황에 처해야 옥석을 가려낼 수 있다고 합니다. 어려운 상황에서 견뎌야 진정 생존력이 강한 사람입니다. 평소에는 능력 있는 모습을 보여주다가 어려움이 조금만 닥쳐도 곧바로 무너지는 사람이 많습니다. 어떤 역경이 다가오더라도 불굴의 의지로 헤쳐나가는 모습이 진정 아름답습니다.《회남자》에 다음과 같은 구절이 나옵니다.

주 복 내 견 선 유,　마 분 내 견 양 어
舟覆乃見善游, 馬奔乃見良御

배가 전복되어야 그 사공이 수영을 얼마나 잘하는지 알 수 있고,
말은 빠르게 달려봐야 그 마부가 얼마나 능숙한지 알 수 있다.

풍랑이 일어 배가 뒤집혀야 그 배를 부리던 사람의 수영 실력을 알게 됩니다. 말이 빠른 속도로 달려야 그 마부가 얼마나 능숙한 마부인지 알 수 있습니다. 평온하고 안정된 시대에는 영웅이 나오기 어렵다고 합니다. 시대가 어렵고 국가가 절체절명의 위기에 빠졌을 때 비로소 능력 있는 사람이 자신의 진가를 드러내고, 능력을 발휘하여 조직을 위기에서 구해낼 수 있다는 것입니다. 이순신 장군은 420여 년 전 임진왜란이라는 역사상 최대의 위기 상황에서 나라를 구한 영웅이고, 안중근 의사는 일제의 혹독한 압제 속에서 우리 국민들에게 희망과 용기를 준 영웅이었습니다.

요즘 같이 불확실하고 불안한 현실 가운데 위대한 능력을 보여줄 사람이 나타날 때인 것 같습니다. 위기에 굴하지 않고, 긍정 마인드로 역경을 극복해낼 수 있는 위대한 인물이 나오기를 기원합니다.

시련을 당해봐야 그 사람의 진가를 알 수 있습니다.

舟	覆	乃	見	善	游
배 주	엎어질 복	곧 내	볼 견	잘할 선	헤엄칠 유

4장

욕심을 줄일수록
행복은 커진다

하얀 바탕이 있어야 아름다운 그림을 그릴 수 있다

회 사 후 소
繪事後素
《논어》

　　요즘 사람을 평가할 때 겉으로 드러나는 외모나 능력을 첫 번째 기준으로 삼는 듯합니다. 학벌과 스펙이 사람을 평가하는 중요한 판단 기준이 되기는 하지만 그것만으로는 완벽하게 사람을 평가할 수 없습니다. 그 사람이 내면에 어떤 인격을 갖추고 있는지, 또 어떤 철학을 가지고 인생을 살아가는지는 관심도 없고 오로지 겉모습에 치중하는 사회는 그다지 희망적이지 않습니다.

　　《논어》에 겉으로 보이는 아름다움보다는 내면의 아름다움이 선행되어야 한다는 뜻의 '회사후소繪事後素'라는 구절이 나옵니다. '그림繪 그리는 일事은 하얀素 바탕이 있은 후後에야 가능하다'는 뜻입니다. 아무리 훌륭한 붓이 있고 그림 실력이 좋다고 해도 하얀 바탕의 종이가 없으면 아름다운 그림을 그릴 수 없다는 의미입니다. 마찬가지로 아무리 예쁜 얼굴과 준수한 외모를 가지고 있어도 내면이 아름답지 않으면 빛이 날 수 없다는 것입니다. 이 구절이 나온 배경은 이렇습니다.

　　공자가 아끼는 제자 자하가 스승에게 물었습니다. "선생님!《시경》에 이런 구절이 있었습니다. '아름다운 웃음과 예쁜 보조개! 아름다운 눈동자의 여인이여! 하얀 바탕이 있어야 그것이 의미가 있지!' 이 시구가 무슨 의미입니까?" 공자는 이렇게 대답합니다. "회사후소니라." 아름다운 그림과 채색은 하얀 바탕이 있어야만 비로소 빛을 발한다는 뜻입니다. 겉으로 아무리 예쁜 표정을 짓고 눈웃음을 쳐도 마음이 아름답지 못하면 그 아름다움은 잠깐일 뿐 오래가지 못한다는 것이지요.

회 사 후 소
繪事後素

그림 그리는 일은 하얀 바탕이 있은 후에 할 일이다.

요즘 외모 지상주의가 곳곳에 만연해 있습니다. 내면의 본질은 초라한데 겉모습만 화려하게 꾸미는 것이 일상이 되었습니다. 우리가 그동안 잊고 살았던 내면의 아름다움에 다시 한번 주목해야 할 때입니다. 회사후소, '예쁜 그림을 그리는 일은 하얀 바탕이 있어야 가능하다'라는 이 구절은 본말이 전도되고 선후가 뒤바뀐 요즘, 가슴속 깊이 와닿는 철학입니다.

내면의 아름다움이 받쳐주지 못하는 외모는 허상입니다.

繪	事	後	素
그림 회	일 사	뒤 후	흴 소

성실함이 없다면 존재도 없다

불 성 무 물
不誠無物
(중용)

천복지재天覆地載, '하늘天은 세상을 덮어주고覆, 땅地은 세상을 실어준다載'는 뜻의 이 구절을 통해 동아시아 사람들이 우주를 설명하는 방식을 알 수 있습니다. 우주라는 것은 결국 만물이 존재하는 집이고, 그 집 안에서 수많은 생명과 존재가 공존하고 공생하며, 시간은 우주라는 집에 잠시 머물렀다 가는 '나그네'와 같다고 인식했던 것입니다.

우주라는 공간에 존재하는 모든 것은 자기 존재의 법칙을 가지고 있습니다. 그 법칙이 바로 '성실할 성誠'입니다. 즉, 세상의 모든 것은 결국 성실함을 통해 이루어졌고, 성실함을 통해 존재하며, 성실함을 통해 발전한다는 것입니다. 우주는 그 자체로 작은 입자들이 쉬지 않고 쌓인 성실함의 결정체이며, 높은 산도 한 줌의 흙과 돌이 성실하게 뭉쳐져서 만들어진 존재이고, 저 넓은 바다도 한 방울의 물이 성실하게 모여 만들어진 것이라는 의미입니다.

《중용》에 성실함은 세상의 모든 것을 이루는 원리이며, 성실함이 없다면 그 어떤 존재도 있을 수 없다는 글이 나옵니다. 이런 뜻을 담은 사자성어가 바로 '불성무물不誠無物'입니다.

성 자 물 지 종 시 , 불 성 무 물
誠者物之終始, 不誠無物

성실하다는 것은 모든 만물의 끝과 시작이다.
그러니 성실하지 않다면 존재도 없다.

  불성무물은 '성실하지 않다면 어떤 물질도 존재할 수 없다'는 뜻입니다. 세상의 그 어떤 존재도 결국 성실해야만 존재할 수 있다는 것이지요. 우리 인간 역시 이 우주의 성실함을 본받아야 합니다. 쉬지 않고 언제나 순수한 마음으로 지속하다 보면 결국 저 산과 바다처럼 큰 존재가 될 수 있습니다.

  요즘 성실함을 멀리하고 크게 한탕 해서 세상의 모든 것을 거머쥐려는 그릇된 생각이 팽배한 듯합니다. 정치권에 줄을 잘 서서 좋은 자리를 얻고자 하는 공직자들, 남들이야 어떻게 되든 크게 한탕 해서 평생 잘 먹고 잘살겠다는 헛된 욕망을 품은 기업인들… 이런 사람들의 불성실한 삶은 결국 결말이 좋지 못할 것입니다. 불성무물, 성실하지 않다면 존재가 불가능하다는 뜻의 이 구절은 성실함을 멀리하고 한탕에만 혈안이 되어 있는 사람들이 새겨야 할 구절입니다.

  성실은 우주의 원리이며 인생의 원리여야 합니다.

不	誠	無	物
아니 불	성실할 성	없을 무	존재 물

내 인생의 진짜 근심은?

오 우
吾憂
《논어》

세상을 살다 보면 예기치 않게 근심 걱정이 자주 찾아옵니다. 자식과 가정에 대한 근심, 건강과 직업에 대한 근심, 이웃과 사회에 대한 근심…. 어쩌면 인생은 걱정과 근심을 안고 한평생 살아가는 것이 아닌가 싶기도 합니다.《논어》에 공자가 자신의 평생의 근심 걱정에 대해 이야기하는 대목이 나옵니다. 내吾 평생의 근심憂, '오우장吾憂章'입니다. 공자가 말한, 평생 가슴에 안고 살아가는 근심은 다음과 같습니다.

덕 지 불 수, 학 지 불 강, 문 의 불 능 사, 불 선 불 능 개, 시 오 우 야
德之不修, 學之不講, 聞義不能徙, 不善不能改, 是吾憂也

인격을 제대로 연마하고 있지 않는 것에 대한 근심,
배움을 열심히 익히고 있지 않는 것에 대한 근심,
옳은 것을 듣고 실천하지 않는 것에 대한 근심,
좋지 못한 것을 고치고 있지 않는 것에 대한 근심,
이것이 평생 내가 살아가면서 하는 근심이다.

공자가 말하는 인생의 근심은 우리의 근심과는 좀 다른 것 같습니다. '수덕修德, 인격을 제대로 수양하고 있는가? 강학講學, 배움을 통해 늘 새로운 나를 찾고 있는가? 사의徙義, 언제나 옳은 곳을 지향하

며 살고 있는가? 개선改善, 늘 최선의 답을 찾아 지금의 나를 변화시키고 있는가?' 참으로 아름다운 인생의 근심입니다. 인격을 도야하고, 배움을 추구하며, 옳은 것을 지향하고, 새로운 나를 찾아가는 것은 어쩌면 인간만이 할 수 있는 아름답고 위대한 근심일 것입니다.

눈을 뜨면 늘 머리를 아프게 하는 인생의 근심들이 있다고 여기는데, 그리 크게 근심할 것이 없는데도 스스로 걱정거리를 만들고 있지는 않은지 다른 관점에서 한번 생각해봐야 할 것입니다. 《논어》에서는 나 자신을 돌아보고 주변을 생각하며 어떻게 사는 것이 인간답게 사는 것인지 고민하는 것이 진정 인간이 해야 할 근심이라고 하는데, 이 글을 읽으며 근심의 축을 한 번쯤 바꿔봐야겠다는 생각을 해봅니다. 어쩌면 정작 해야 할 걱정은 안 하고 안 해도 될 걱정을 하며 잠 못 이루고 있지는 않은지 진지하게 성찰해봐야겠습니다.

정작 해야 할 걱정은 안 하고 안 해도 될 걱정에
사로잡혀 있지 않은지 돌아봅시다.

吾　　憂
나 오　　근심 우

몸을 보존하려면 명예를 피하라!

도 명 불 여 도 화
盜名不如盜貨
〈순자〉

　인간의 욕망 중 가장 큰 것이 바로 '명예에 대한 욕심'이라고 합니다. 돈과 지위는 포기할 수 있을지언정 자신의 이름 석 자, 즉 명예는 쉽게 포기할 수 없다고도 합니다. 그만큼 사람들은 명예를 중요하게 여깁니다. 그래서 우리는 명예를 지키기 위해 자신이 가진 모든 것을 버리는 일도 종종 목격하게 됩니다. 그러나 남이 나를 알아주고 기억해주기를 바라는 데 지나치게 집착하다 보면 자신의 인생을 자유롭게 살지 못하고 늘 남의 기대에 맞춰 살게 됩니다. 남의 칭찬과 비난 한 마디에 수시로 천국과 지옥을 오가는 인생은 결코 바람직하지도 행복하지도 않은 삶입니다.

　《명심보감》에 "목숨을 보존하기 위해서는 욕심을 줄이고 몸을 보존하기 위해서는 명예를 피해야 한다"라는 말이 나옵니다. 돈에 대한 지나친 욕심은 자신의 목숨을 위협하며, 명예에 대한 지나친 집착은 자신의 몸을 망친다는 것입니다.

보 생 자 과 욕 , 보 신 자 피 명
保生者寡欲, 保身者避名

생명을 보존하려는 사람은 욕심을 줄여야 하고,
몸을 보존하려는 사람은 명예를 피해야 한다.

《순자》에도 이와 비슷한 의미의 '도명불여도화盜名不如盜貨'라는 구절이 있습니다. '명예名를 훔치는盜 것은 돈貨을 훔치는盜 것보다 더 나쁜 일'이라는 의미입니다. 즉, 특별한 실적이나 공적도 없이 명예를 얻고자 하는 것은 남의 집 담을 넘어 도둑질하는 것보다 더 나쁘다는 뜻입니다.

세상에 태어나 살면서 자신의 이름을 알리거나 후세에 남기는 일은 사실 우리가 생각하는 것처럼 그리 중요한 일이 아닙니다. 이름 석 자를 알리기 위해 해서는 안 될 일을 저지르고, 가서는 안 될 곳에 가다 결국 일신에 화를 입게 되는 경우가 너무도 많기 때문입니다.《순자》의 이 구절은 우리의 옛 선비들이 늘 가슴 깊이 간직하며 살았던 인생철학이었습니다. 명예에 지나치게 집착하고 명예를 훔치는 그릇된 일에서 벗어나야 우리는 진정 자유로운 인생을 살 수 있습니다.

> 명예에 대한 지나친 집착을 버려야
> 인생이 좀 더 자유로워집니다.

盜	名	不	如	盜	貨
훔칠 도	명예 명	아니 불	같을 여	훔칠 도	재물 화

좋은 충고를 들으면 절을 하라!

선 언 즉 배
善言則拜
《맹자》

인생을 살다 보면 한 번씩은 자기 자신의 삶을 냉철히 돌아보는 시간이 필요합니다. 자신이 내뱉은 모진 말 한 마디가 상대방의 가슴에 대못을 박지는 않았는지, 무심코 한 행동이 상대방의 마음에 깊은 상처를 내지는 않았는지 되돌아보아야 합니다. 자신이 의식하지 못하고 한 말과 행동이 상대방에게 지울 수 없는 상처를 남길 때가 있습니다. 이때 미처 인지하지 못한 나의 잘못을 짚어주거나 귀띔해주는 누군가가 있다면 그 사람이 바로 나의 진정한 은인일 수 있습니다. 남의 충고를 듣는 일이 유쾌하지는 않지만 나의 잘못된 말과 행동을 고칠 수 있는 기회를 얻은 것이기 때문입니다.

《맹자》에 다른 사람의 충고를 들으면 화를 낼 것이 아니라 오히려 감사하고 기뻐해야 한다는 이야기가 나옵니다.

자 로 인 고 지 이 유 과 즉 희
子路人告之以有過則喜

공자의 제자 자로는 남이 자신의 잘못을 지적해주면
한없이 기뻐했다.

공자의 제자 자로는 자신의 잘못을 남이 지적해주면 화를 내지 않고 오히려 기뻐하며 고마움을 표했다고 합니다. 요순시대의 우禹 임금도 자신에게 누군가 좋은 말로 충고해주면 반드시 그에게 절을 하며 감사를 표했다고 하지요. 우문선언즉배禹聞善言則拜, '우 임금은 좋은 말善言을 들으면 절拜을 하며 상대방에게 고마움을 표시했다'는 뜻입니다.

세상에 나에게 좋은 말로 충고해주는 사람이 있다는 것은 행복한 일입니다. 그래서 위대한 성인들은 그 충고에 기뻐하고 절을 하며 상대방에게 고마움을 적극적으로 표시했던 것이지요. 남의 충고와 조언에 귀를 기울이는 것은 진정 지혜로운 자들의 생활방식입니다. '좋은 충고를 들으면 큰절을 하라!' 진심을 담은 짧은 충고도 견디지 못하며 짜증을 내는 현대인들이 귀담아들어야 할 명구입니다.

> 나에게 좋은 말로 충고해주는 사람이
> 주위에 있다는 것은 행복한 일입니다.

善 言 則 拜
좋을 선　말씀 언　곧 즉　절할 배

귀를 막아도 '종소리'는 들린다

엄 이 도 종
掩耳盜鐘
〈여씨춘추〉

〈교수신문〉에서는 해마다 '올해의 사자성어'를 선정해 발표하는데, 2011년에는 304명의 교수가 '엄이도종掩耳盜鐘'을 1위로 뽑았습니다. '귀耳를 막고掩 종鐘을 훔친다盜'는 뜻으로, 도둑이 종을 훔치면서 종소리가 나는데도 자신의 귀를 막고 못 들은 척하며 종을 훔쳤다는 고사에서 나온 구절입니다. 자신의 귀만 틀어막는다고 객관적인 사실이 덮어지지 않는다는 의미로,《여씨춘추》의 이야기에서 유래되었습니다.

옛날 어떤 도둑이 빈집에 몰래 들어가 큰 종을 훔쳐 도망가려고 했습니다. 그런데 종이 너무 커서 지고 갈 수가 없어 한참을 생각한 끝에 종을 깨뜨려 쪼갠 다음 가져가기로 했습니다. 그런데 종을 망치로 치는 순간 종소리가 요란하게 울렸습니다. 그러자 그 도둑은 다른 사람이 그 종소리를 듣고 쫓아올까 봐 두려워 귀를 틀어막았습니다. 이 어리석은 도둑은 자신의 귀만 꽉 막으면 다른 사람도 종소리를 듣지 못할 것이라고 착각한 것입니다. 그는 자신이 귀를 막든 안 막든 종소리가 사람들에게 들린다는 사실을 깨닫지 못한 것입니다.《여씨춘추》는 이 이야기 말미에 이렇게 덧붙였습니다.

오 인 문 지 가 야 , 오 기 자 문 지 패 의

惡人聞之可也, 惡己自聞之悖矣

자신이 종 훔치는 소리를 남이 듣는 것을 두려워한 것은 맞지만,

그 소리가 자신에게만 들릴 거라고 생각하여 두려워하며

귀를 막은 것은 어리석은 일이다.

   우리는 있는 사실을 객관적으로 바라봐야 합니다. 누구나 다 듣고 있고 보고 있는 것을 자신의 귀를 막고 눈을 가린다고 해서 숨길 수 있는 것이 아닙니다. 세상 사람들이 모두 손가락질하고 있는데 자신의 눈을 가린다고 그 사실이 없어지는 것도 아니고, 모든 사람이 다 욕하고 있는데 자신의 귀를 틀어막는다고 그 사실이 없어지는 것도 아닙니다. 자신의 귀를 막으면 아무도 종소리를 듣지 못할 것이라고 생각하는 어리석은 도둑이 지금도 여전히 많은 것 같습니다.

문제를 회피하지 말고 있는 그대로

인정하는 자세가 필요합니다.

掩	耳	盜	鐘
가릴 엄	귀 이	훔칠 도	쇠북 종

4장 | 욕심을 줄일수록 행복은 커진다 • 425

인생에서 지켜야 할 세 가지 계율

군 자 삼 계
君子三戒
《논어》

인생을 살면서 경계해야 할 일이 참으로 많습니다.《논어》에서 말하는 '삼계三戒'는 인생을 살면서 시기별로 조심하고 경계해야 할 세 가지 계율입니다. 첫째, 젊은 시절에는 혈기를 다스리기 어렵기 때문에 과도하게 색色에 탐닉하는 것을 경계해야 합니다. 이를 지키지 못하면 자칫 인생에 큰 화를 입을 수도 있습니다.

소 지 시 혈 기 미 정 , 계 지 재 색
少之時 血氣未定, 戒之在色

젊을 때는, 혈기가 아직 안정되지 않았기 때문에,
색을 삼가야 한다.

둘째, 나이 들어 어른이 되면 젊은 혈기에 경쟁을 벌이는 것을 경계해야 합니다. 불가피하게 다른 사람과 경쟁을 해야 할 때 오로지 그 경쟁에서 이기기 위해 불필요한 소모전을 벌일 수 있습니다. 한 발자국이라도 남보다 더 앞서나가야 한다는 과도한 욕심과 경쟁심에 사로잡혀 무리수를 두다 보면 목표를 이루기는커녕 치명타를 입을 수도 있습니다.

급 기 장 야 혈 기 방 강 , 계 지 재 투
及其壯也 血氣方剛, 戒之在鬪

장년이 되어서는, 혈기가 바야흐로 왕성하기에,
경쟁을 삼가야 한다.

셋째, 늙으면 혈기가 쇠하기 때문에 탐욕을 경계해야 합니다. 사람은 나이 들수록 욕심이 더 많아지는데, 늙으면 아무래도 자신감이 떨어져 자신이 가진 것을 놓지 않으려는 본능이 강해질 수밖에 없다는 것입니다.

급 기 노 야 혈 기 기 쇠 , 계 지 재 득
及其老也 血氣旣衰, 戒之在得

늙음에 이르러서는, 혈기가 이미 쇠약하기에,
욕심을 삼가야 한다.

호색好色과 명예名譽, 욕심慾心은
인생에서 늘 경계해야 할 대상입니다.

君　　子　　三　　戒
임금 군　아들 자　석 삼　경계할 계

새벽의 맑은 기운으로 상처를 치유하라!

평 단 지 기
平旦之氣
《맹자》

험한 세상을 살아가다 보면 누구나 불가피하게 마음에 상처를 입을 수밖에 없습니다. 하루 일과가 끝나면 여러 사람과의 관계 속에서 생긴 수많은 상처가 하나둘 떠오릅니다. 우리는 그 상처를 치유하기 위해 마음을 다스려야 합니다. 상처 난 마음을 회복하는 데 필요한 기운을 '평단지기平旦之氣'라고 합니다. 《맹자》에서 말하는 평단지기는 '평소平 아침旦에 동이 트면서 느끼는 맑고 신선한 기운氣'을 뜻합니다. 새로운 하루가 시작되는 새벽의 에너지는 아직 사람을 만나기 전에 인간이 느끼는 맑은 기운입니다.

평 단 지 기
平旦之氣

평소 아침에 다가오는 맑은 에너지

이 말의 핵심은 무엇일까요? 사람들은 낮에 활동하는 동안 많은 사람과 만나고 부대끼는 과정에서 마음에 크고 작은 상처를 입게 됩니다. 대부분 저녁에 집으로 돌아가 상처 난 마음을 추스르게 되는데, 그날 받은 상처가 너무 크면 저녁에 잠깐 쉬는 것만으로는 제대로 치료가 되지 않습니다. 그런 일이 반복되다 보면 마음의 상처가 점점 더 깊어져 본래 자신의 모습을 점차 잃게 되고, 그렇게 시간이 흐른 뒤 어느 날 문득 자신의 모습을 보면 지난날의 순수했던 모습과 너무나 달라져 있는 것을 발견하게 됩니다. 그런 까닭에 인간은 마음의 상처를 치료할 수 있는 맑은 에너지를 받아야 하는데, 그 기운 중에서도 가장 중요한 기운이 바로 '평단지기'입니다. 새벽녘 동이 트는 시간, 자신의 마음을 추스르는 시간에 필요한 맑은 에너지입니다.

마음을 잘 보존하면 영혼이 맑아지지만 잘 다스리지 못하면 영혼이 탁해집니다. 인간은 맑고 순수한 마음을 처음에 갖고 태어나지만 거친 세상을 살아가면서 그 마음이 찢기고 혼탁해진다고 합니다. 그럴 때는 새벽에 일찍 일어나서 시나브로 동이 트면서 다가오는 맑은 새벽의 에너지를 흡수해야 본심으로 돌아갈 수 있습니다. 매일 나를 돌아보고 상처 난 마음을 추스르며 사는 것은 인간이 마땅히 해야할 일입니다.

> 새로운 날이 시작되는 새벽의 에너지로
> 상처 난 마음을 치유해야 합니다.

平 旦 之 氣
평소 평   아침 단   갈 지   기운 기

욕심을 줄인 만큼 행복은 커진다

과 욕
寡欲
《맹자》

　사람의 욕심은 적절하면 약이 되지만 지나치면 인생을 망치는 독이 되기도 합니다. 그래서 예로부터 욕심欲을 줄여야寡 한다는 의미의 '과욕寡欲'이 인생의 중요한 화두이자 철학으로 여겨졌습니다. 마음을 다스리는 데에 욕심을 줄이는 것보다 더 효과적인 방법은 없다는 뜻이지요. 과욕과 상반되는 말이 '다욕多欲'입니다. 욕심이 지나치면 자신의 마음을 제대로 다스리기 어렵습니다.《맹자》에서는 마음을 다스리려면 욕심을 줄이라고 말합니다.

양 심 막 선 어 과 욕
養心莫善於寡欲

마음을 다스리는 데에는
욕심을 적게 갖는 것보다 좋은 방법이 없다.

　'양심養心'은 마음心을 기르고養 다스리는 것입니다. 인간이 우주의 주인이 될 수 있는 이유는 마음이 있기 때문입니다. 이 아름다운 마음을 잘 다스리고 기르는 것은 인간만이 할 수 있는 위대한 행동입니다. 마음을 다스리지 못하고 마음에 끌려다니면 금수와 같아진다는 것이 동양의 마음을 다루는 학문에 나오는 내용입니다. 이렇듯 마음을 잘 다스리고 기르려면 '과욕', 즉 욕심을 줄이는 것이 최선의 방법입니다.

요즘 주위에 보면 욕심 탓에 예기치 않게 상처받는 사람이 많습니다. 나보다 많이 가진 사람을 시기하고 질투하는 마음 때문에 상처를 입기도 하고, 내가 가질 수 있는 수준을 넘어선 어떤 것을 좇다가 좌절하고 고통스러워하기도 합니다. 아무리 좋은 자리가 나에게 주어지더라도 내 자리가 아니라고 생각하면 마음을 비워야 합니다. 아무리 눈앞에 많은 돈이 있다고 하더라도 내 돈이 아니라고 생각하면 욕심을 버려야 합니다. 욕심을 줄이는 것이야말로 행복을 얻는 가장 좋은 방법이라는 맹자의 말은 평범해 보이지만 인생을 살면서 늘 가슴 한구석에 지니고 살아야 하는 진리입니다.

> 마음의 상처를 치유하는 가장 좋은 방법은
> 욕심을 줄이는 것입니다.

寡　　欲
적을 과　하고자 할 욕

'한 방'의 유혹을 조심하라!

기 자 불 립
企者不立
〈도덕경〉

　영국의 주간지 〈이코노미스트〉는 한국 사회를 'one shot society'라고 보도한 적이 있습니다. 이른바 '한 방 사회'라는 것이지요. 예컨대 한국 사회에서는 입시 한 방에 인생이 결정되기 때문에 학창시절 공부를 잘해서 좋은 대학에 들어가기만 하면 평생을 대접받는다는 것입니다. 반면 한 방을 제대로 날리지 못한 사람들은 평생 열등감 속에 살 수밖에 없는 것이지요. 이런 '한 방 사회'는 개인의 발전을 저해하고 사회를 경직시킬 수 있기 때문에 심히 우려스럽다는 논조의 글이었습니다.

　노자의 《도덕경》에 '기자불립企者不立'이라는 말이 나옵니다. '남보다 앞서 발돋움하려고企 하는 사람者은 오히려 제대로 서지立 못할不 것'이라는 뜻입니다. 자세히 풀이하면 일을 한탕 벌여서 한몫 보려는 사람은 결국 결말이 좋지 못하다는 것입니다.

기 자 불 립 , 과 자 불 행
企者不立, 跨者不行

남보다 높이 서려 하는 사람은 제대로 서지 못할 것이다.
남을 넘어서려는 사람은 제대로 걷지 못할 것이다.

요즘 '한 방'과 '한탕'으로 모든 것을 해결하려는 사람이 많습니다. 줄을 잘 서서 한 방에 높은 자리에 오르려고 눈치싸움을 벌이는 사람이나 한탕주의에 빠져 투기로 떼돈을 벌려고 하는 사람을 주위에서 어렵지 않게 볼 수 있습니다. 크게 한탕 해서 원하는 것을 얻을 수도 있지만 그렇게 얻은 지위와 돈은 결국 쉽게 사라질 수밖에 없습니다.

　　평범함이 비록 하찮아 보일지라도 그 평범함 속에 진리가 들어 있습니다. 남들처럼 튀지도, 한 방 날리지도 못하지만 내 자리를 지키며 묵묵히 인생의 정도를 걸으면 결국 몸과 마음을 잘 보존할 수 있을 것입니다. 무리하게 앞서려고 하거나 무리하게 일을 해결하려고 하면 제대로 된 결과를 얻을 수 없습니다. 《도덕경》의 이 구절을 보면서 한 방도 없이 평범하게 사는 것이 오히려 인생을 지키기 위한 최고의 비결임을 깨닫게 됩니다.

　　남을 밟고 올라가는 것이 결국 인생에 해가 될 수 있습니다.

　　企　　　者　　　不　　　立
발돋움할 기　사람 자　아니 불　설 립

하늘을 원망하지 말고 남을 허물하지 말라!

불 원 천 불 우 인
不怨天不尤人
《중용》

"일이 잘 안 되면 조상 탓이고 잘 되면 내 탓"이라는 속담이 있습니다. 모든 책임이 나에게 있는 것이 아니라 남에게 있다고 전가하는 말입니다. 그런데 진정 성숙한 사람이라면 모든 책임을 자신에게 묻고 남을 탓하지 말아야 합니다. 이런 철학을 '불원천불우인不怨天不尤人'이라고 합니다. 하늘을 원망하지 말고 남을 허물하지 말라는 의미입니다. 옛 선비들은 인생을 살다가 어렵고 힘든 상황에 맞닥뜨리면 언제나 이 구절을 몇 번이고 되뇌면서 마음을 가다듬었습니다. 하늘을 원망하지 않고 남을 탓하지 않는 것이 군자의 기본 도리였기 때문입니다. 이 구절은 다양한 고전에 나오는데, 특히《중용》에 매우 상세하게 설명되어 있습니다.

정 기 이 불 구 어 인, 즉 무 원, 상 불 원 천, 하 불 우 인
己而不求於人, 則無怨, 上不怨天, 下不尤人

나를 먼저 바르게 하고 남에게 책임을 구하지 말라.
그러면 누구에게도 원망을 사지 않을 것이다.
위로는 하늘을 원망하지 말고,
아래로는 남을 허물하지 말라.

세상을 살다 보면 힘들고 어려운 일이 순간순간 닥치기 마련입니다. 그럴 때마다 조상을 탓하고, 하늘을 원망하고, 주변 사람을 허물하면 그 역경과 고통이 결국 나를 더욱 힘들게 할 뿐입니다. 운명運命은 글자 그대로 나에게 다가온 천명命을 내가 부린다運는 의미입니다. 남을 탓하거나 원망한다고 해서 그 운명이 자신이 원하는 대로 바뀌는 것은 아닙니다. 다가온 운명에 최선을 다하면서 묵묵히 견뎌낼 때 진정 그 운명을 자신이 움켜쥘 수 있습니다. '하늘을 원망하지 말고 남을 허물하지 말라!' 운명을 이겨내려는 지혜로운 자들의 역경 극복의 철학입니다.

남을 탓하거나 원망한다고 해서
내 운명이 달라지지 않습니다.

不	怨	天	不	尤	人
아니 불	원망할 원	하늘 천	아니 불	허물할 우	사람 인

자신에게 먼저 책임을 물어라!

반 구 저 신
反求諸身
〈중용〉

　세상의 모든 잘못이 결국 나에게 있다고 생각하는 것은 아름다운 삶의 자세입니다. 남을 탓하거나 원망하는 것보다 자신을 먼저 돌아보는 것이 진정 책임질 줄 아는 사람의 모습이기 때문입니다. 그러므로 자신의 책임을 당당하게 인정하고 내 탓이라고 이야기할 수 있는 사람은 누구에게나 존경받을 수밖에 없습니다. 《중용》에서는 어떤 문제가 생겼을 때 자신에게 먼저 책임을 물을 줄 아는 사람을 '군자'라고 말합니다. 군자는 남에게 책임을 묻는 사람이 아니라 자신에게 책임을 묻는 사람입니다. 공자는 군자의 책임의식을 '활쏘기'에 빗대어 설명합니다. 활을 쏘아 과녁을 맞히지 못했을 때 모든 책임은 활 쏜 사람에게 있다는 것이지요.

사 유 사 호 군 자 , 실 저 정 곡 , 반 구 저 기 신
射有似乎君子, 失諸正鵠, 反求諸其身

활을 쏘는 것은 군자의 모습과 닮은 점이 있다.
내가 활을 쏘아 정확한 과녁에서 벗어나면,
돌이켜 자신에게서 그 책임을 구해야 하기 때문이다.

　반구저신反求諸身은 '돌이켜 나에게 그 책임을 물어라'라는 의미

로, 모든 잘못의 시작은 결국 나에게 있다는 것입니다. 활이 과녁에서 빗나가는 데에는 여러 가지 이유가 있을 수 있습니다. 활을 쏠 때 갑자기 바람이 불었을 수도 있고 활의 성능이 좋지 않았을 수도 있습니다. 옆에 있는 사람이 성가시게 구는 바람에 문제가 생겼을 수도 있고 과녁이 너무 멀었을 수도 있지요. 그러나 결국 활 쏘는 사수가 가장 중요합니다. '내 탓이오'라고 말할 수 있는 사수가 진정 군자의 모습과 닮아 있습니다. 모든 책임은 나에게 있다는 자세로 책임을 질 줄 아는 군자의 모습이 그 어느 때보다 절실히 필요한 때입니다.

다른 사람이나 상황에 책임을 돌리려 하지 말고
자신에게서 문제의 원인을 찾으세요.

反　　求　　諸　　身
돌이킬 반　구할 구　어조사 저　몸 신

말하지 않는 가르침으로 상대를 설득하라!

불 언 지 교
不言之敎
《도덕경》

　사람들은 결코 말로 설득되지 않는다고 합니다. 자신이 납득하지 않은 일에 대하여 다른 사람이 아무리 열심히 설득한다고 해도 완전히 수긍하기 어렵다는 것입니다. 《도덕경》에서는 상대방을 말로 설득할 것이 아니라 스스로 자기 자신을 설득하도록 만들어야 한다고 말합니다. 이런 설득의 방법을 '불언지교不言之敎'라고 하지요. '말하지를 않고不 상대방을 가르치고敎 설득하는 방법'이라는 뜻입니다.

　말은 인간이 서로 소통하는 중요한 방법이지만 서로 간에 오해를 일으킬 수 있는 수단이기도 합니다. 서로의 진실한 감정과 표정의 교환 없이 오로지 말로만 의사를 전달하는 것은 오히려 소통에 장애가 되기도 합니다. 부모와 자식이 말을 통해 서로 상처를 받고, 노사 간에 잘못 오간 말 한 마디 때문에 소통이 막히고 불신과 대립으로 치닫기도 합니다. 그런 까닭에 말하지 않고 상대방을 설득하는 불언지교가 오히려 더 큰 설득과 화해를 가져옵니다.

처 무 위 지 사 , 행 불 언 지 교
處無爲之事, 行不言之敎

억지로 하려고 하지 않는 일을 처리하면서,
억지로 말하려 하지 않는 가르침을 행해야 한다.

부모가 자식을 교육할 때 잔소리를 많이 한다고 해서 자식이 잘되는 것은 아닙니다. 부부간에도 마찬가지입니다. 사랑의 말을 많이 한다고 해서 사랑이 더욱 깊어지는 것은 아닙니다. 지혜로운 말로 소통하는 것은 중요하지만, 그 말속에 뼈와 가시가 들어 있으면 관계는 걷잡을 수 없이 나빠집니다. 불완전한 말이 아닌 진심 어린 말로 상대방을 배려하고 존중해야 아름다운 소통이 이루어질 수 있습니다. 행불언지교行不言之敎, '말하지 않는 가르침으로 상대방을 설득하라'는 뜻으로, 말보다 마음을 앞세우라는 노자의 당부입니다.

<u>말로 설득하지 말고 마음으로 설득하세요!</u>

不　言　之　敎
아니 불　말씀 언　갈 지　가르칠 교

손님 앞에서는 개도 꾸짖지 않는다

존 객 지 전 부 질 구
尊客之前不叱狗
《예기》

손님을 잘 대접하는 방법 중 하나는 바로 손님의 기분을 잘 살피는 것입니다. 자신의 집을 방문한 손님이나 찾아온 고객이 가장 편안하게 느끼는 것이 무엇인지 고민하고 세심하게 배려하는 것이 손님맞이의 기본 예의입니다. 특히 손님을 모셔놓고 그가 보는 앞에서 아랫사람을 심하게 꾸짖거나 훈계한다면 아무리 그 행위가 정당하다고 해도 손님은 기분이 상할 것입니다. "귀한 손님을 모셔놓고는 개도 꾸짖지 않는다"라는 속담이 있습니다. 손님이 방문했는데, 주인이 마당에 있는 개에게 소리를 지르고 꾸짖는다면 손님은 자신에게 욕을 하는 것으로 오해할 수도 있습니다. 이는 《예기》에 나오는 말입니다.

존 객 지 전 부 질 구
尊客之前不叱狗

존귀한 손님 앞에서는 개도 꾸짖지 않는다.

개가 혼날 짓을 했다고 해도 손님 앞에서 개를 꾸짖거나 욕을 해대면 손님의 기분이 상하는 것은 너무도 당연한 일입니다. 집에 손님이 방문했을 때 자식을 욕하고 꾸짖는 것 또한 손님에 대한 예의

가 아니고, 고객을 앞에 두고 직원을 꾸중하고 훈계하는 것 역시 예의가 아닙니다. 그것은 손님뿐만 아니라 훈계를 받는 자식이나 욕먹는 직원에게도 상처를 주는 일입니다. 훈계는 때와 장소를 가려서 해야 합니다. 시도 때도 없이 소리를 질러대고 욕을 한다면 아무리 그 질책과 훈계가 옳다고 해도 제대로 받아들이기 어렵겠지요.

　세상을 살면서 조심해야 할 것이 참으로 많습니다. 기분 내키는 대로 표현하며 세상을 산다면 인간관계는 물론이고 자신의 인생도 불행해질 것입니다. '귀한 손님 앞에서는 개도 꾸짖지 않는다!' 훈계를 할 때도 적절한 때와 장소를 가려서 하라는 소중한 삶의 지혜입니다.

> 손님 앞에서 자식이나 직원을 훈계하는 것은
> 예의가 아닙니다.

尊	客	之	前	不	叱	狗
높을 존	손님 객	갈 지	앞 전	아니 부	꾸짖을 질	개 구

술에 취해 말이 많아서는 안 된다

주 중 불 어
酒中不語
《사기》

우리나라에서 술과 관련된 단체를 조사해보면 술을 부정적으로 보는 단체가 많습니다. 주로 알코올 피해나 중독 등 술 때문에 생기는 문제를 예방하기 위한 단체들입니다.

사마천의《사기》에서는 술은 긍정적인 측면과 부정적인 측면을 모두 갖고 있다고 말합니다. 술의 긍정적인 측면 세 가지는 다음과 같습니다. 첫째, 술은 제사를 지낼 때 조상과 교감하는 매개체로서 조상과 후손의 만남에서 반드시 필요한 것입니다. 둘째, 술은 임금과 신하 같은 서로 다른 신분의 사람이 만날 때 상하관계를 부드럽게 풀어주고 서로 간에 의리가 생기게 하는 역할을 합니다. 셋째, 술은 서로 다투고 싸운 후에 먼저 사과할 수 있게 하는 음료입니다. 사마천의 관점에서 보면, 술은 나를 있게 한 조상과 지금의 나를 이어주는 매개물이며, 상하관계의 격차를 줄여주고 투쟁과 갈등을 해소해주는 중요한 요소입니다. 그러나 술이 이렇게 긍정적인 측면이 있더라도 술을 잘못 마시면 인생을 망치고 주변의 신뢰를 잃을 수도 있다고 경고합니다.

조선시대의 인성교과서인《명심보감》에도 술에 대한 경구가 많이 나옵니다. 특히 술을 마신 뒤 말이 많아지는 것이야말로 술을 이기지 못하는 소인들의 행태라고 했습니다.

주 중 불 어 진 군 자
酒中不語眞君子

술 마신 가운데 말이 없음은 참다운 군자라고 할 것이다.

    술만 마시면 말이 많아지고 했던 말을 계속 반복하는 등 주사가 있는 사람들이 귀 기울여야 할 구절입니다. 술은 잘 마시면 좋은 음료지만 잘못 마시면 오히려 인간관계를 망치고 자신도 망치는 독약이 될 수 있습니다. 특히 말을 아끼고 상대방을 배려하는 술 습관은 무엇보다 중요합니다. 술을 마셔보면 그 사람의 인성이 드러납니다. 진정한 군자는 술 마신 뒤 혼자 말하고 떠드는 사람이 아니라 남의 말을 경청하고 상대방을 배려하는 사람입니다.

    술은 약이 되기도 하지만 독이 되기도 합니다.

酒	中	不	語
술 주	가운데 중	아니 불	말씀 어

최선을 선택하고 뚝심 있게 밀고 나가라!

택 선 고 집
擇善固執
〈중용〉

고집스러운 게 나쁠 때도 있지만 좋을 때도 있습니다. 자신만 옳다고 주장하는 고집이 아니라 좋은 가치를 지켜나가겠다는 고집은 좋은 것입니다. 《중용》에서는 좋은 생각이나 다짐이 있으면 고집스럽게 지켜나가는 것도 좋다고 이야기합니다. 택선고집擇善固執은 '최선善의 답을 선택擇했다면 어떤 상황 속에서도 굳게固 지키며執 밀고 나간다'는 뜻입니다.

우리는 살면서 수많은 선택을 합니다. 마지못해 어쩔 수 없이 선택하는 것이 아니라 가장 현명한 선택을 해야 합니다. 자신이 할 수 있는 가장 현명한 선택을 '택선擇善'이라고 합니다. 그렇게 일단 진지하게 고민하여 스스로 최선의 선택을 했다면 그 선택을 믿고 뚝심 있게 지켜나가야 합니다. 다른 사람들이 하는 말을 듣고 자신의 선택에 대해 고민하거나 후회하다 보면 이도 저도 아닌 결과가 나올 수 있기 때문입니다.

택 선 고 집
擇善固執

최선의 답을 선택했다면 어떤 상황에서도 굳게 지키며 밀고 나가라.

물론 최선의 선택인 택선을 하기 전에 어떤 것이 최선善인가를 정확히 알아야明 합니다. 이것을 '명선明善'이라고 합니다. 지금 나에게 어떤 것이 최선의 답인지 고민하고 그 답을 명료하게 찾는 과정이 바로 명선이지요. 그렇게 해서 가장 좋은 답을 찾았다면 택선입니다. 그 답을 선택하고 두려움 없이 밀고 나가는 고집이 뒤따라야 하는데, 그것이 바로 택선고집입니다.

역사 속에서 택선고집을 통해 위대한 업적을 이루고 국가를 위기에서 건져낸 영웅이 많습니다. 그중에서도 가장 빛나는 위인은 바로 충무공 이순신 장군입니다. 그는 임진왜란이라는 조선 최대의 위기 상황에서 최선의 선택을 하고 그것을 뚝심 있게 밀고 나감으로써 나라와 백성을 구했습니다.

인생을 살면서 자신이 한 선택이 최선이라는 확신이 든다면 중도에 포기하거나 뒤돌아보지 말고 고집스럽게 밀고 나가세요. 지금 당장은 힘들고 앞이 잘 보이지 않는 것 같아도 머지않아 좋은 성과가 있을 것입니다.

최선의 선택이라고 생각했다면
고집스럽게 밀고 나가야 합니다.

擇　　善　　固　　執
선택할 택　　좋을 선　　단단할 고　　지킬 집

내 가슴속에 늘 품고 살아야 할 것

권 권 복 응
拳拳服膺
〈중용〉

　인생을 살다가 우연히 감동적인 이야기를 듣거나 좋은 생각이 떠오른다면 잘 기억해두었다가 인생의 지침으로 삼는 것도 좋습니다. 처음 좋은 이야기를 들었을 때는 영원히 기억할 것 같지만 시간이 지나면서 그 기억은 차츰 희미해지기 마련입니다. 따라서 소중한 생각이나 이야기를 가슴속 깊이 새겨두고 기나긴 인생 여정에서 나침반으로 삼을 줄 알아야 합니다.

　이렇듯 어떤 한 가지 좋은 생각과 느낌을 가슴속 깊이 담고 사는 모습을 '권권복응拳拳服膺'이라고 합니다. 권권拳拳은 '꼭 받들어 모신다'는 뜻이고, 복응服膺은 '가슴속 깊이 붙들어맨다'는 의미입니다. 따라서 권권복응은 '받들어 가슴속 깊이 매단다'는 뜻입니다.《중용》에 공자가 자신의 제자 안회를 평가하면서 그가 가진 가장 큰 재능은 권권복응이라고 말하는 대목이 있습니다.

택 호 중 용 , 득 일 선 즉 , 권 권 복 응 , 불 실 지 의
擇乎中庸, 得一善則, 拳拳服膺, 弗失之矣

중용의 인생을 선택하여, 살다가 좋은 생각을 하나 얻으면,

가슴속에 꽉 붙여, 잃어버리지 않아야 한다.

여기서 권권복응이라는 말이 나왔습니다. 공자는 안회에 대해 중용의 인생을 살다가 정말 가슴속에 와닿는 깨달음이나 인생의 맛을 느끼는 순간 그 깨달음과 인생의 맛을 잊지 않으려고 가슴속 깊이 간직하며 사는 사람이라고 평했습니다. 돌이켜보면 인생을 살면서 권권복응해야 할 것이 참 많습니다. 그러나 문득 돌아보면 가슴속에 남아 있는 인생의 맛이 별로 없이 텅 비어 있는 나를 발견할 수도 있습니다.

하루하루를 되는대로 사는 것이 아니라 늘 가슴속에 뜨거운 인생의 의미를 간직한 채 산다면 진정 권권복응의 자세로 사는 인생이라고 할 수 있을 것입니다. 꿈도 희망도 모두 사라졌다고 한탄하는 요즘, 가슴속에 뜨거운 열정과 넘치는 에너지를 권권복응하며 사는 사람이 많아지기를 기대해봅니다.

가슴속에 뜨거운 열정과 넘치는 에너지를 품고 사세요.

拳	拳	服	膺
꼭 쥘 권	꼭 쥘 권	따를 복	가슴 응

인재를 발굴하기 위한 다섯 가지 관찰법

오 시 법
五視法
〈십팔사략〉

　사람을 제대로 알아보고 인재를 등용하는 일은 예나 지금이나 국가의 미래를 위해 매우 중요합니다. 우리는 어떤 직책에 맞는 사람을 뽑을 때 그의 학력을 보기도 하고 경력을 따지기도 합니다. 어떤 학교를 나왔고, 어떤 지위에 올랐고, 어떤 일을 하며 살아왔는지는 인재를 뽑을 때 확인해야 할 매우 중요한 사항입니다. 그러나 이 같은 사항만 고려해 사람을 뽑았다가는 자칫 낭패를 보기 십상입니다. 좋은 학교를 나오고 경력이 화려해도 기본적인 인성과 성실함, 배려심을 갖추지 못하면 조직에 누를 끼치고 인간관계를 해치는 경우가 다반사이기 때문입니다.

　《십팔사략》에 춘추전국시대 위나라 장군 이극의 '인재를 선발하는 데 유용한 다섯 가지 관찰법'이 소개되어 있습니다. 일명 사람을 알아보는 '오시법'입니다.

거 시 기 소 친,　부 시 기 소 여,　원 시 기 소 거,　궁 시 기 소 불 위,　빈 시 기 소 불 취
居視其所親, 富視其所與, 遠視其所擧, 窮視其所不爲, 貧視其所不取

평소에 그가 누구와 친하게 지내는지 관찰하라.

부자가 되어 그가 누구와 나누고 있는지 관찰하라.

높은 자리에 올라 그가 누구를 채용하고 있는지 관찰하라.

어려울 때 그가 어떤 일을 하지 않는지 관찰하라.
가난할 때 그가 어떤 부정한 물건을 취하지 않는지 관찰하라.

　무릇 사람을 뽑을 때는 눈에 보이는 학력이나 경력보다는 그 주변 사람들을 관찰하고, 처지에 맞는 행동을 하고 있는지를 먼저 살펴보아야 한다는 의미입니다. 무늬만 보고 결정하는 것이 아니라 사람의 본질과 진심을 파악하는 일이 무엇보다 중요하다는 것이지요. 천 리 길을 가봐야 말의 힘을 알듯이, 사람도 세월이 지나야 알 수 있는 그 사람만의 진면목이 있습니다.

사람을 뽑을 때는 외적 조건보다
그 사람의 내면과 본질을 파악하는 데 집중하세요.

五　　視　　法
다섯 오　　볼 시　　방법 법

'선생'이 되지 말고 '학생'이 되라!

불 치 하 문
不恥下問
《논어》

   사람들은 늘 다른 사람의 선생이 되기를 좋아합니다. 그래서 잘 모르면서도 남에게 묻기를 싫어하고, 모르는 것도 안다고 말하는 습성이 있습니다.《맹자》에서는 사람들이 가진 가장 큰 고질병인 다른 사람의 선생이 되고 싶어 하는 마음을 '인지환재호위인사人之患在好爲人師'라고 지적합니다. '사람人들의 가장 큰 병患은 남人의 스승師이 되기를 좋아하는好 데 있다'는 뜻입니다.

   스승이 된다는 것은 영광스러운 일이지만 그보다 더 아름다운 일은 늘 배우는 학생의 자세를 갖는 것입니다. 학생은 모르는 것에 대한 열망을 가지고 있고 언제나 배울 준비가 되어 있는 존재이기 때문입니다. 그리고 배움을 통해 새로운 곳을 향해할 준비가 되어 있기에 날마다 새롭게 성장하는 존재입니다. 선생은 자신이 안다는 사실에 집착하기 때문에 배울 자세가 되어 있지 않습니다. 그래서 어제나 오늘이나 내일이나 발전 없이 그저 선생으로만 남을 뿐이지요. 한데 사람은 누구나 학생보다는 선생이 되고 싶어 한다는 데 문제가 있습니다.

   《논어》에서는 '학생'이야말로 가장 아름다운 호칭이라고 말합니다. 누군가 공자에게 죽은 사람의 시호를 내릴 때 '글월 문文'이라는 시호를 짓는 이유를 물었습니다. 공자는 이렇게 대답했습니다.

민 이 호 학 , 불 치 하 문 , 시 이 위 지 문 야
敏而好學, 不恥下問, 是以謂之文也

행동을 민첩하게 하고 배우기를 좋아하고,
나보다 아랫사람에게 묻는 것을 부끄러워하지 않는다면,
이런 사람은 '문文'이라는 시호를 부를 만하다.

　세상이 선생으로 넘쳐나고 있습니다. 그러나 모르는 것을 모른다고 솔직히 말하고 겸손하게 묻는 사람, 학생이 되는 것을 부끄러워하지 않고 자랑스럽게 여기는 사람, 늘 새로운 배움을 향해 항해하는 사람이 아름답습니다. 늘 더 배워야겠다는 마음 자세로 인생을 살아가십시오. 사람들의 가장 큰 병은 남의 스승이 되는 것을 좋아하는 데 있습니다. 학생이라는 말이야말로 영원히 나를 소개하고 싶은 아름다운 칭호입니다.

세상에서 가장 영광스러운 호칭은 배우는 사람,
'학생'입니다.

不　　恥　　下　　問
아니 불　부끄러울 치　아래 하　물을 문

'도'를 아는 사냥꾼은 잠자는 새를 쏘지 않는다

익 불 석 숙
弋不射宿
《논어》

대기업이 중소기업이 담당해온 영역에 진출하는 것에 대해 부정적인 시각이 팽배합니다. 굴지의 대기업들이 일반 영세 상인들의 업종에까지 진출해 거대 자본으로 골목상권을 무너뜨린다고 비판하는 것입니다. 막대한 자본과 높은 기술력으로 무장한 대기업과 소자본으로 버티며 근근이 생계를 이어가는 사람들이 경쟁해 살아남기란 쉬운 일이 아닙니다.

"낚시의 도리를 아는 낚시꾼은 낚싯대로 고기를 잡지 그물로 물고기를 싹쓸이하지 않는다"라는 속담이 있습니다. 도리를 아는 낚시꾼은 조그만 물고기까지 싹쓸이해서 잡지 않는다는 것입니다. 지극히 평범한 일에도 그에 맞는 도리가 있고 그 나름의 원칙이 있습니다. 해서는 안 될 일을 무리하게 진행하면 그에 대한 비난이 이는 것은 너무도 당연한 일이지요.

《논어》에 잠자는 새는 쏘지 않는다는 구절이 있습니다.

조 이 불 망, 익 불 석 숙
釣而不網, 弋不射宿

낚시할 때 그물로 고기를 잡아서는 안 된다.
활을 쏠 때 잠자고 있는 새를 쏘아서는 안 된다.

낚싯줄을 던져 원칙과 도리를 지키며 물고기와 한판승부를 벌이는 것이 '도道'를 아는 낚시꾼의 자세입니다. 새를 잡더라도 졸고 있는 무방비 상태의 새는 건드리지 않는 것이 도를 아는 사냥꾼의 자세입니다. 아무리 물고기나 새를 많이 잡고 싶더라도 원칙과 도리를 저버리면서까지 이익을 추구하지는 않는다는 것입니다.

세상에는 결코 건드려서는 안 될 상대가 있습니다. 세상에는 결코 해서는 안 될 일이 있습니다. 결과가 아무리 좋다 해도 과정에 문제가 있다면 그 결과를 인정하지 않는 것이 진정 정의가 살아 있고 원칙이 살아 있는 사회입니다. 잠자는 새를 향해 총을 쏴서 잡아놓고 자랑하며 소리치고, 물고기를 그물로 싹쓸이하듯 잡아놓고는 자기가 가장 많이 잡았다고 뽐내는 것이 얼마나 부끄러운 일인지를 아는 사회가 되어야 합니다. 도를 아는 낚시꾼은 낚시를 할지언정 그물로 잡지는 않습니다. 도를 아는 사냥꾼은 잠자고 있는 새를 향해 총을 쏘지는 않습니다. 이 세상에 과연 도는 살아 있는지 답답할 따름입니다.

잠자고 있는 새는 쏘지 말아야 합니다.

弋　不　射　宿
주살 익　아니 불　쏘아맞힐 석　잘 숙

위대한 덕은 덕이 있는 것처럼 보이지 않는다

상 덕 부 덕
上德不德
《도덕경》

　첫인상은 훌륭한 덕을 갖춘 사람처럼 보였는데 만남이 거듭되고 세월이 흐를수록 별 볼 일 없는 사람임을 깨닫는 경우가 더러 있습니다. 반대로 첫인상은 그저그랬는데 시간이 지날수록 더욱 믿음과 존경이 더해지는 사람도 있지요. 멀리서 보는 첫인상과 가까이에서만 발견되는 내면의 진실은 서로 일치되기가 쉽지 않은 것 같습니다. 그래서 사람들은 "정말 훌륭한 인격을 지닌 사람은 겉으로 보기에는 훌륭한 인격을 가진 것처럼 보이지 않고, 오히려 별 볼 일 없는 인격을 가진 사람이 겉보기에 대단한 인격을 소유한 것처럼 보이기 쉽다"라고 이야기합니다. 이런 내면의 본질과 밖으로 드러나는 모습이 뒤바뀐 경우를 인생을 살면서 자주 맞닥뜨립니다.

　《도덕경》에 이런 뒤바뀐 모습에 대한 내용이 나옵니다. 노자는 "최고의 덕을 가진 사람은 덕이 있는 것처럼 보이지 않는다"라고 말합니다.

상 덕 부 덕, 시 이 유 덕, 하 덕 부 실 덕, 시 이 무 덕
上德不德, 是以有德, 下德不失德, 是以無德

최고의 덕을 가진 사람은 덕을 내보이지 않는다.
이 때문에 덕이 있게 되는 것이다.

최하의 덕을 가진 사람은 덕이 있다는 것을 보여주려고 한다.
이 때문에 덕이 없게 되는 것이다.

　참으로 뜨끔한 《도덕경》의 경구입니다. 위대함은 겉으로 드러내는 모습이 아니라 세월이 지나면서 은근히 드러나는 내면의 아름다움이라는 생각이 가슴에 절절히 와닿습니다. 노자가 가장 귀하게 여긴 '밥 주는 어머니食母'는 겉으로 세련되거나 화려하지 않지만 세상에서 가장 아름다운 어머니의 모습입니다. 이처럼 최고의 덕은 얼핏 보면 덕이 있는 것처럼 보이지 않습니다.

> 위대함은 겉으로 비춰지는 모습이 아니라
> 은근히 드러나는 내면의 아름다움입니다.

上	德	不	德
위 상	덕 덕	아닐 부	덕 덕

강한 자는 끝이 좋지 않다

강 량 자 부 득 기 사
强梁者不得其死
〈도덕경〉

강하고 센 것이 아름답다고 믿는 세상입니다. 하지만 모든 것이 그러하듯 강한 것도 지나치면 독이 되기 쉽습니다. 소신이 지나치면 독선이 되고, 생각이 지나치게 확고하면 고집이 됩니다.

안 되면 힘으로 밀어붙이면 된다는 생각은 갈등과 반목의 골을 깊게 하여 영원히 치유할 수 없는 평행선의 관계를 만들어냅니다. 강하게 밀어붙이면 잠깐은 눈에 보이는 결과를 얻을 수 있을지 몰라도 결국 돌이킬 수 없는 상처를 남깁니다.

《도덕경》에 강하고 힘센 자가 끝이 좋지 않다는 구절이 있습니다.

강 량 자 부 득 기 사
强梁者不得其死

강하고 힘세게 밀어붙이는 자는
그 온전한 죽음을 얻지 못할 것이다.

《도덕경》 42장에 나오는 이 구절은 순리대로 일을 풀어나가지 않고 오로지 힘으로만 일을 해결하려고 하면 끝이 좋지 않을 수밖에 없다는 뜻입니다. 노자가 살던 춘추전국시대에 힘으로 억압하여 백성들 위에 군림하려고 했던 당시의 제후들에게 던진 충고입니다.

인생을 살다 보면 유달리 자기주장이 강한 사람을 만나게 됩니다. 그런 사람은 자신이 믿는 것을 기정사실로 못 박고 다른 사람의 의견은 조금도 들으려고 하지 않습니다. 또한 자기 생각만 옳다고 믿고 다른 사람의 생각은 틀린 것으로 단정하거나 묵살합니다. 그러다가 결국 자신의 아집과 독선 때문에 힘든 상황을 맞을 수도 있습니다. 자신의 생각과 주장을 관철시키기 위해 다른 사람의 말은 귓등으로 흘리거나 다른 의견에 대해서는 논의할 필요조차 없다면서 강경한 입장을 고수한다면, 설사 그 결과가 좋다고 하더라도 적지 않은 상처를 남길 것이며 장기적으로 심각한 문제를 초래할 수밖에 없습니다.

목표 달성도 중요하지만 과정 역시 중요합니다. 무리한 강경책이 제대로 된 과정을 거치지 않고 시행되었을 때 소통은 막히고 주변과의 관계도 끊어집니다. 강하고 거칠게 밀어붙이는 자의 끝이 좋지 않을 것이라는 노자의 충고를 음미하면서 힘세고 강한 것만이 해답이라고 생각하는 요즘의 세태를 반성해봅니다.

무조건 강하게 밀어붙이면 당장 성과가 날지 몰라도
반드시 부작용이 생기게 마련입니다.

强	梁	者	不	得	其	死
강할 강	들보 량	놈 자	아닐 부	얻을 득	그 기	죽을 사

자신과 싸워 이기는 자가 진정한 강자다

자 승 자 강
自勝者强
〈도덕경〉

이기는 것이 정의라고 받아들여지는 시대가 되었습니다. 재판에서 이긴 쪽이 당연히 옳고, 경제 전쟁에서 살아남은 기업만이 생존 자격이 있는 것처럼 여겨지고 있습니다. 경쟁은 너무도 당연한 것이고 경쟁에서 승리해야만 진정한 승자라는 생각, 즉 남을 이겨야만 내가 살아남는다는 사고에 대해 한 번쯤 진지하게 돌아볼 필요가 있습니다.

"남과 경쟁해서 이긴다는 것은 단지 힘이 세다는 뜻이지 결코 강하다는 의미는 아니다." "진정 강한 것은 자기 자신과 싸워 이기는 것이다." 《도덕경》의 이 말들은 남과 치열하게 경쟁해서 이기는 자가 강자가 아니라 자신과 싸워서 이기는 자가 진정한 강자라는 의미입니다. 나의 욕망과 나태함, 게으름과 싸워 이기는 자가 진정으로 강한 자입니다. 남과 물질적 경쟁이나 자존심 싸움이나 해서 이기는 것은 진정한 강자의 모습이라고 할 수 없습니다.

승 인 자 유 력 , 자 승 자 강
勝人者有力, 自勝者强

남을 이기는 사람은 힘이 있는 사람이다.
그러나 자신과 싸워 이기는 사람이 진정 강한 자다.

힘力이 센 것과 진정으로 강强한 것은 다릅니다.

경쟁이 일상화된 시대에 살고 있습니다. 학교는 학생들에게 무한 경쟁을 부추겨 우열을 가리고, 사회 역시 끝도 없는 경쟁을 통해 승자와 패자를 결정합니다. 문제는 그 경쟁이 선의의 경쟁이 아닌, 남과 싸워 이김으로써 소수의 승자, 다수의 패배자와 피해자를 양산하는 나쁜 경쟁이라는 데 있습니다.

진정 아름다운 경쟁은 자신과 싸워 이기는 것입니다. 이기는 것만이 상책이라며 무작정 칼을 휘두르려는 자신과 싸워 이겨야 진정 강한 사람입니다. 주변을 무시하고 자기 혼자만 살아남으면 된다는, 그런 이기적이고 탐욕스러운 자신과 싸워 이겨야 진정 강한 것입니다. 자신의 내면에 자리 잡고 있는 경쟁심, 고집, 불안, 두려움과 한판승부를 벌이고 이겨서 진정한 승자가 되십시오!

다른 사람과 싸워 이기려 애쓰지 말고
자신과 싸워 이기는 사람이 되세요.

自 　 勝 　 者 　 强
스스로 자　이길 승　놈 자　강할 강

나와 다르다고 공격하면 손해가 되어 돌아온다

공 호 이 단
攻乎異端
《논어》

나와 다른 생각을 가지고 있다고 상대방을 공격하고 무시하는 것은 위태로운 짓입니다. 세상에 존재하는 모든 것은 다 그 나름의 이유가 있습니다. 살아온 환경에 따라 다양한 문화, 종교와 철학 등 서로 다른 가치를 가지고 살아가는 것은 너무도 당연한 일이지요. 그런데 오로지 내 입장에서만 바라보면 나만이 정통이고 상대방은 이단이라는 편견과 고집이 생겨날 수밖에 없습니다. 이런 이단에 대한 공격과 무시는 때로는 폭력과 협박으로 나타나기도 합니다.

'이단異端'이라는 단어는 《논어》에서 비롯되었습니다. 《논어》의 〈위정〉을 보면 공자가 이단에 대하여 어떻게 생각했는지 자세히 알 수 있습니다.

공 호 이 단, 사 해 야 이
攻乎異端, 斯害也已

나와 다른 생각에 대하여 공격한다면,
이것은 손해가 될 뿐이다.

나와 다른 쪽端에 서 있다는 이유만으로 상대방을 공격하고 배척한다면 결국 자신에게 해로운 결과를 가져올 것이라는 의미입니다.

이단에 대한 공격과 강요가 심각한 갈등과 분쟁을 초래할 수 있다고 경고하는 것입니다.

세상에는 서로 다른 피부색의 수많은 민족이 어우러져 살고 있습니다. 그들은 서로 다른 생각과 철학, 종교, 문화를 가지고 살아갑니다. 남에게 해를 끼치거나 인류에게 위해가 되지 않는 한 서로 다름을 인정해야 한다는 것이 바로 《논어》의 가르침입니다. 오로지 나만의 생각과 판단이 옳다고 주장하는 순간 나와 다른 모든 것이 이단으로 여겨지고, 결국 갈등과 분쟁, 폭력, 전쟁이라는 참담한 결과로 이어지고 말 것입니다.

주자는 공攻을 공부工라고 해석하여 '이단을 공부하면 해가 될 것'이라고 주석했습니다만, 당시에는 유교 이외의 이단을 배격하고 주자학의 정통을 세우기 위해서 그렇게 해석했던 것입니다. 서로 다름이 인정되는 사회, 위대한 화합을 이루어낸 세상은 우리 인류가 꿈꾸어야 할 아름다운 미래의 모습입니다. 나와 다른 관점, 종교, 사상, 철학을 가졌다는 이유만으로 상대방을 공격한다면 큰 불행으로 이어질 것입니다.

> 자신과 다른 생각을 가졌다는 이유만으로
> 남을 공격해서는 안 됩니다.

攻　　　乎　　　異　　　端
공격할 공　어조사 호　다를 이　끝 단

덕이 있으면 돈이 모인다

덕 본 재 말
德本財末
《대학》

돈을 많이 벌고 성공한 사람들의 이야기를 들어보면 공통적으로
돈을 좇지만은 않았다고 합니다. 돈을 벌기에 앞서 성실한 자세로
일했고, 다른 사람과의 관계와 신뢰를 소중히 여겼으며, 이익보다는
사람을 얻으려고 힘썼다는 것이 성공한 사람들의 공통점입니다. 그
러고 보면 돈은 열심히 좇는다고 해서 벌 수 있는 것이 아니고 자연
스럽게 따라오는 것 같습니다. 그래서 예로부터 돈을 벌기에 앞서
사람의 마음을 먼저 얻어야 한다고 했습니다.

《대학》에 돈을 벌기 위한 우선순위가 나옵니다. 돈을 벌기 위해서
는 우선적으로 해야 할 일이 있다는 것이지요.

유 덕 유 인 , 유 인 유 토 , 유 토 유 재
有德有人, 有人有土, 有土有財

덕이 있으면 사람이 모여든다.

사람이 모여들면 영역이 생긴다.

영역이 생기면 돈이 들어온다.

'덕본재말德本財末'은 돈 벌기에 앞서 사람을 얻어야 한다는 뜻입
니다. 덕德이 근본本이고 돈財은 결과末라는 것이지요. 장사는 이익

을 남기기 전에 사람을 남겨야 한다는 생각이 조선 개성상인들의 경영 철학이었습니다. 사람을 소중히 여기면 돈은 저절로 따라온다는 것입니다.

요즘 돈이 인생의 목표라고 이야기하는 사람이 많습니다. 그래서 수단과 방법을 가리지 않고 남에게 해를 끼치면서까지 무리하게 돈을 벌려고 애를 씁니다. 돈은 덕을 베푼 자에게 당연히 들어오는 것이라는 이 평범한 진리를 잊고 있는 것 같습니다. 덕을 베푸는 것이 근본이고 돈을 버는 것은 결과입니다. 우리는 부富에 대해 이렇게 생각해야 합니다.

덕을 베풀면 재물은 저절로 따라옵니다.

德　本　財　末
덕 덕　근본 본　재물 재　끝 말

하늘은 착한 사람의 편에 선다

천 도 무 친
天道無親
(도덕경)

살다 보면 좋은 일도 일어나고 나쁜 일도 일어납니다. 그런데 나에게는 나쁜 일만 자꾸 생기고 다른 사람에게는 좋은 일만 일어나는 것처럼 느껴진 적이 있으십니까? 어떤 사람들은 말합니다. 행복과 불행은 어떤 특별한 이유가 있어서 일어나는 것이 아니라 인간에게 반복적으로 일어나는 하나의 주기일 뿐이라고. 또 어떤 사람들은 말합니다. 인간에게 행복과 불행을 가져다주는 어떤 초월적인 존재가 있다고. 노자는 《도덕경》에서 말하기를, 어떤 사람의 행복과 불행은 오로지 그 사람이 어떻게 사느냐에 달려 있다고 했습니다. 선하게 사는 사람에게 좋은 일이 일어날 뿐 특별한 어떤 사람에게만 복을 주는 것은 아니라는 것입니다.

천 도 무 친 , 상 여 선 인
天道無親, 常與善人

하늘의 도는 특별히 친한 사람이 없다.
항상 착하게 사는 사람과 함께한다.

너무나 간단한 논리입니다. 하늘이 어떤 특정한 사람이나 집단을 편애하거나 좋아하여 복을 내리는 것이 아니라 그 사람이 착하게 살면 좋은 일이 생길 수밖에 없다는 것입니다.《도덕경》의 관점은 복을 달라고 하늘에 외치고 신에게 빌던 당시만 해도 획기적인 것이었습니다. 누군가에게 복을 빈다고 복을 받는 것이 아니라 내가 어떻게 사느냐에 따라 좋은 일과 나쁜 일이 생긴다는, 매우 간단하지만 통찰력 있는 논리입니다.

우리는 인생의 여정에서 만나는 불행에 대하여 한숨을 쉬기도 하고, 자신에게 행운과 복을 내려달라며 신에게 매달리기도 합니다. 그러나 행복과 불행이란 그저 그 사람이 어떻게 살고 있느냐에 따라 찾아오는 것이지 특별히 편애하거나 좋아하는 사람에게 주어지는 것은 아닌 것 같습니다. "하늘의 도는 편애함이 없나니 그저 착한 사람 편에 설 뿐이다." 늘 가슴속 깊은 곳에 간직하고 살아야 할 구절입니다.

하늘은 스스로 돕는 자를 돕습니다.

天　　道　　無　　親
하늘 천　　길 도　　없을 무　　친할 친

모든 것은 마음먹기에 달려 있다

정 심
正心
《대학》

 인간은 우주의 수많은 존재 중에 '마음'을 가지고 있는 존재이기에 위대하다고 합니다. 마음은 다른 존재들과 확실히 구별되는 인간만의 중요한 특징이지요. 그런데 반대로 마음이 인간을 보잘것없는 존재로 만들기도 합니다. 마음이 불안하고 평정을 잃으면 인간은 결국 금수만도 못한 존재로 전락합니다. 마음을 함부로 사용하여 증오와 분노, 편애에 빠졌을 때 인간은 차마 눈 뜨고 볼 수 없는 만행을 서슴없이 저지르기도 합니다. 그래서 마음을 수련하고 공부하는 것이 선비들의 중요한 일과 중 하나였습니다.

 예로부터 마음을 다스리는 것을 '정심正心'이라고 했습니다. 마음心을 바르게正 다스리는 것이 자신의 몸을 수양하는 수신修身의 기본이 된다는 것이지요. 그런데 마음이 불안해지고 통제가 안 되는 것은 인간의 마음이 한쪽으로 치우쳤기 때문입니다. 《대학》에서는 인간이 분노와 공포, 편애, 근심에 빠졌을 때 마음의 기반이 흔들리고 결국 인간으로서 해서는 안 될 일을 저지르게 된다고 말합니다.

유 소 분 치 즉 부 득 기 정, 유 소 공 구 즉 부 득 기 정
有所忿懥則不得其正, 有所恐懼則不得其正
유 소 호 락 즉 부 득 기 정, 유 소 우 환 즉 부 득 기 정
有所好樂則不得其正, 有所憂患則不得其正

마음에 극한 분노와 원망이 있으면 바름을 얻지 못할 것이다.

마음에 극한 공포와 두려움이 있으면 바름을 얻지 못할 것이다.

마음에 극한 좋아함과 즐거움이 있으면 바름을 얻지 못할 것이다.

마음에 극한 걱정과 근심이 있으면 바름을 얻지 못할 것이다.

결국 마음을 제대로 갈고닦아 다스리려면 자신의 마음속에서 일어나는 분노와 두려움, 편애, 근심에서 벗어나야 합니다. 모든 것이 마음먹기에 달려 있다고들 합니다. 어떤 근심과 두려움도 마음에 두지 않으면 흔들리지 않고 당당하게 인생을 살아갈 수 있다는 것입니다.

분노와 두려움, 근심, 편애에 연연하지 않는
마음을 키워야 합니다.

正　　心
바를 정　　마음 심

三分古典